Eckehard Schnieder

Prozeßinformatik

Einführung mit Petrinetzen

Aus dem Programm Regelungstechnik

Grundlegende Lehrbücher

Regelungstechnik für Ingenieure, von M. Reuter

Grundlagen der Regelungstechnik, von E. Pestel und E. Kollmann

Einführung in die Regelungstechnik, von W. Leonhard

Regelungstechnik, von H. Unbehauen

Weiterführende Literatur

Theorie linearer Regelsysteme, von M. Thoma

Einführung in die moderne Systemtheorie, von H. Schwarz

Zeitdiskrete Regelungssysteme, von H. Schwarz

Optimale Regelung und Filterung, von H. Schwarz

Prozeßinformatik von E. Schnieder

Petri-Netze aus der Sicht des Ingenieurs, von K. Zuse

Petri-Netze. Eine anwendungsorientierte Einführung, von B. Rosenstengel und U. Winand

Eckehard Schnieder

Prozeßinformatik

Einführung mit Petrinetzen

Für Elektrotechniker und Informatiker, Maschinenbauer und Physiker nach dem Grundstudium

Mit 123 Bildern und 19 Tabellen

Friedr. Vieweg & Sohn Braunschweig / Wiesbaden

CIP-Kurztitelaufnahme der Deutschen Bibliothek

Schnieder, Eckehard:
Prozeßinformatik: Einf. mit Petrinetzen; für Elektrotechniker u. Informatiker, Maschinenbauer u. Physiker nach d. Grundstudium / Eckehard Schnieder. – Braunschweig; Wiesbaden: Vieweg, 1986.
ISBN-13: 978-3-528-03358-3 e-ISBN-13: 978-3-322-86171-9
DOI: 10.1007/978-3-322-86171-9

1986

Umschlaggestaltung: Peter Neitzke, Köln
Satz: Vieweg, Braunschweig

ISBN-13: 978-3-528-03358-3

Vorwort

Automatisch gesteuerte technische Prozesse haben erhebliche volkswirtschaftliche Bedeutung. Spannen sich dabei die Anwendungen über Industrie, Verkehr und Versorgung, so ist das Medium der Steuerung weitgehend die digitale Datenverarbeitung mit den in Programmen formulierten Steuerungsaufgaben. Das gilt umsomehr, als durch zunehmende Funktion und sinkende Kosten mikroelektronischer Informationstechnik bestehende Anwendungen noch wirtschaftlicher und immer weitere erschlossen werden.

Während die technisch-wissenschaftliche Datenverarbeitung durch den vom Benutzer zeitlich entkoppelten und in der Dauer begrenzten Betrieb einer leistungsfähigen Datenverarbeitungsanlage bei einer nur dafür relevanten Datensammlung gekennzeichnet ist, hat bei der kommerziellen Datenverarbeitung auch die Verwaltung, Aufbewahrung und zeitliche Änderung der Datenbestände insbesondere über längere Zeiträume Bedeutung. Bei der informationstechnischen Prozeßsteuerung tritt jetzt noch die Kopplung der Datenverarbeitung mit einem technischen Prozeß hinzu, was eine enge zeitliche Bindung parallel ablaufender Vorgänge über längere Zeiträume erfordert. Diese komplexe Materie wird bisher von der Prozeßrechentechnik oder Prozeßdatenverarbeitung behandelt. Als faktische Anerkennung einer sich in der Praxis momentan vollziehenden Wandlung bei Aufbau und Entwurf derartiger Systeme ist sinnvollerweise eine angemessene und systematische Behandlung erforderlich: die Prozeßinformatik.

Mit diesem Buch liegt die erste einführende Darstellung zur Prozeßinformatik vor. Ziel ist die Einführung und Darstellung der Prozeßinformatik als eigenständige und fachübergreifende technisch-wissenschaftliche Disziplin zur systematischen Ordnung und begrifflichen wie theoretisch exakten Beherrschung informationstechnisch gesteuerter Systeme. Sie orientiert sich an den in der Informatik entwickelten Konzepten und ehemals in der Kybernetik verwendeten Methoden und bedient sich einer Beschreibung mit Petrinetzen.

So wie in den Ingenieurwissenschaften eine Zeichnung einen Sachverhalt oft deutlicher machen kann als wortreiche Erklärungen, werden hier Petrinetze als anschauliches und technisch neutrales Darstellungsmittel für statische und dynamische Zusammenhänge eingeführt und einheitlich verwendet; auf die mathematische Behandlung wurde jedoch bewußt verzichtet. Bei den Netzen sollte man sich nicht von der anfangs vielleicht ungewohnten Darstellung entmutigen lassen. Denn wie beim Erlernen jeder Fertigkeit gilt auch hier, daß mit der Übung der Umgang immer leichter wird; eine aktive Mitarbeit des Lesers ist sogar durch „Markenspiele“ in den Bildern möglich und empfiehlt sich daher.

Der Inhalt des Buches entstand aus einer Vorlesung über Prozeßrechentechnik für Elektrotechniker und Informatiker im Hauptstudium, die seit einigen Jahren an der TU Braunschweig gehalten wird. Hinzu kommen Erfahrungen aus Hochschulforschung und industrieller Praxis bei der Entwicklung komplexer Steuersysteme.

Der Stoff ist vorrangig nach didaktischen Überlegungen aufgebaut. Im Sinne eines Curriculums werden zuerst nur kurz angesprochene Inhalte später erneut aufgegriffen und umfassender behandelt. Bei diesem komplexen Thema wird jedoch keine Vollständigkeit beansprucht. Interessante und aktuelle Details wurden nicht erwähnt, was jedoch bei dem einführenden Charakter nicht notwendigerweise nachteilig ist.

Der Inhalt gliedert sich nach einer eher programmatischen Einführung in die Schwerpunkte technische Prozesse, Prozeßrechner und Informationsprozesse, Prozeßrechensysteme und schließlich deren Entwurf, wobei jeweils Struktur und Dynamik behandelt werden. Gemäß der unterschiedlichen Voraussetzungen wird dem Leser sicherlich der Inhalt des einen oder anderen Kapitels bekannt sein; hier empfiehlt sich die Konzentration auf die Darstellung in Netzen.

Für kritische Durchsicht und konstruktive Anregungen bei der Abfassung des Manuskripts ist den Herren W. Dehnert, G. Feistl, Dr. W. Gottschalk, H. Gückel, N. Luttenberger, Prof. G. Stiege und W. Zichner, insbesondere bei den Korrekturen, sowie meinen Vorgesetzten für die wohlwollende Unterstützung zu danken.

Die Schreibarbeiten besorgte mit großer Geduld Frau I. Dube, Frau P. Staats zeichnete mit Sorgfalt die vielen Petrinetze. Herrn Ewald Schmitt vom Vieweg Verlag sei für die effektive Zusammenarbeit gedankt.

Braunschweig, im Mai 1985 *Eckehard Schnieder*

Inhaltsverzeichnis

1 Prozeßinformatik als Lehr- und Forschungsinhalt

Um die Frage zu beantworten, was denn unter „Prozeßinformatik" zu verstehen sei, versetzt man sich am besten in die Situation, einen komplexen Vorgang, den Prozeß, der ganz allgemein durch die Veränderung und Umformung von Stoff und Energie gekennzeichnet ist, mit Hilfe digitaler Datenverarbeitungstechnik zielgerichtet ablaufen zu lassen. Der Vorgang selbst sei durch mathematische Verknüpfung seiner energetischen und stofflichen Größen beschreibbar. Damit gelangt man zur Abbildung der Wirklichkeit auf abstrakte Informationsbezüge. Wegen der darin enthaltenen formalen Informationsstruktur sind diese Informationsbezüge, abgesehen von ihrer Bedeutung, auch einer instrumentellen (technischen) Behandlung zugänglich. Gelingt es, die zuerst eher vage und nicht präzise ausgedrückte Zielrichtung ebenso in strengere Abbildungsschemata zu überführen, kann auf informationsverarbeitender, d. h. technischer Ebene, zwischen dem Vorgang und seiner Steuerung eine Kommunikation erfolgen. Die konkrete Beeinflussung des betreffenden Vorgangs selbst als Folge der Informationsverarbeitung geschieht dann in umgekehrter Weise: Der stoffliche oder energetische Eingriff erfordert jetzt die Umwandlung formaler Information durch physikalische Effekte.

Möchte man sich in bezug auf den zu beeinflussenden Vorgang nicht von vornherein festlegen, ob es sich z. B. um einen Verkehrsablauf oder die Energieerzeugung im Kraftwerk handelt, um für alle möglichen Anwendungsfälle offen zu sein, beschränkt man sich bei der instrumentellen Informationsverarbeitung ausschließlich auf die binärelektronische Datenverarbeitung. Gründe dafür sind die in jeglicher Hinsicht überaus hohe Vielfalt und freizügige Gestaltung der Arbeitsweise ihrer Anlagen, was sich u. a. in der darstellbaren und speicherbaren Information, der Informationsverknüpfung und der Informationsorganisation ausdrückt. Darüber hinaus verringern sich infolge des Technologiefortschritts die Anschaffungskosten der Geräte drastisch, wodurch eine neue Dimension der Anwendung erschlossen wird [1-1].

In diesem technisch-ökonomischen Umfeld liegt es nahe, das Gebiet zielgerichteter Beeinflussung stofflich-energetischer Vorgänge mit Hilfe digitaler Informationsverarbeitung zu studieren. Einerseits stellen diese „Technotope" selbst in strukturellem Aufbau, technischem Erscheinungsbild, dynamischem Verhalten und ihrer komplexen Gesamtheit aus an sich schon komplizierten Komponenten ein lohnendes und interessantes Studienobjekt dar. Dabei hat insbesondere die Beschreibung der raumzeitlichen Wechselwirkung aller Einzelkomponenten mit geeigneten Größen, Parametern und Mechanismen fundamentale Bedeutung.

Auf der anderen Seite ist die Ingenieuraufgabe, für ein Problem in diesem Gebiet eine gute Lösung zu finden, eine anspruchsvolle Herausforderung. Viele Beispiele zeigen, daß diese Aufgabe bisher nicht immer zufriedenstellend gelöst wurde. Eine Ursache dafür könnte die Schwierigkeit sein, die erst bei dieser Aufgabenstellung in Wechselwirkung tretenden Sachverhalte aus vielen anderen Disziplinen, wie in Bild 1-1 als Mengendia-

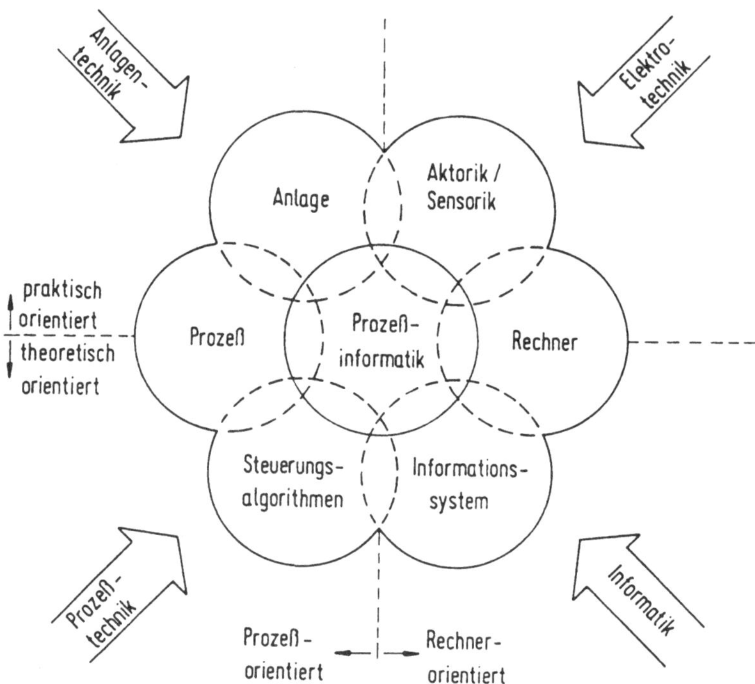

Bild 1-1 Standortbestimmung der Prozeßinformatik

gramm dargestellt ist, unter einheitlichem Blickwinkel zu betrachten. Hinzu kommt, daß eine in sich geschlossene Theorie für derartige Aufgabenstellungen bisher nicht vorliegt, wenn auch an vielen Stellen daran gearbeitet wird, eine Reihe brauchbarer Ansätze existieren und zahlreiche Einzelprobleme geklärt sind [1-2 bis 1-5].

Voraussetzung für eine problemgerechte Behandlung des aufgezeigten Gebiets ist daher eine übergreifende Betrachtungsweise, etwa vergleichbar der Systemtheorie, die von der Vorstellung geleitet wird, daß das Ganze mehr ist (sein sollte) als die Summe seiner Teile.

Mit der in jüngerer Zeit in eine breitere Öffentlichkeit vorgedrungenen Netztheorie [1-6, 1-7], insbesondere ihrer speziellen Ausprägung als Petrinetze [1-8 bis 1-12], liegt für diesen Zweck ein vornehmlich grafisch orientiertes und damit anschauliches Hilfsmittel mit mathematischer Grundlage vor. Wegen ihrer unbefangenen Darstellungsweise, die bisher noch nicht woanders vereinnahmt wurde, bietet sie als ein neutrales und dadurch vielseitiges Medium eine gute Voraussetzung, die Sachverhalte verschiedener Herkunft unter gemeinsamen strukturellen wie dynamischen Gesichtspunkten übergreifend darzustellen.

Unter diesen Aspekten erscheint es angebracht, die Prozeßinformatik nicht länger als bloßen Sachwalter relevanter Bezüge aus benachbarten Fachrichtungen anzusehen, sondern sie aus sich zwangsläufig ergebendem Selbstverständnis als eigenständige Disziplin zu verstehen und anzuwenden.

1.1 Ziele der Prozeßinformatik

Die Prozeßinformatik liegt im Spannungsfeld zwischen wissenschaftlicher Fragestellung und Ingenieuraufgabe. Das erklärt divergente Zielsetzungen mit unterschiedlichen Schwerpunkten.

Die Aufzählung der Ziele einer wissenschaftlich orientierten Prozeßinformatik muß – wie üblich – mit dem Sammeln und Erfassen aller diesem Fachgebiet zugeordneten Erscheinungsformen beginnen. Mit Begriffsprägungen und Maßdefinitionen lassen sich dann gedankliche oder technische Konstruktionen klassifizieren und ordnen; anhand geeigneter Modelle lernt man die den Betrachtungsobjekten innewohnenden Mechanismen verstehen. Solche Abbildungen sind der erste Schritt zu einer theoretischen Beschreibung. Da technische Objekte Gegenstand der Prozeßinformatik sind, sind diese einer formalen Beschreibung, etwa ihrer räumlichen Anordnung, ihrer inneren Wirkung, ihrer Funktion nach außen zugänglich, woran in einem zweiten Schritt die mathematische Behandlung ansetzt. Geht man dabei von der Analyse individueller Objekte aus, kann man durch vergleichende Betrachtung ähnlicher Einheiten unter Beschränkung auf wesentliche Merkmale in induktiver Weise zur Verallgemeinerung gelangen. Umgekehrt ist die (schwierigere) Deduktion möglich, wenn die Prinzipien einer gedanklichen Vorstellung, d.h. ein theoretisches Modell in bestehenden technischen Ausprägungen aufgefunden werden soll. Die letztere Vorgehensweise ist eher als Ingenieuraufgabe anzusehen, wenn das technische Produkt auf theoretischer Grundlage verwirklicht werden soll. In jedem Fall ist ein wiederholtes Durchlaufen der Erkenntniswege notwendig, um unterwegs erkannte Irrtümer zu korrigieren.

Soweit das Ziel, Erkenntnis in der Prozeßinformatik zu erlangen. Die Wertschätzung dieses Fachgebiets dagegen hängt vor allem von seiner praktischen Bedeutung ab. Bei der die Prozeßinformatik berührenden Automatisierungstechnik tritt dieser Aspekt noch klarer hervor. Versteht man unter Automatisierung allgemein die selbsttätige Ausführung bestimmter Aufgaben durch Maschinen, d.h. einen technischen Automaten, schließt das auch den Ersatz menschlicher Arbeitsleistung durch technische Instrumente ein. Für eine Automatisierung sind im Kern ethisch-humane oder technisch-ökonomische Zielsetzungen maßgebend. Sie sind, ohne Anspruch auf Vollständigkeit, stichwortartig zusammengestellt:

Ethisch-humane Gründe für die Automatisierung:

Entlastung des Menschen von

- gesundheitsgefährdenden Arbeiten/gesundheitsgefährdender Umgebung,
- monotonen/stereotypen Arbeitsfolgen (Taylorisierung),
- Arbeiten mit Unfall- oder Gefährdungsrisiko,
- Arbeiten mit Sicherheitsverantwortung,
- körperlich schwerer Arbeit,
- der Steuerung so komplexer Systeme, die hinsichtlich Reaktionsvermögen und Bedienungshäufigkeit, Präzision und Übersicht überfordern.

Technisch-ökonomische Gründe für die Automatisierung:

- Möglichkeit zum Aufbau komplexer Systeme,
- Anwendung neuartiger Steuerungsverfahren,

- Minimierung des Kosten/Nutzen-Verhältnisses,
- Optimierung des Material- und Energieverbrauchs,
- Veränderung der Arbeitsbedingungen (Humanisierung der Arbeitswelt, räumliche und zeitliche Trennung des Menschen vom Prozeß),
- flexibles Anpassen der Steuerung an den Prozeß, kurze Umrüstzeiten bei Änderungen des Prozesses,
- umfassende Überwachung, Erfassung und Beobachtung des Prozesses. Dadurch Verbesserung hinsichtlich Produktqualität, Anlagenzustand, Ausfallverhalten.

Über den unterschiedlichen Stellenwert dieser z. T. antivalenten Automatisierungsgründe muß man sich im konkreten Anwendungsfall jedesmal Rechenschaft ablegen.

1.2 Gegenstand der Prozeßinformatik

Zum zielgerichteten Beeinflussen, d.h. Steuern eines stofflich-energetischen Prozesses durch Konkretisierung struktureller Information in physikalischen Größen mit Hilfe technischer Einrichtungen sind Funktionen erforderlich, die sich – neben der Funktion des gesamten technischen Prozesses – in gedrängter Form in drei verschiedenen Bereichen zusammenfassen lassen (Bild 1-2).

Die eigentliche Prozeßsteuerung als Kernfunktion muß durch die instrumentelle Informationsverarbeitung in der Lage sein, aufgrund definierter Eingabeinformation, die die Zielvorgabe des Bedieners beinhaltet und möglicherweise den Prozeßzustand beschreibt, bestimmte Entscheidungen zur Beeinflussung des Prozeßablaufs zu treffen. Bei der zugehörigen Gerätetechnik wollen wir uns aufgrund der überragenden praktischen Bedeutung allein auf Realisierungen in binärelektronischer Datentechnik beschränken.

Nach dem Aufkommen der ersten Digitalrechner in den fünfziger Jahren dauerte es noch mehr als ein Jahrzehnt bis zu den ersten Prozeßrechneranwendungen. Aufgrund der hohen Kosten für die einzelne Rechenanlage, die in der damaligen dritten Generation

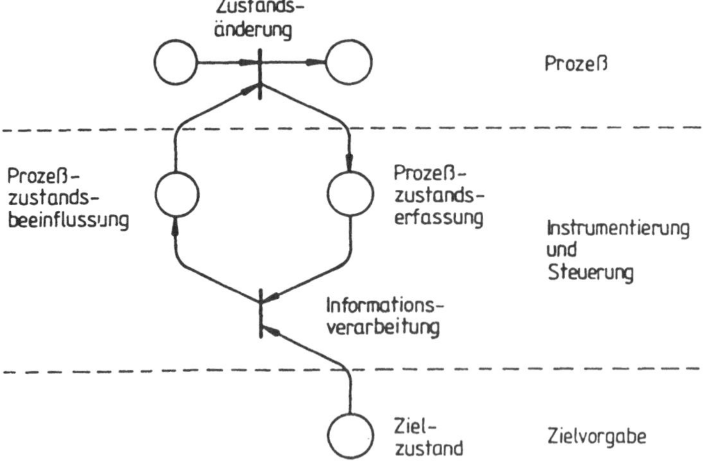

Bild 1-2 Funktionen der Prozeßsteuerung

durch diskrete Transistoren und Magnetkernspeicher gekennzeichnet war, wurden zentrale Automatisierungsstrukturen gewählt, in denen manchmal einige hundert verschiedenartiger Aufgaben simultan bearbeitet wurden. So waren in den sechziger Jahren in der Verfahrenstechnik digitale Vielfachregelungen mit mehreren hundert Regelkreisen keine Seltenheit.

Trotz der bestechenden Möglichkeit, so den Prozeß zentral zu leiten, führte diese extreme Konzentration der bisher in Einzelgeräten vor Ort ausgeführten Funktionen zum Steuern von Teilprozessen im Flaschenhals „Prozeßrechner" zwangsläufig zu Schwierigkeiten bei der Koordination der Aufgaben, was oft den Zusammenbruch der automatischen Steuerung zur Folge hatte. In der täglichen Praxis wurde deshalb der Prozeßrechner von der unmittelbaren Anlagenführung entbunden und das damals teure Renommierobjekt in Kraftwerken, Raffinerien usw. nur noch zu unkritischen und zweitrangigen Aufgaben wie Prozeßdatenerfassung, -protokollierung, -dokumentation und gelegentlich zum Rechenzentrumsbetrieb herangezogen.

Ein Durchbruch in der Prozeßrechnertechnik vollzog sich in den siebziger Jahren gleich in zweierlei Hinsicht. Senkungen der Anlagekosten von Kompaktrechnern befreiten einerseits vom Zwang, möglichst viele Aufgaben mit wenigen Rechnern zu bewältigen. Das zeigt die Gegenüberstellung der zeitlichen Entwicklung der installierten Anzahl von Kompaktrechnern (Bild 1-3) und ihrer Preise (Bild 1-4). Das Erscheinen des Datenverarbeitungsbausteins Mikroprozessor 1972 eröffnete den Gegenzug von der anderen Seite, in-

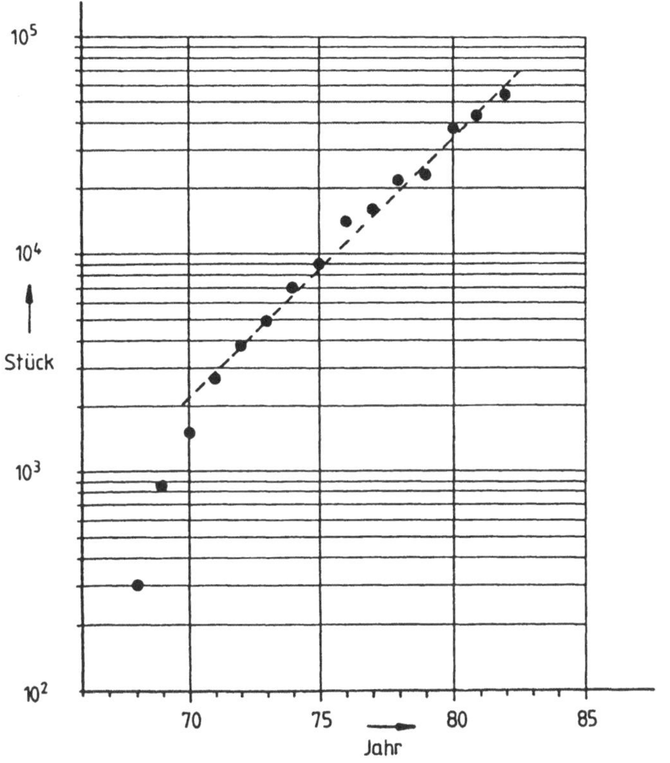

Bild 1-3
Bestandsentwicklung von Kompaktrechnern

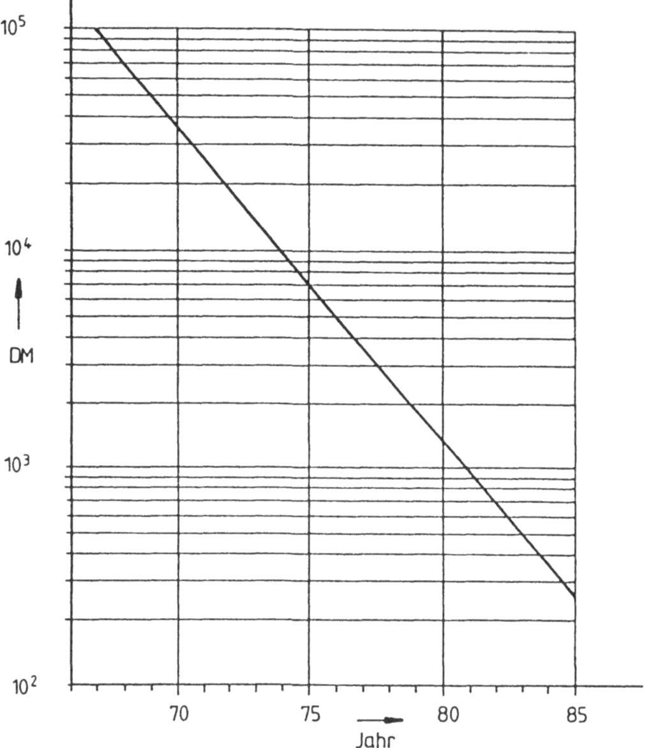

Bild 1-4
Preisentwicklung von Zentraleinheiten

dem die Funktion bisher maßgeschneiderter Einzelgeräte jetzt Einzweck-Rechnern implementiert wurde. Diese Entwicklungslinie führte zur dezentralen Prozeßautomatisierung mit kleinen wechselseitig über Datenbusse gekoppelten Mikroprozeßrechnern. Die zeitliche Entwicklung des Anteils von Mikrorechnern in der Automatisierungstechnik belegt diese Tendenz.

Das Bindeglied zwischen informationsverarbeitender Einheit und Prozeß ist die Stelleinrichtung. Sie hat die Funktion, die mit geringem Energieaufwand ausgestattete Stellinformation in einen stofflich-energetischen Zustand meist wesentlich höheren Energieinhalts zum Steuern des technischen Objektprozesses umzuformen.

Technisch wird dies mit Aggregaten veränderbarer elektrischer Leistungsabgabe bewerkstelligt, die z. B. bei Elektrohochöfen direkt auf den Prozeß einwirken oder mit nachfolgenden Energiewandlern, z. B. elektromechanischen, drehzahlveränderlichen Antrieben den Prozeßablauf beeinflussen. Bemerkenswert ist dabei, daß es heute eines geringen technischen Aufwands bedarf, mit elektronischen Bauelementen auf durchgehend digitalem Wege eine direkte Leistungsverstärkung von den wenigen Milliwatt der Informationselektronik bis zu der mehrere hundert Kilowatt schaltenden Leistungselektronik zu erreichen.

Zur zielgerichteten Beeinflussung eines Prozesses ist oft die Kenntnis seines gegenwärtigen Zustands Voraussetzung. Da die Steuerung mit Hilfe der Datenverarbeitung erfolgen soll, bedarf es einer geeigneten Abbildung des stofflich-energetischen Prozeßzustands in instrumentell verwertbare Information. Zur Ausführung dieser Funktion gibt es eine Vielzahl von Geräten. Waren diese in der Vergangenheit in der Regel an den jeweiligen Einsatz- oder Anwendungsfall angepaßte Unikate, so ist in letzter Zeit ein Trend zur Systemintegration zu beobachten. Das liegt einmal daran, daß die Einrichtungen zur Prozeßzustandserfassung zunehmend mit mikroelektronischen Bauelementen ausgerüstet werden, was schon eine flexible Anpassung an die weitere digitale Informationsverarbeitung zuläßt. Zum anderen werden solche Geräte verstärkt mit standardisierten Schnittstellen für den Anschluß an genormte Datenübertragungseinrichtungen in Busform ausgestattet, was ebenfalls eine gute Voraussetzung für eine weitere Automatisierung bietet [1-13 bis 1-15].

1.3 Methoden der Prozeßinformatik

Merkmal und zugleich Problem der Prozeßinformatik ist die Tatsache, daß sie sich mit dem Studium und der Anwendung der digitalen Informationsverarbeitung zur Steuerung technischer Prozesse befaßt. Problematisch daran ist das Dilemma, ob die informationell gesteuerten stofflich-energetischen Prozesse als vielschichtige „Technotope“ eher mit Methoden der Informatik zu behandeln oder ob hierfür die Arbeitsweisen der ausgesprochen technischen Disziplinen anzuwenden sind. Entscheidet man sich für eine der beiden Alternativen, wird immer der komplementäre Aspekt zu wenig beachtet. Erst durch eine eigenständige Methodik erhält jeder Aspekt aus dem ganzen Spektrum der Prozeßinformatik die gebührende Aufmerksamkeit.

Kern dieser Verfahrensweise ist das Erkennen von Strukturen innerhalb der „Technotope“, ihrer Abstrahierung und Modellbildung, wobei der sich formierenden Netztheorie Patenschaft zukommt. Damit kann, lösgelöst von einer sich allzusehr an die Gerätetechnik klammernden Beschreibung oder einer den Informationsablauf en détail beschreibenden Darstellung (Flußpläne, Programme), die allgemeine Funktionsstruktur eines Prozeßautomatisierungssystems aufgedeckt oder entworfen werden. Einmal bietet das die Möglichkeit einer einheitlich formalen Analyse auf höherem Abstraktionsniveau und umgekehrt ist bei der Synthese eine formale einheitliche Konkretisierung einer Entwurfsvorstellung möglich. Grundzüge einer Beschreibung mit Instanzen- und Petrinetzen enthält das folgende Kapitel. Als Hilfsmittel zur formalen Behandlung rechnergesteuerter Prozesse können folgende mathematische Methoden verwendet werden: Netztheorie (Instanzen- und Petrinetze), lineare Systemtheorie, Theorie stochastischer Prozesse, Boolesche Algebra.

2 Netzdarstellungen und grundlegende Begriffe

Für die Prozeßinformatik ist die Darstellung, Klassifizierung und Behandlung ihres Betrachtungsgegenstands nach funktionalen Eigenschaften charakteristisch. Das hat auch den Vorteil, daß solche Eigenschaften seltener Änderungen unterworfen sind; eine Darstellung nach rein technischen Merkmalen wäre beim gegenwärtigen Entwicklungstempo ständig zu aktualisieren.

Vor allem aber bekommt man ein tiefergehendes Verständnis in bezug auf Struktur und Funktion, wodurch sich wegen der von der Gerätetechnik unabhängigen Betrachtungsweise leichter Gemeinsamkeiten oder Ähnlichkeiten erkennen lassen, was zur Verallgemeinerung beiträgt. Unter diesem Blickwinkel werden im folgenden eine Reihe von Begriffen definiert und mit ihrer Zusammenstellung ein verbindlicher Rahmen zur Darstellung und Behandlung dieser Materie aufgespannt.

2.1 Repräsentation mit Petri- und Instanzennetzen

In erster Linie läßt die Struktur eines beliebigen Systems, d.h. seine Funktionsschwerpunkte (Elemente) und die dazwischen bestehenden Verbindungen (Relationen) in idealisierter Form von Knoten und Maschen die Assoziation mit Netzen zu (Tabelle 2-1). Die Knoten symbolisieren die Aktivitäten im System. Sie haben entweder Verteilungsfunktion, wie schon entsprechende Ausdrücke belegen: Verkehrsknotenpunkt, Energieverteilung, Knotenpunktrechner, oder sie haben verarbeitende Funktion, d.h. sie wandeln Material, Energie oder Daten um: Reaktor, Motor, Rechenzentrum.

In dieser Betrachtungsweise werden die Netzelemente, die für die Größen an ihren Verbindungen zur Umgebung zuständig sind, als „Instanzen" bezeichnet und durch Rechtecke symbolisiert (Bild 2-1). Die Instanzen kennzeichnen Funktion und Dynamik im System. Die maschenbildenden Verbindungen zwischen den einzelnen Instanzen besorgen als „Kanäle" die eher passive Speicherung und Weiterleitung bzw. Verteilung von Größen entsprechend der Zuordnung zu einzelnen Instanzen. Sie werden durch Linien und Kreise symbolisiert und kennzeichnen Struktur und Wechselwirkung im System. Ein System wird als Netz mit Instanzen und Kanälen als grafisches Modell abgebildet. Es liegt daher nahe, das Netz als Graph aufzufassen. Somit kann die Graphentheorie zur mathematischen Behandlung der Netzsysteme, insbesondere ihrer Struktur herangezogen werden. Instanzen können ihrerseits wieder in Netze aufgegliedert werden. Dabei ist zu beachten, daß das in einer Instanz enthaltene (Unter-)Netz von (Unter-)Instanzen berandet wird. Das gleiche gilt sinngemäß für Kanäle, damit jede Verfeinerung mit ihrer weniger detaillierten Vorstufe formal konsistent ist.

In den Instanzennetzen spielen sich die dynamischen Prozesse ab, bei denen zwischen kontinuierlichen und diskreten Prozessen unterschieden werden muß. Diese Klassenbildung verdeckt oftmals den übergeordneten Zusammenhang von Instanzennetzen als Sy-

Tabelle 2-1 Repräsentation von Systemen mit Netzen

REPRÄSENTATION		SYSTEM		
Niveau	Eigenschaft		Element Relation	
allgem. abstrakt	kognitive Merkmale	vorwiegend Verteilungs- und Speicherfunktion	Typ	vorwiegend ausführende Funktion
speziell anschaul.	Inter- pretation	Depot, Strecken Kanäle Straßen	VERKEHRSNETZE	Bahnhöfe, Weichen Häfen Kreuzungen
		Tank Speicher Netzverbund	ENERGIE- SYSTEME	Motor Reaktor Kraftwerk
		Fernschreiber Telefon Bus Datenbank Flip-Flops Register Speicher RAM, ROM	INFORMATIONS- SYSTEME	Vermittlungsknoten Terminal Rechner Gatter Steuerwerk, Rechenwerk CPU
allgem. anschaul.	kognitive Merkmale	struktur- bestimmend (verknüpfend)	Relationen	funktionsbestimmend (kausal, dynamisch)
	Inter- pretation	Weiterleiten/ Speichern von MATERIAL- ENERGIE- INFORMATION-	Wechselwirkung FLUSS	Funktionen/ Aktivitäten durch TRANSPORT UMFORMUNG VERARBEITUNG
	Repräsentation	KANÄLE	NETZE	INSTANZEN
speziell abstrakt	kognitive Merkmale	Diskrete Zustände	Kausalketten	kausale Verknüpfungen
	Repräsentation	STELLEN	PETRINETZE	TRANSITIONEN
	Inter- pretation	Vorhandensein aktueller Zustände	Zustandsgraph	Aktivieren von Zustandswechseln
	Repräsentation	MARKIERTE ZUSTÄNDE	NETZE MIT MARKEN	DYNAMISCHE SIMULATION

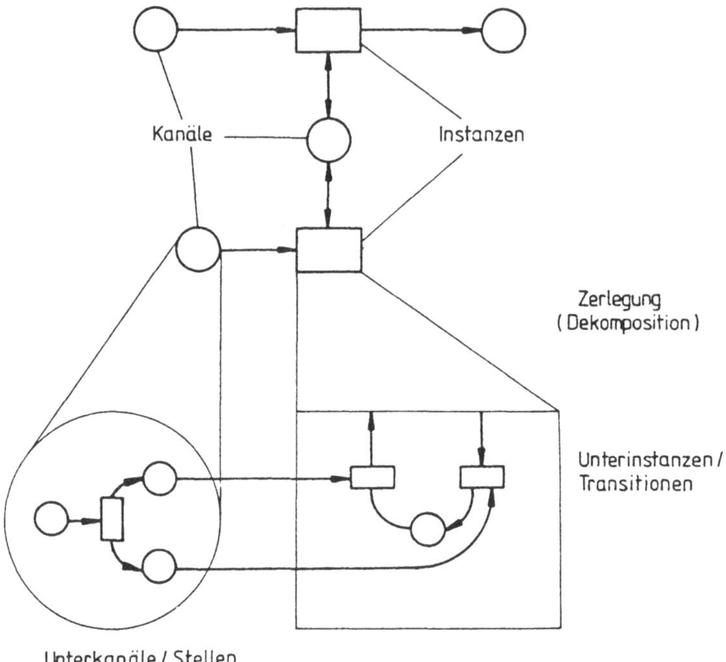

Bild 2-1 Elemente und Zerlegung (Dekomposition) von Instanzennetzen

stemmodell. Werden kontinuierliche Prozesse durch den zeitlichen Verlauf aller Systemzustände, z. B. energetischer oder stofflicher Größen, beschrieben, so sind zeit- und wertdiskrete Prozesse durch Folgen einzelner Zustände im Sinne von Kausalketten gekennzeichnet. Diskrete Wertebereiche gibt es in allen Logikstrukturen, in Digitalschaltungen wie in Programmen. Bei hinreichender Abstraktion bzw. akzeptabler Aggregation lassen sich aber auch kontinuierliche Zustandsveränderungen und Zeitverläufe quantisieren bzw. diskretisieren, so daß man hier ebenso zu diskreten Wertebereichen gelangt.

Zur Beschreibung der Struktur von Systemen und des dynamischen Verhaltens darin ablaufender Prozesse mit diskretem Verhalten und quantisierten Wertebereichen sind Petrinetze geeignet. In der Dissertation von C. A. Petri 1962 wurden die später nach ihm benannten Netze begründet [vgl. 1-6 bis 1-12]. Seitdem wurden Petrinetze vielerorts weiterentwickelt und stellen jetzt eine spezielle Klasse allgemeiner Netze dar.

In Petrinetzen gehen die Aktivitäten der Instanzen in die sogenannten Transitionen über, durch welche die Zustandsübergänge im System veranlaßt werden (Tabelle 2-1). Die diskreten Zustände in den Kanälen werden in einzelnen Stellen des Netzes konzentriert. So veranschaulichen Petrinetze den Kausalzusammenhang zwischen Systemzuständen und Ereignissen, z. B. den von einem Ereignis abhängenden Folgezustand, und bilden das Geflecht der Kausalketten als grafisches Modell ab.

In Petrinetzen wird die Menge aller möglichen Zustände und aller Möglichkeiten, in einem System von einem Zustand bzw. Teilzustand in den anderen zu gelangen, bildlich in Form

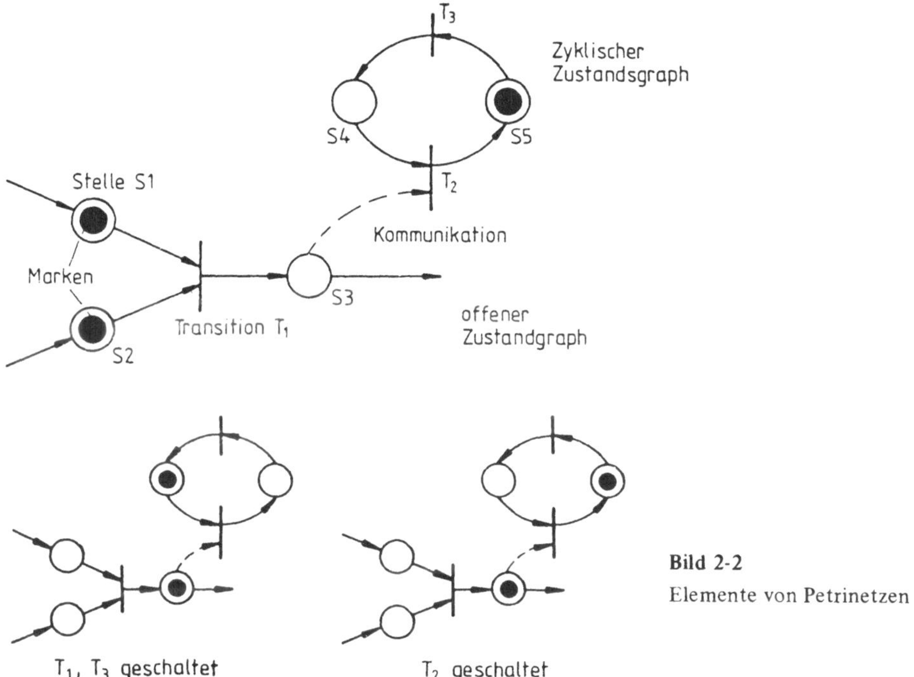

Bild 2-2
Elemente von Petrinetzen

von Zustandsgraphen dargestellt (Bild 2-2). Zustände werden als Plätze oder Stellen in Form von Kreisen symbolisiert. Die Möglichkeit zum Zustandswechsel symbolisiert ein Querbalken auf der Verbindungslinie zwischen zwei Stellen, die sogenannte Transition. Petrinetze sind wiederum Graphen, die Zustandsübergänge folgen gerichteten Kanten (Pfeile), daneben existieren zwei Arten von Knoten: die Plätze in Kreisform verkörpern den Zustand und die Transition in Balkenform das Ereignis eines Zustandsübergangs.

Die Systemdynamik in Petrinetzen wird durch das Markieren der Stellen dargestellt, indem diese mit Marken belegt werden. Eine markierte Stelle entspricht einem aktuellen Zustand im System. Die Marken können nun nach bestimmten Regeln über die Transitionen zu neuen Stellen wandern, das System ist lebendig. Somit findet die Systemdynamik eine anschauliche Modellierung im Markenspiel.

Ein Zustand ändert sich, wenn eine bestimmte Bedingung für einen Zustandswechsel erfüllt ist: Sind sämtliche zu einer Transition hinführenden Stellen markiert und alle wegführenden Stellen frei, so schaltet die Transition. Dann werden die Marken der hinführenden Stellen aufgehoben und die zugehörigen Folgezustände markiert. Zustandsfolgen können dabei offene Zweige oder geschlossene Zyklen durchlaufen. Einzelne Zustandsgraphen können auch miteinander verkoppelt werden. So geht im oberen Zustandsgraphen des Beispiels im Bild 2-2 der Zustand S4 über die Transition T2 erst dann in den Zustand S5 über, wenn im unteren Zustandsgraphen der Zustand S3 eingetreten ist. Beim Schalten der Transition T2 wird S3 nicht verändert. Diese Aussage liefert die gestrichelte Form der Verbindungslinie zwischen S3 und T2, die „Kommunikationsverbindung". Dagegen würde die durchgehende Linie einer gerichteten Kante bedeuten, daß auch die

Markierung dieser Stelle (S3) beim Schalten der Transition (T2) beseitigt wird. Ist der Pfeil einer Kommunikationsverbindung an einer Transition mit einem Minuszeichen versehen, hemmt jetzt in umgekehrter Weise die Markierung der zugehörigen Stelle den Schaltvorgang der Transition.

Durch Auflegen und Verschieben von Marken auf die jeweils aktuellen Zustände läßt sich das Systemverhalten bereits manuell simulieren. Damit liegen die wichtigsten Regeln für eine Systembeschreibung mit Petrinetzen fest.

Die Regeln, d.h. die Syntax von Petrinetzen, beziehen sich im wesentlichen auf

- die Kombination der einzelnen Petrinetzelemente entsprechend der Gesamtheit aller Zustandsfolgen, d.h. der möglichen Kausalzusammenhänge,
- das Schalten der Transitionen und das Weiterleiten der Marken, ausgehend von bestimmten Anfangszuständen, entsprechend dem Ablauf der Zustandsänderungen in einem System.

Die Elemente und einige Kombinationen zeigt das Bild 2-3. Konflikte, wie sie z.B. bei um einen Vereinigungsplatz konkurrierenden Marken oder bei der Entscheidung, auf welchem Zweig eine Marke den Verzweigungsplatz verläßt, auftreten, können nur durch zusätzliche Bedingungen eindeutig gelöst werden.

Ebenso wie bei den Instanzennetzen können auch die einzelnen Petrinetzelemente weiter zerlegt (dekomponiert) werden, wobei nur die Konsistenz der Übergänge gewahrt werden muß, d.h. Stellen gehen in stellenberandete, Transitionen in transitionsberandete Teilnetze über.

Die Größe, in der Systeme in dieser Form von Petrinetzen noch überschaubar sind, ist offensichtlich begrenzt. Erweiterungen und höhere Netzklassen erlauben es, komplette Systeme, deren Darstellung mit den einfachen Elementen und den elementaren Regeln zu unhandlich wäre, übersichtlich zu behandeln.

Die mathematische Beschreibung und Behandlung von Petrinetzen [vgl. 1-7 bis 1-12] kann hier nur angedeutet werden.

Ein statisches Petrinetz (PN) ist in seiner einfachsten Form ein Tripel

$$PN = \{\mathbf{S}, \mathbf{T}; \mathbf{F}\}. \qquad (2\text{-}1)$$

Dabei ist

$$\mathbf{S} = \{S_1, S_2, \ldots\} \qquad (2\text{-}2)$$

die Menge aller Stellen (passive Netzknoten) eines Systems,

$$\mathbf{T} = \{T_1, T_2, \ldots\} \qquad (2\text{-}3)$$

die Menge aller Transitionen (aktive Netzknoten) eines Systems,

$$\mathbf{F} = \{(\mathbf{S} \times \mathbf{T}) \cup (\mathbf{T} \times \mathbf{S})\} \qquad (2\text{-}4)$$

die Menge aller Flußrelationen, d.h. aller gerichteten Kanten von S_i nach T_j und von T_i nach S_j.

Bei den markierten Netzen erweitert man die Definition zu

$$PN = \{\mathbf{S}, \mathbf{T}; \mathbf{F}, \mathbf{M}\}$$

um den Vektor der einfach markierten Stellen

$$\mathbf{M} = \{M_1, M_2, \ldots\}, M_i \in \{0, 1\}. \qquad (2\text{-}5)$$

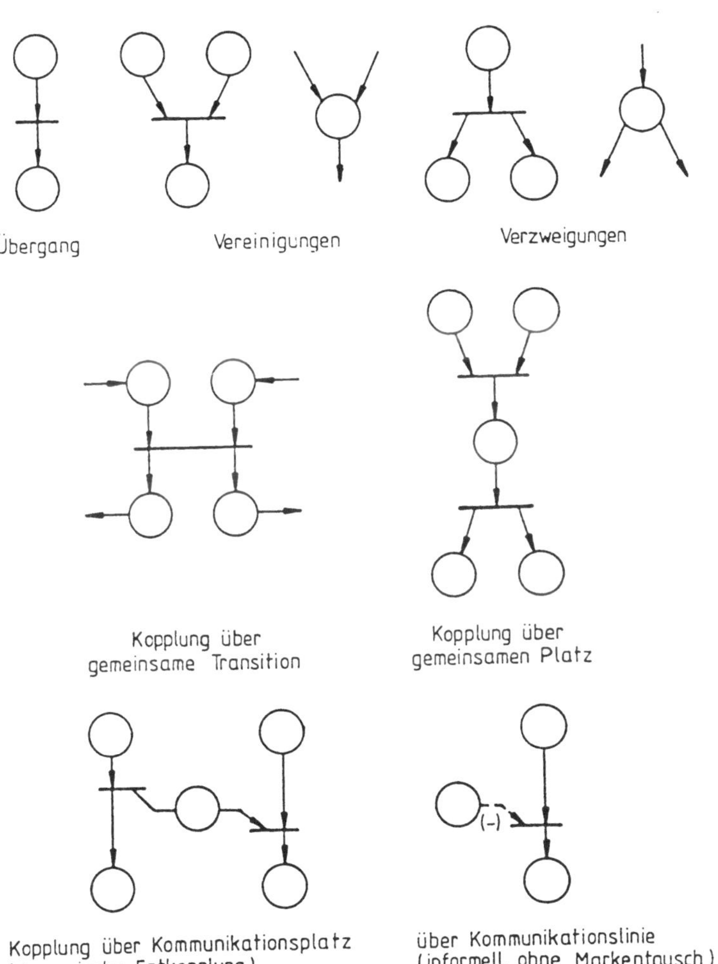

Bild 2-3 Kombinationen von Petrinetzelementen

Die Netztheorie bietet zahlreiche Möglichkeiten, wichtige Eigenschaften von Netzen zu analysieren. Eine Grundlage dafür bietet die Netzbeschreibung mit der Inzidenzmatrix

$$\mathbf{N} = \begin{cases} +1 \text{ für alle Kanten von } T_i \text{ nach } S_j \\ -1 \text{ für alle Kanten von } S_i \text{ nach } T_j \\ 0 \text{ für alle sonstigen Elemente} \end{cases} \tag{2-6}$$

Die Dynamik in markierten Petrinetzen beschreibt die Rekursionsgleichung

$$\mathbf{M}(\nu) = \mathbf{M}(\nu - 1) + \mathbf{N}\,\mathbf{X}(\nu - 1), \tag{2-7}$$

wobei X der Vektor der aktivierten Transitionen ist. Es läßt sich damit u. a. berechnen, ob gewisse Zustände bei gegebenen Anfangsbedingungen überhaupt erreichbar sind. Damit lassen sich z. B. so wichtige Eigenschaften wie Beschränktheit und Verklemmungsfreiheit von Netzen nachweisen. Alle erreichbaren Markierungen eines Netzes können im (oft umfangreichen) Überdeckungsgraph dargestellt werden.

Mit Hilfe von Netzinvarianten, das sind Lösungen der Gleichungen

$$\mathbf{N}_{\Gamma}\mathbf{I} = \mathbf{0} \quad \text{bzw.} \quad \mathbf{NJ} = \mathbf{0} \qquad (2\text{-}8)$$

lassen sich mit weniger Aufwand wichtige Aussagen über das Verhalten im Netz angeben, z. B. über Lebendigkeit, Schaltverhalten oder Reproduzierbarkeit von Markenkonstellationen. Für derartige Behandlungen von Petrinetzen existieren bereits leistungsfähige Rechenprogramme (vgl. [11-15 bis 11-17]).

Insgesamt erscheint die Modellierung und mathematische Behandlung mit Netzen als hoffnungsvoller Versuch, vielfältige Erscheinungsformen von Systemen durch einen einheitlichen strukturellen und dynamischen Ansatz einer allgemeinen Betrachtungsweise zugänglich zu machen.

2.2 System

Aus der Sicht der Prozeßinformatik muß man unter dem Begriff „System" neben den durch informationstechnische Maßnahmen zielgerichtet zu beeinflussenden stofflich-energetischen Sachverhalten gleichermaßen auch die Informationstechnik selbst verstehen, mit der die Automatisierungsziele verwirklicht werden.

Im folgenden soll skizziert werden, was im Grundsatz ein System kennzeichnet [2-1 bis 2-5]. Ein System wird durch das Vorhandensein bestimmter Eigenschaften gekennzeichnet und im Hinblick auf eine funktionale Betrachtungsweise durch folgende Merkmale heuristisch und axiomatisch charakterisiert (Bild 2-4).

Das Strukturprinzip
Das System besteht aus einer Menge von Teilen, die untereinander und mit der (System)umgebung in wechselseitiger Beziehung stehen. Um das System gegenüber der Umgebung abzugrenzen, ist eine Eigenständigkeit des Systems erforderlich (Bild 2-4a).

Das Dekompositionsprinzip
Das System besteht aus einer Menge von Teilen, die ihrerseits wieder in eine Anzahl in wechselseitiger Beziehung stehender Unterteile zerlegt werden können. Im Detail betrachtet, weisen die Unterteile wiederum eine gewisse Komplexität, d. h. allgemeine Systemmerkmale auf (Bild 2-4b).

Das Dynamikprinzip
Das System besteht aus einer Menge von Teilen, deren Struktur oder Zustand mehr oder weniger zeitlichen Veränderungen unterliegt (Bild 2-4c). Eine Widerstandsfähigkeit gegenüber Umgebungseinflüssen ist jedoch bezeichnend.

Das Kausalprinzip
Ein System besteht aus einer Menge von Teilen, deren Beziehungen untereinander und deren Veränderungen selbst eindeutig determiniert sind. Im Sinne eines kausalen Wirkungszusammenhangs können spätere Zustände nur von ihnen zeitlich vorangegangenen abhängig sein (Bild 2-4d).

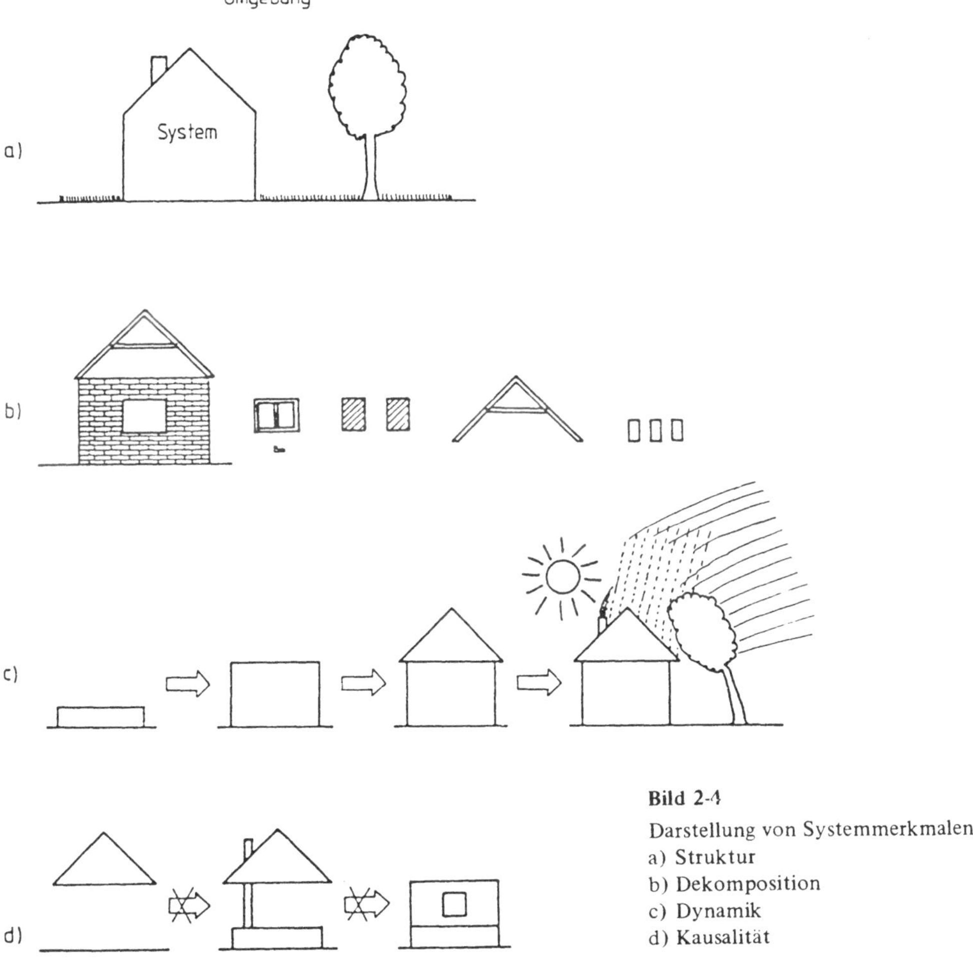

Bild 2-4
Darstellung von Systemmerkmalen
a) Struktur
b) Dekomposition
c) Dynamik
d) Kausalität

Zusammenfassend ist ein System also ein Ganzes aus vielen Teilen, die gemeinsam die Funktion des Ganzen erfüllen, in sich aber unterschiedliche Funktionsschwerpunkte bilden. Ganz allgemein sollen hier Systeme als Ordnung von Teilen zur Erfüllung eines Zwecks (Funktion) aufgefaßt werden. Die Ordnung des Systems tritt in seiner Struktur und Gliederung und die Funktion in seiner Dynamik und Kausalität deutlich hervor [2-6].

2.3 Modell

Für die Beschreibung der Wirklichkeit verwendet man seit jeher Modelle, die der menschlichen Vorstellungskraft angepaßt sind. Daher sind geeignete Modelle auch zur Beschreibung und Behandlung von Systemen im Bereich der Prozeßinformatik hilfreich [2-7,

2-8]. Wesentliches Merkmal eines Modells ist, daß es tatsächliche Phänomene, die in der Realität beobachtet werden können – z. B. ein exakter Nachweis durch Messung – hinreichend genau beschreibt oder nachbildet, wobei man von Sachverhalten, die für das jeweilige Betrachtungsinteresse nicht von Bedeutung sind, absehen kann. Die Kunst der Modellbildung besteht darin, soweit wie möglich wegzulassen und zu abstrahieren, um auf diese Weise überschaubare Vorstellungen zu gewinnen. Das erfordert aber, daß man dafür bereits bestimmte Begriffs- und Klassifizierungsstrukturen und Zuordnungsmerkmale, sogenannte Strukturkonzepte oder kognitive Strukturen, entwickelt hat oder sich derer bedient (Bild 2-5).

Das Modell ist somit die Abbildung eines Systems mit Hilfe einer kognitiven Struktur oder eines Strukturkonzepts, wobei Struktur, Dynamik und Kausalität des Originalsystems, d. h. die Relationen zwischen seinen Teilelementen in ähnliche Relationen zwischen den ebenfalls ähnlichen Teilelementen des Modellsystems transformiert werden.

Je nach Anwendungszweck kann das Modell im Sinne des Dekompositionsprinzips die Wirklichkeit in unterschiedlichen Detaillierungsgraden abbilden, wobei man sich eines entsprechenden Strukturkonzepts, z. B. der Netze, bedient. Die einzelnen Abbildungsstufen weisen dabei verschiedene Qualitäten auf, denn so detailliert das Modell auch sein mag, führt jede Modellbildung zwangsläufig zuerst zu einem Verlust an Authentizität, z. B. beim Ersatz dinglicher Beziehungen durch theoretische, oder zu einem Verlust des zeitlichen Bezugs bei aktuellen Vorgängen. Im günstigsten Fall ist das ein Verlust an Redundanz, der noch alle wesentlichen Eigenschaften des Originalsystems im Modell beläßt. Dem steht jedoch der erst durch die Modellvorstellung erzeugte Gewinn an Erkenntnis gegenüber. Bei weiterführender Vereinfachung dieser ersten Modellstufe ist dann unweigerlich ein Verlust an Substanz zu verzeichnen, z. B. hinsichtlich der Größenordnung im Sinne der Vielgestaltigkeit (Komplexität), der Dimension und des Maßstabs in

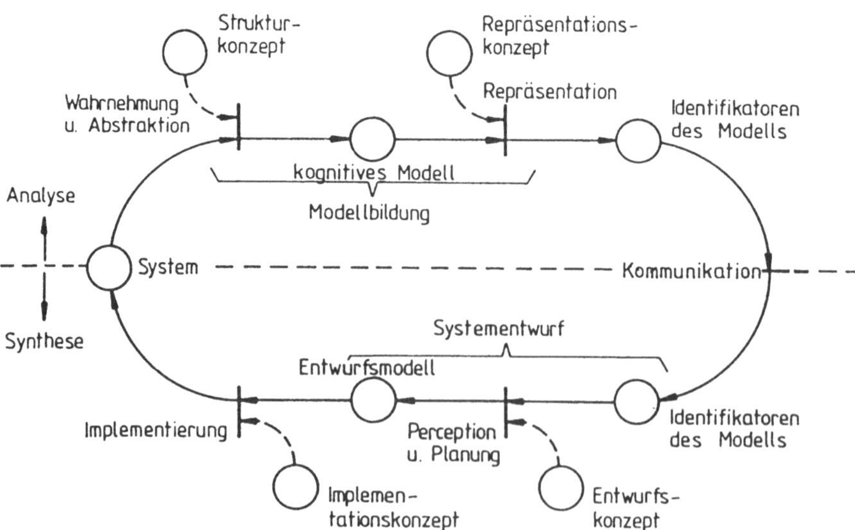

Bild 2-5 Modellbildung und Darstellung von Systemen

räumlicher und zeitlicher Hinsicht wie der Präzision [2-9, 2-10]. Nicht ausdrücklich betont werden muß, daß die kreative Modellbildung iterativ abläuft, um durch korrektive Anpassung des Modells und unter Umständen auch des Strukturkonzepts das Systemverhalten hinreichend genau zu repräsentieren [2-11].

Voraussetzung zur weiteren Behandlung der Modelle und einer Kommunikation darüber ist die Repräsentation des Modells durch sogenannte Identifikatoren. Von drei grundsätzlich verschiedenen Typen zur Modellrepräsentation, dem mathematischen, grafischen und physikalischen, aus denen später Simulationsmodelle resultieren können, sind in der Prozeßinformatik die beiden erstgenannten Typen im Zusammenhang mit einem netztheoretischen Strukturkonzept von besonderer Bedeutung [2-12]. Mit der Einführung des Markenspiels auf der Detaillierungsebene von Petrinetzen kann man in einfacher Weise zu einem anschaulichen Simulationsmodell gelangen, das einer manuellen wie rechnerautomatisierten Simulation zugänglich ist [2-13].

2.4 Prozeß

Das System ist allgemein durch die Gesamtheit aller in ihm möglichen Änderungen, seien es die Beziehungen zwischen seinen Teilen oder seiner Teile selbst, gekennzeichnet, wie es in den axiomatischen Eigenschaften Dynamik und Kausalität festgelegt wurde. Dagegen umfaßt der Begriff „Prozeß" nur eine Teilmenge hiervon, nämlich die, welche die Änderung des Systems von einem bestimmten Initial- oder Vorzustand in einen Folge- oder Nachzustand umfaßt (Bild 2-6a). Diese grundsätzliche Definition beinhaltet alle weiteren Prozeßtypen, was leicht durch Anwendung des Dekompositionsprinzips und Anwendung der Netzregeln zu zeigen ist: der Gesamtprozeß (Bild 2-6a) läßt sich entweder als Folgeprozeß aus sequentiellen Teilprozessen (Bild 2-6b) oder als paralleler Prozeß aus nebenläufigen oder konkurrenten Teilprozessen (Bild 2-6c) verfeinern; Mischformen sind natürlich ebenfalls möglich (Bild 2-6d).

Kennzeichnend für die Prozeßinformatik sind technische Prozesse als Objekt der steuernden Informationstechnik. Technische Prozesse sind allgemein durch die Veränderung von Energie- und Stoff(Material-)zuständen und nachrangig von Information determiniert. Die Veränderungen sind Umformung und Transport, Ver- und Bearbeitung. In den informationstechnischen Geräten spielen sich im Prinzip die gleichen Vorgänge ab, nur liegt hier das Augenmerk vorrangig auf der Veränderung von Informationszuständen. Diese funktional orientierte Sicht erlaubt und legt es nahe, die Vorgänge in technischen wie in Informationssystemen gleichwertig als Prozesse aufzufassen.

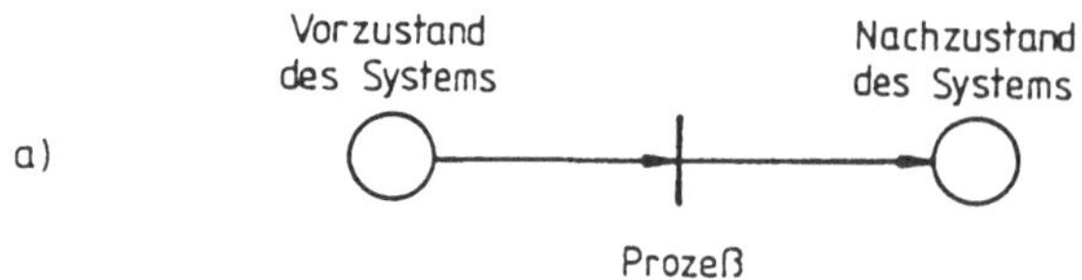

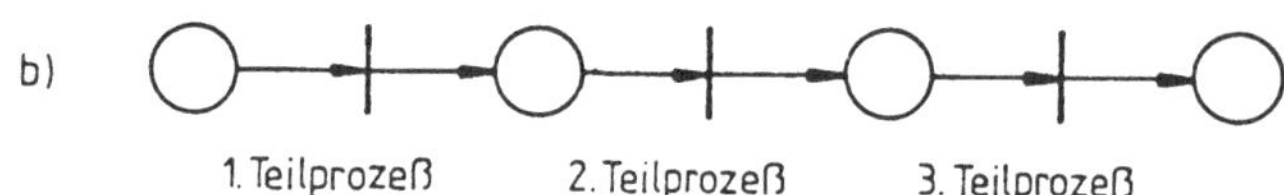

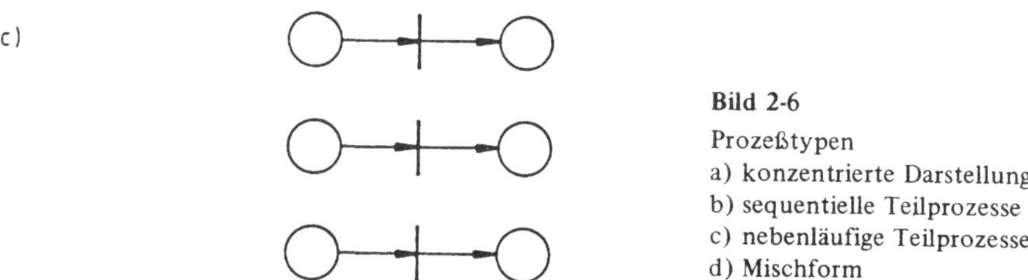

Bild 2-6
Prozeßtypen
a) konzentrierte Darstellung
b) sequentielle Teilprozesse
c) nebenläufige Teilprozesse
d) Mischform

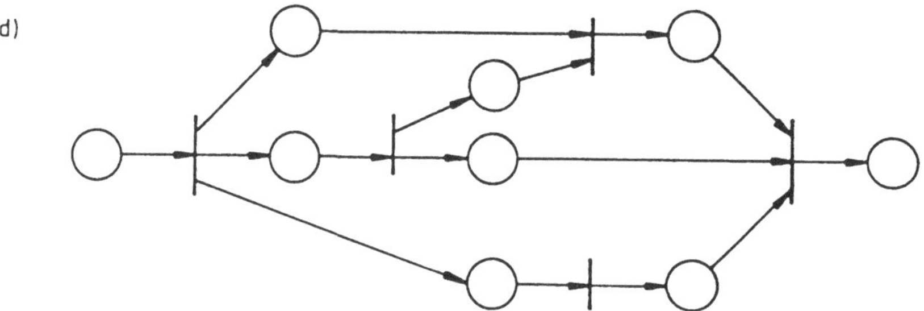

3 Technische Prozesse

3.1 Klassifizierung

Nachdem Prozesse bisher mehr unter grundsätzlichen Gesichtspunkten behandelt wurden, um trotz ihrer in Wirklichkeit vorhandenen Vielgestaltigkeit einheitliche und verbindende Strukturkriterien durch funktionale Analyse und formale Abstrahierung herauszustellen, sollen nun (reale) technische Prozesse, deren Aktivitäten durch Umwandlung, Transport oder Verarbeitung von Energie und Stoffen oder nachrangig von Information als Medium gekennzeichnet sind, untersucht werden. In praxi kommen meist Kombinationen all dieser Erscheinungsformen vor. Beispiele für die Klassifizierung von Prozessen nach Art des Mediums sind in Tabelle 3-1 zusammengestellt. Wenn man hingegen die Aktivitäten im System betont, sind andere Klassifikationsmerkmale vorrangig, z. B. nach Be- bzw. Verarbeitung, Verteilung und Umwandlung; eine entsprechende Zuordnung findet man in der dritten Spalte der Tabelle 3-1. Eine weitere Betrachtungsweise geht von der Form des Mediums im Prozeß aus, wo dann nach Mengen- oder Stückprozessen unterschieden wird.

3.2 Modellbildung von Prozessen

Ein Ziel der Prozeßinformatik ist, Vorgänge in technischen Systemen zu beschreiben und Grundlagen zu entwickeln, um später mit Hilfe der Informationsverarbeitung technische

Tabelle 3-1 Klassifikation von Prozessen nach dem Medium und der Aktivität

Prozeßsystem	Klassifikation nach	
	Art des Mediums	vorherrschender Aktivität
Kraftwerk Pipeline Verbundnetz Talsperre Kohleverflüssigung	Energie	Umwandlung Transport Verteilung Speicherung Verarbeitung
Verkehr (Wasser, Straße, Schiene, Luft) Fertigung, Walzwerke Raffinerie, Gießerei Versandhaus Lager	Material	Transport Verarbeitung Umwandlung Verteilung Speicherung
Telefon, -fax, -vision Archiv, Datenbank Bank, Reisebüro Steuerungs- und Leitsysteme	Information	Transport Speicherung Verarbeitung

Prozesse zielgerichtet zu beeinflussen, d. h. zu lenken. Modellbildung von Prozessen ist dabei Voraussetzung für einen Erkenntnisgewinn, dieser wiederum für den Modellentwurf des Steuerungssystems als gedankliche Grundlage für seine technische Verwirklichung. Nicht immer befriedigend für die vorliegende Aufgabenstellung ist die klassische Modellbildung, die in erster Linie statische Systemmodelle in Form objektgebundener Darstellungen, z. B. als Anlagenschema, Geräteschaltbild, topografische Struktur oder räumlich hierarchische Struktur hervorbringt. Sie kann als Basis weiterer Überlegungen hilfreich sein.

Die Suche nach den Prozeß charakterisierenden Veränderungen im betrachteten System führt eher auf die Struktur der inneren Wechselwirkungen. Diese funktionalen Zusammenhänge in einer Kombination von Ursache und Wirkung müssen dann mit den formalen Hilfsmitteln der Netztheorie beschrieben werden [3-1, 3-2].

Für die hier interessierende funktionale Betrachtungsweise technischer Systeme als Voraussetzung für eine theoretische Analyse müssen die sich in ihnen abspielenden Vorgänge, d. h. die Zustandsänderungen insbesondere auf ihre dynamischen und kausalen Zusammenhänge hin untersucht werden. Das heißt nichts anderes, als daß die Aktivitäten immer vollständiger und umfassender analysiert werden müssen, was zu immer mehr Einzelheiten berücksichtigenden Modellen auf immer geringerer Abstraktionsstufe führt. Die Tabelle 3-2 vermittelt einen Eindruck von dieser Vorgehensweise. Darin sind auch für die einzelnen Abstraktionsstufen typische technische Teilsysteme notiert.

Das Vorgehen, von einem realen oder zu planenden technischen Prozeß ein funktionales Modell zu entwickeln und in der hier bevorzugten Form von Netzmodellen zu beschrei-

Tabelle 3-2 Abstraktionsstufen bei Analyse und Modellbildung technischer Prozesse

Abstraktionsniveau	Dekompositionsebene	Auflösung der Zustände	Auflösung der Aktivitäten	Modell	typ. Beispiel
hoch wenig detailliert komplex	Teilprozesse Module	diskret	diskret	Netze	Verkehr
mittel detailliert	Operationen Verknüpfungen Verzweigungen Parallelitäten Folgen Algorithmen	diskret (quasi-) kontinuierlich	diskret diskret	Petrinetze Instanzennetze	Fertigungs-, Lager- und Sortierprozesse Energieumwandlung Herstellungsprozesse
gering hochdetailliert kompliziert	Schritte (inkremental) kausal zeitlich (infinitesimal)	diskret kontin. kontin.	diskret diskret kontin.	Petrinetze Instanzennetze Differenzen- und Differentialgleichungen	Schaltsysteme, Steuerwerke Thyristorschaltungen Analogschaltungen Verfahrenstechnische Prozesse

ben, ist nicht leicht. Dabei bestimmt einmal die Kenntnistiefe vom Objektprozeß und zum anderen das Ziel, was man mit Hilfe des Prozesses durch Zusammenwirken der vielen einzelnen Teilprozesse selbst erreichen will – beide zusammen bilden die kognitive Struktur – das Ergebnis dieser Phase. Wie man erkennt, ist dieser Vorgang, schon von der formalen Struktur her, auch ein (Denk-)Prozeß.

3.3 Funktionstypen technischer Prozesse

3.3.1 Grundformen

Im folgenden werden drei für die Unterscheidung nach Zustandsform und Ereignisverlauf typische Grundmuster von Prozessen vorgestellt und damit die Klassifizierung nach diesen Gesichtspunkten verdeutlicht. Diese Prozeßtypen zeichnen sich dadurch aus, daß auch noch auf vergleichsweise geringem Abstraktionsniveau die originären Erscheinungsformen von Zuständen und Ereignissen nachwirken.

Diskrete Prozesse
Diese werden auch Stückprozesse genannt und zeichnen sich durch kurzzeitige Aktivitäten im System bei der richtigen Zusammenführung bzw. Trennung zumeist mehrerer Stoffe unter Energiezufuhr aus. Die beteiligten Stoffe verharren (verglichen mit der Zustandsänderung verhältnismäßig lange) in den unveränderlichen und abgestuften Zuständen. Beispiele für Systeme mit vorwiegend diskreten Prozessen sind in der Tabelle 3-3 zusammengestellt.

Kontinuierliche Prozesse
Diese werden auch Fließprozesse genannt und sind in der Hauptsache durch permanente Zustandsänderung der beteiligten Stoffe und Energien als Medien gekennzeichnet, wobei ihre jeweiligen Zustände sich kontinuierlich in einem weiten Bereich physikalischer Größen bewegen können. Die Zustände sind hier bei Stoffen und Energien primär zeitlich abgeleiteten Größen zugeordnet, z. B. Durchfluß, Mengenstrom, Geschwindigkeit, Dichte. Beispiele für diese Prozesse sind auch in Tabelle 3-3 enthalten.

Tabelle 3-3 Beispiele für unterschiedliche Prozeßtypen

Stückprozesse	Kontinuierliche Prozesse	Chargenprozesse
Buchdruck	Versorgung (Gas, Öl, Elektrizität)	Arzneimittelherstellung
Filmentwicklung	Entsorgung (Abwasser, Kläranlagen)	Eisenverhüttung
Rangiervorgänge	Verfahrenstechnische Prozesse (Raffinieren)	Gießereitechnik
Lagerhaltung	Walzwerke	Biotechnik
Geräteprüfung	Papierherstellung	physikal. Versuchsanlagen
Datenübertragung in Blockform	Kunstfaserherstellung	
Textilmaschinen		

Chargenprozesse

Eine Mittelstellung zwischen den ersten beiden „reinen“ Prozeßtypen nehmen die Chargenprozesse ein, bei denen der Prozeßablauf in einen zustands- und ereignisdiskreten Anfahrvorgang bzw. eine Vorbereitungsphase mit Material- und Stoffeinsatz, eine anschließende kontinuierliche Zustandsänderung der eingesetzten Substanzen mit Energieumwandlung und deren Beendigung durch einen wiederum diskreten Abfahrvorgang zu Stoffentnahme und Wiederherstellung der Betriebsbereitschaft gekennzeichnet ist. Da der eigentliche Nutzeffekt nur von dem kontinuierlichen Prozeßteil ausgeht, ist man bestrebt, durch Verfahrensverbesserungen diesen Anteil auszuweiten (z. B. bei Rotationsdruckmaschinen oder Fertigungsstraßen) und das An- und Abfahren (Einrichten, Lagern, Aufrüsten) zu verringern. Tabelle 3-3 enthält ebenfalls Beispiele für diesen Prozeßtyp.

3.3.2 Fallbeispiele

Zur Verdeutlichung der funktionalen Analyse von technischen Prozessen werden im folgenden vier verschiedene Fallbeispiele angegeben. Daran wird auch die Schwierigkeit deutlich, bestimmte Prozeßtypen in den Systemteilen wiederzufinden.

1. Fallbeispiel: Transportprozeß

Die vorliegenden formalen Regeln einer Systemdarstellung als Petrinetz werden darauf angewendet, Streckennetz und Fahrzeugbewegungen einer Nahverkehrs-Versuchsanlage zu analysieren [3-3]. Die insgesamt 1,4 km lange Strecke hat die Form von zwei Ovalen, die sich in einem Teilbereich zu einer eingleisigen Strecke vereinigen (Bild 3-1a). In jedem Zweig befindet sich eine Station (A, B, C) mit einem Warteplatz zum Puffern von Fahrzeugen und einem Halteplatz zum Ein- und Aussteigen.

Im Sinne der Petrinetze erscheint die Strecke als Zustandsgraph (Bild 3-1b). Die auf der Strecke fahrenden Fahrzeuge werden als Marken interpretiert, indem der jeweils soeben befahrene Ort bzw. Bereich von einer Marke besetzt wird. Da die Kenntnis, an welcher präzise definierten Stelle sich ein Fahrzeug befindet, nicht nötig ist, werden ausgedehnte Streckenbereiche zu Plätzen zusammengefaßt und lediglich die Streckenpunkte, von deren Besetzung eine Entscheidung des Steuersystems abhängt, als weitere Stellen mit ins Petrinetz der Streckenführung aufgenommen.

Da jedes Fahrzeug beim Durchfahren eines Streckenabschnitts eine – von der jeweiligen Geschwindigkeitsstufe abhängige – bestimmte Fahrzeit benötigt, wird jeder Streckenstelle eine fahrstufenabhängige Laufzeit als Attribut zugeordnet, die ggf. die Zeit zum Beschleunigen, Abbremsen und den Stationshalt enthält.

Ist die Laufzeit, die von der Besetzung der vorausgehenden Streckenstelle aus gestartet wird, verstrichen, schaltet die Transition, d. h. das Fahrzeug fährt in den nächsten Bereich ein, womit wiederum eine neue Stelle besetzt und eine neue Laufzeit gestartet wird.

2. Fallbeispiel: Energieerzeugung in einem Kernkraftwerk

Aus einer funktionalen Analyse eines Kernkraftwerks kommt man zur Definition von Betriebszuständen und Zustandsübergängen, welche die typischen Situationen des Betriebs beinhalten. Daraus resultiert die Darstellung des Prozesses als Zustandsgraph. Nach [3-4] ergibt die Analyse des energieerzeugenden Systems elf verschiedene Anlagenzustände, die in erster Linie Situationen im Reaktor und in der Turbine beschreiben (Bild

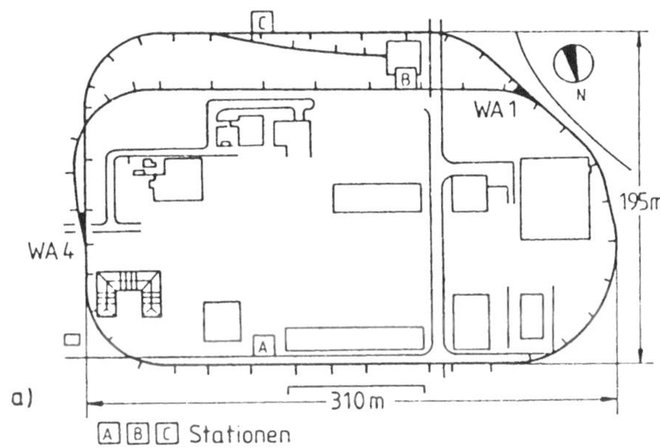

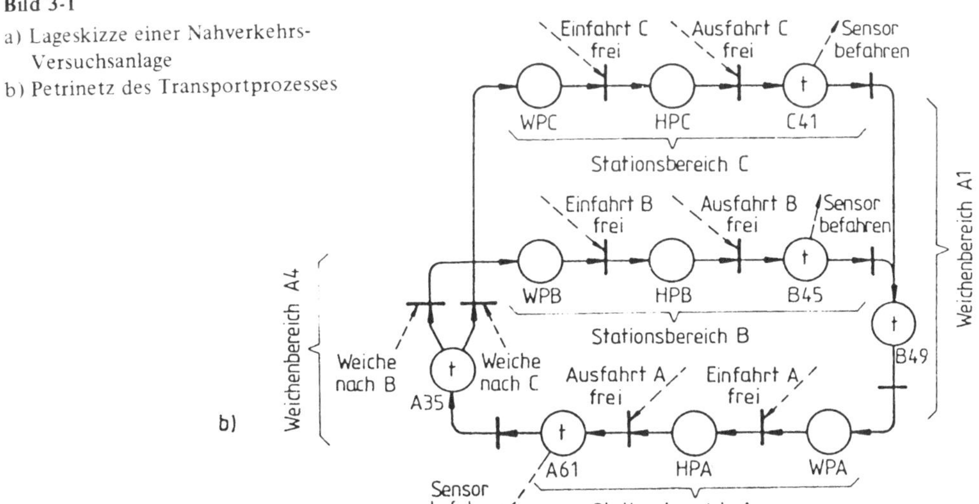

Bild 3-1
a) Lageskizze einer Nahverkehrs-Versuchsanlage
b) Petrinetz des Transportprozesses

3-2). Zustandsübergänge werden entweder durch manuellen Eingriff oder die Prozeßsteuerung eingeleitet oder durch Störungen im Prozeß oder im Automatisierungssystem verursacht.

3. Fallbeispiel: Positionierantrieb

Für eine Vielzahl von Aufgaben in der Fertigungs-, Transport- und Fördertechnik werden Positionierantriebe benötigt (z. B. für Werkzeugmaschinen, Roboter, Scheren, Lager, Fahrzeuge). Eine funktionsorientierte Analyse eines derartigen Antriebssystems mit nur einem Freiheitsgrad liefert die für die zugehörige Steuerung notwendigen Systemzustände [3-5], die vornehmlich durch stationäre physikalische Größen gekennzeichnet sind (Bild 3-3). Je nach Detaillierungsgrad der Analyse zeigt der Prozeß entweder nur die mechanischen Zustände des Systems (Bild 3-3a), oder wenn man noch das zugehörige Antriebsaggregat einbezieht – z. B. einen thyristorgespeisten Gleichstrommotor – auch noch die zugehörigen elektrischen Zustandssituationen (Bild 3-3b), [3-6].

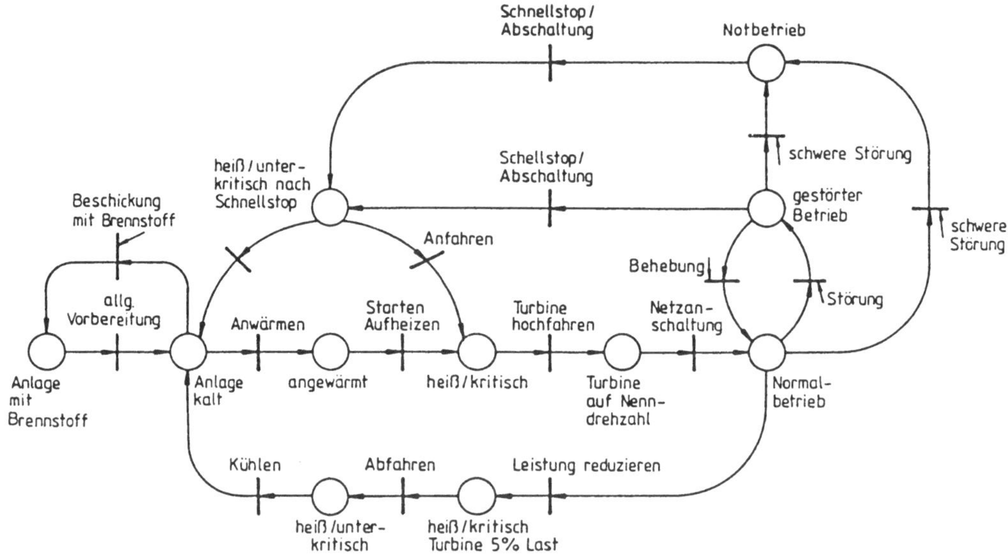

Bild 3-2 Zustandsgraph für die Energieerzeugung in einem Kernkraftwerk (nach [3-4])

Bild 3-3

Zustandsgraph für einen Positionierantrieb

a) mechanische Zustände

b) mechanische und elektrische Zustände

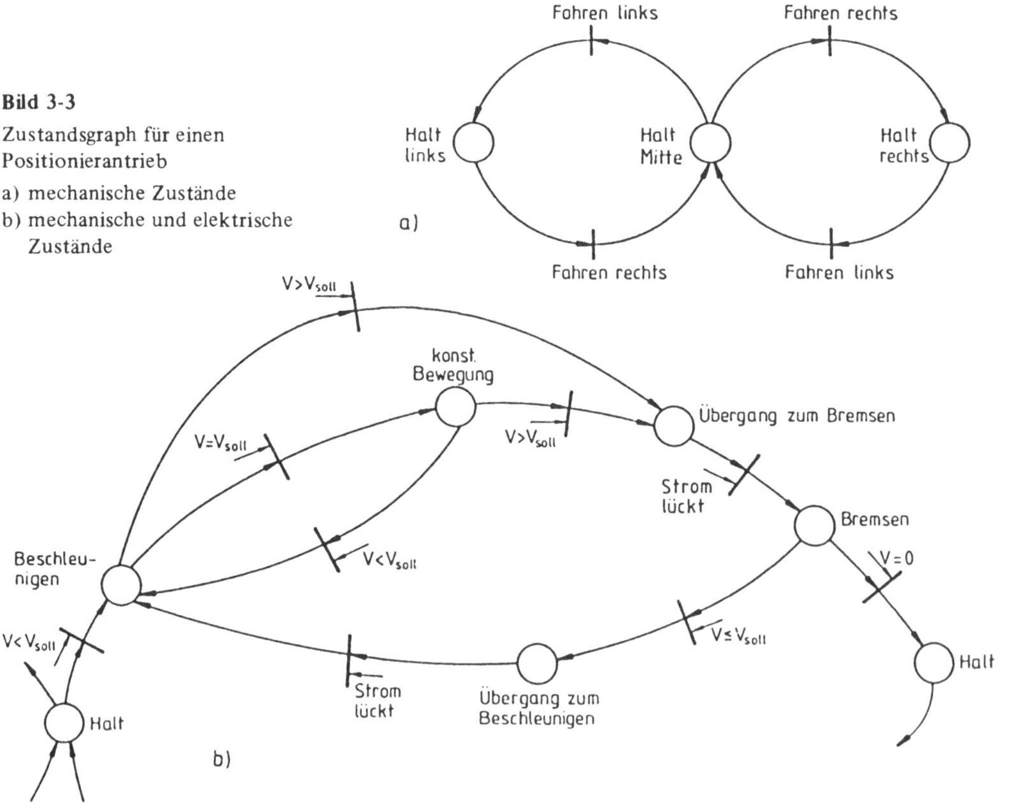

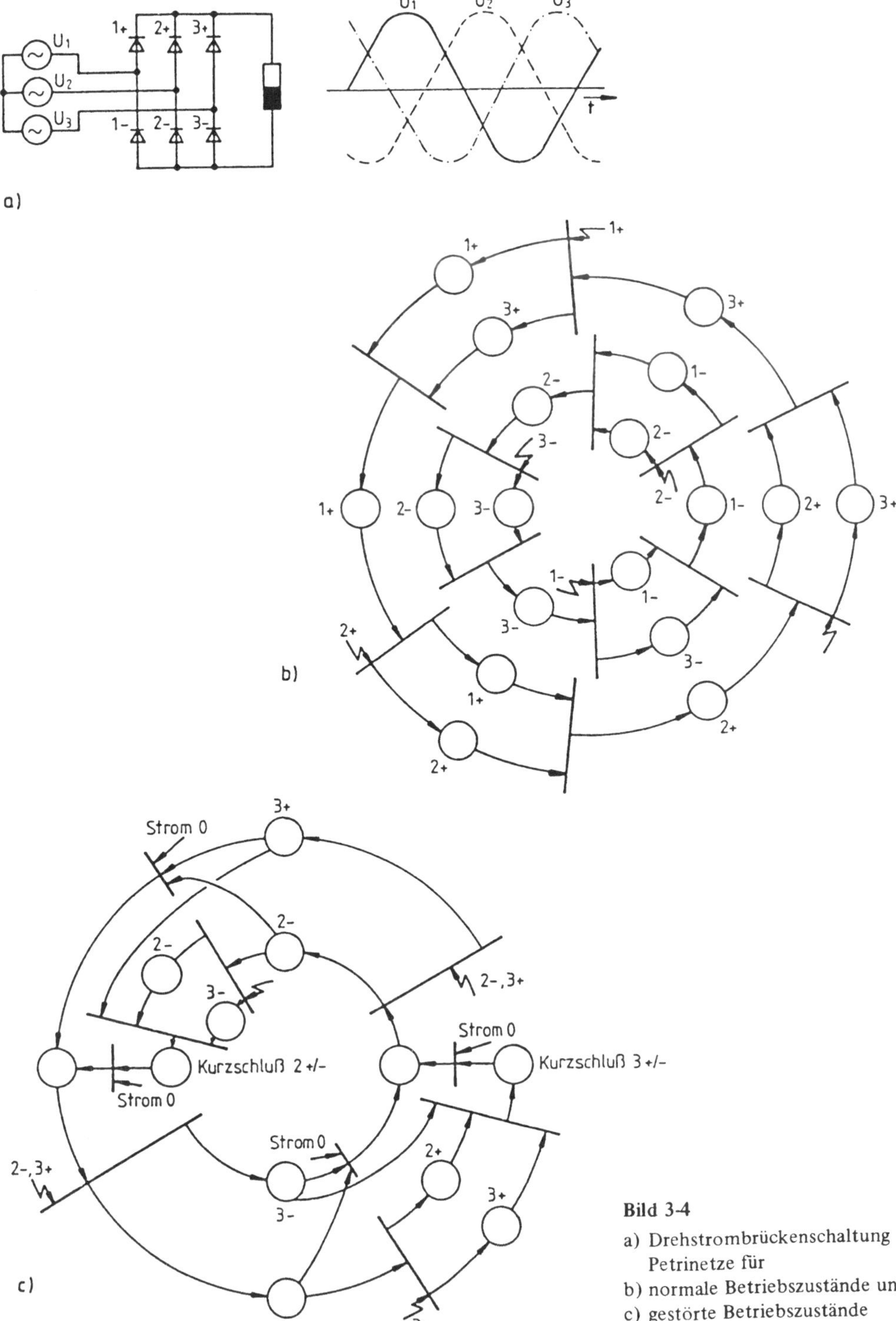

Bild 3-4

a) Drehstrombrückenschaltung Petrinetze für

b) normale Betriebszustände und

c) gestörte Betriebszustände

4. Fallbeispiel: Thyristorumrichter

Bild 3-4a zeigt die elektrische Schaltung eines Drehstrombrückenumrichters mit Thyristoren. Die Kenntnis der möglichen Betriebszustände des Umrichters ist Voraussetzung für das Verständnis seiner Wirkungsweise, den Entwurf seiner Steuerung und einer Fehleranalyse. Die Zustände sind äußerst zahlreich, da im Prinzip alle denkbaren Kombinationen von leitenden und nichtleitenden Ventilen momentan und darüber hinaus auch noch in ihrer zeitlichen Folge möglich sind [3-7]. Die normale Folge der leitenden Zustände zeigt Bild 3-4b; fällt nur eine Phase der speisenden Spannungen aus, verändert sich die Zustandsfolge (Bild 3-4c): Ganz andere Zustandskombinationen treten bei fehlerhaften Situationen auf, z. B. bei Kurzschlüssen, Mehrfachkommutierungen, ausbleibenden oder verspäteten Zündsignalen, die zu kaum noch überschaubaren Vorgängen führen.

3.4 Strukturbausteine technischer Prozesse

Nach dem Dekompositionsprinzip ist es möglich, immer ausgefeiltere Strukturen der analysierten technischen Prozesse aufzudecken. Dabei stellt man fest, daß auf den unteren Stufen geringen Abstraktionsniveaus sich die Prozesse nur aus wenigen unterschiedlichen Strukturbausteinen zusammensetzen, die im Prinzip nur aus Verknüpfungen von Petrinetzelementen bestehen. Diese Strukturbausteine sind im einzelnen:

a) Folgeprozeß (Bild 3-5a)
   Auf Zustand A folgt Zustand B
b) Fusionsprozeß (Bild 3-5b)
   Aus der Existenz der Zustände A und B folgt Zustand C
c) Spaltprozeß (Bild 3-5c)
   Zustand A erzeugt die Zustände B und C
d) Verzögerungs- oder Zeitprozeß (Bild 3-5d)
   Aus Zustand A folgt nach einer Zeit Δt Zustand B
e) Ereignisgekoppelter Steuerprozeß (Bild 3-5e),
   Aus Zustand A folgt durch das Ereignis B der Folgezustand C
f) Katalytisch gekoppelter Steuerprozeß (Bild 3-5f),
   Aus Zustand A folgt bei Anwesenheit von Ereignis B der Folgezustand C
g) Synchronisationsprozeß (Bild 3-5g)
   Die Zustände B und D folgen, wenn die Zustände A und C eingetreten sind.

Zu jedem dieser Prozeßbausteine lassen sich ohne weiteres entsprechende Beispiele finden. Zur Veranschaulichung dieser Einzelstrukturen und zur Verdeutlichung, daß in der Wirklichkeit bei technischen Prozessen diese rein kaum vorkommen, sondern nur in mehr oder weniger komplexer Verflechtung, wird das einfache Beispiel der fast legendären Paketverteilanlage nach Gottschalk aus [3-8] in Auszügen graphisch (Bild 3-6) und verbal angeführt:

Allgemeine Beschreibung der Paketverteilanlage (Bild 3-6a): Die in die Eingangsstation einlaufenden Pakete sind durch ein Codezeichen markiert, das die Zielstation angibt. Das Steuersystem liest das Codezeichen und steuert danach die einzelnen Verteilstationen, welche das Durchlaufen des Pakets melden.

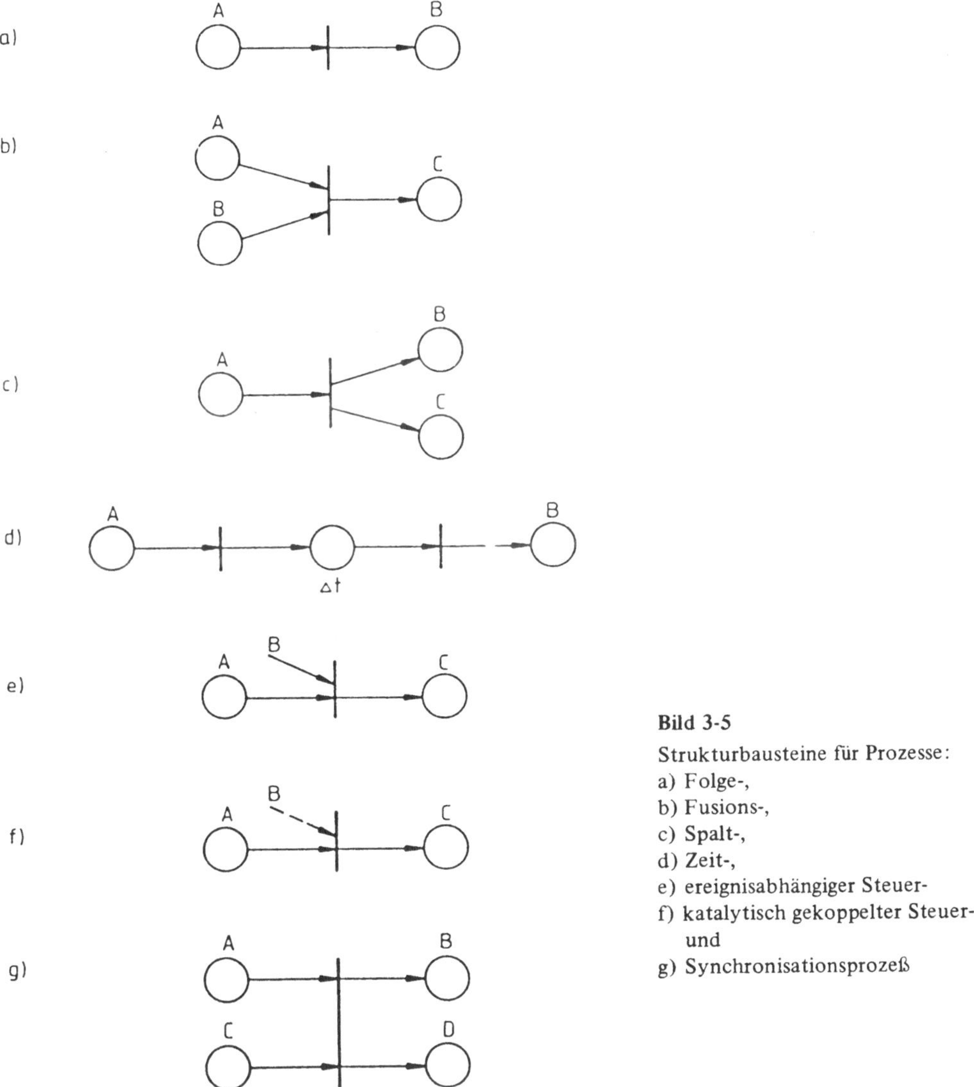

Bild 3-5
Strukturbausteine für Prozesse:
a) Folge-,
b) Fusions-,
c) Spalt-,
d) Zeit-,
e) ereignisabhängiger Steuer-
f) katalytisch gekoppelter Steuer- und
g) Synchronisationsprozeß

Eingangsstation (Bild 3-6b): Sie besteht aus einem Freigabeorgan mit den Teilen F1 und F2. F2 hält das einlaufende Paket so lange fest, bis das Meldeorgan die Ankunft an das Steuersystem gemeldet hat und dieses mit Hilfe des Leseorgans das Codezeichen aufgenommen hat. Danach gibt das Steuersystem einen Auftrag an das Freigabeorgan, die Sperre F2 gibt den Weiterlauf für das Paket frei und das Beschleunigungsteil F1 neigt sich. Dadurch gleitet das Paket weiter, gleichzeitig wird das nachfolgende Paket so lange am Einlaufen gehindert, bis die Sperre F2 wieder eingetreten ist.

Verteilstation (Bild 3-6c): Eingangs- und Ausgangspunkte jeder Verteilstation sind mit Lichtschranken versehen. Diese können das Passieren der einzelnen Pakete mit Sicher-

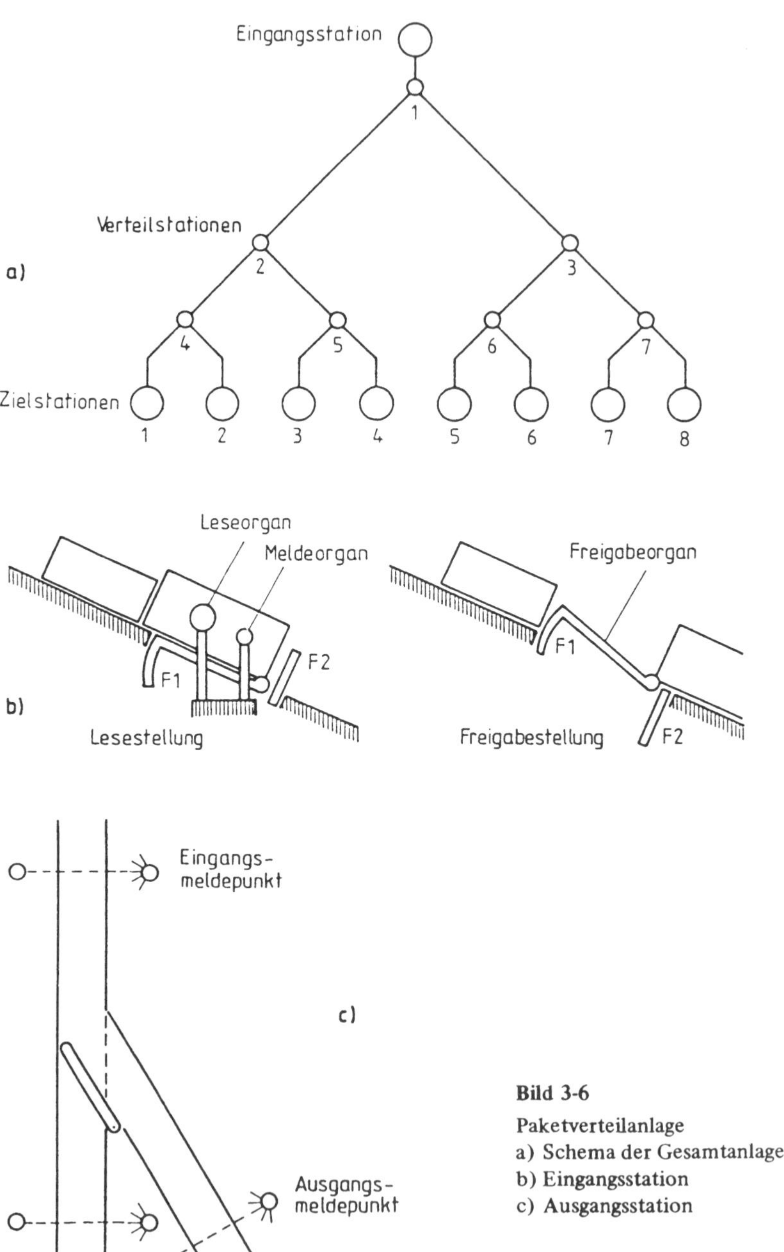

Bild 3-6
Paketverteilanlage
a) Schema der Gesamtanlage
b) Eingangsstation
c) Ausgangsstation

heit erkennen, auch wenn diese dicht aufeinander folgen. Die Meldungen werden im Steuersystem zur Laufwegverfolgung jedes einzelnen Pakets ausgewertet. Dadurch kann in Verbindung mit dem bereits markierten Ziel der Steuerauftrag für das nächste Lenkorgan ermittelt und ausgegeben werden.

Die Übertragung des technischen Prozesses in die Petrinetze für Einlauf- und Verteilstation (Bilder 3-7a, b) zeigt, daß fast alle Strukturbausteine in diesem Beispiel vorkommen.

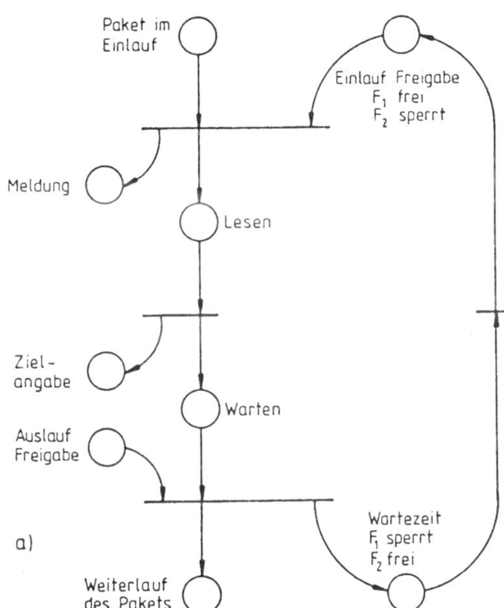

Bild 3-7

a) Petrinetz für den Objektprozeß in der Einlaufstation der Paketverteilanlage

b) Petrinetz für den Objektprozeß in der Verteilstation der Paketverteilanlage

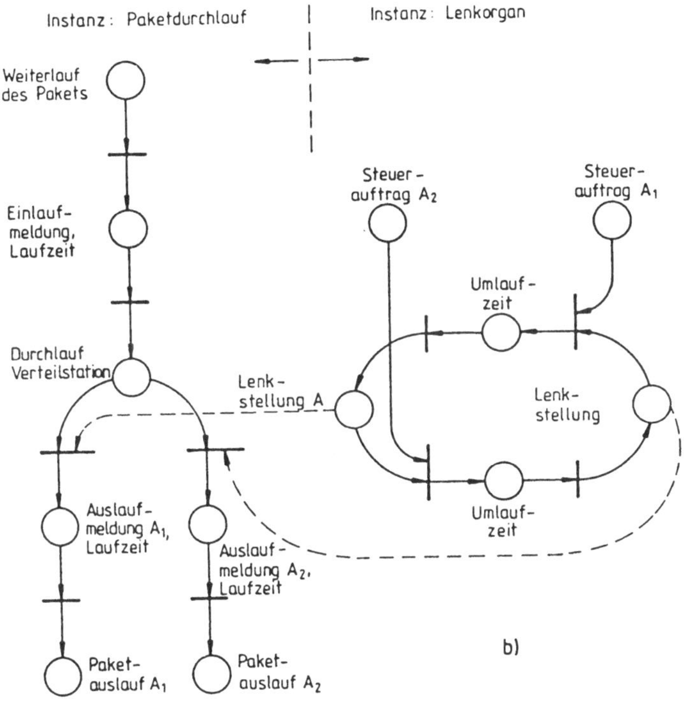

4 Prozeßlenkung und Prozeßkopplung

4.1 Aufgaben der Prozeßlenkung

Ein Prozeß kann mit Hilfe geeigneter, von außerhalb beeinflußbarer Eingriffe in Richtung auf gewünschte Zielzustände gelenkt werden. Dieser Vorgang charakterisiert den Teilprozeß im System, welcher hier allgemein als *Lenkprozeß* definiert wird. Bei technischen Prozessen ist die Tatsache bemerkenswert, daß beim Eingriff in den Prozeß oft mit vergleichsweise geringer Stellenergie oder geringem Materialeinsatz um mehrere Größenordnungen höhere Auswirkungen zu erzielen sind.

4.1.1 Steuerung und Regelung

Ist der Stelleingriff ausschließlich Folge der Zieldefinition, liegt mit dieser geradlinigen Prozeßbeeinflussung eine Steuerung vor, wie das Petrinetz Bild 4-1 zeigt. Eine ähnliche lineare Struktur ergibt eine reine Meßwerterfassung der Prozeßzustände. Werden in Ergänzung dieses Prinzips neben dem eigentlichen Ziel auch noch ein aktueller oder vorangegangener Zustand des Prozesses zur Erzeugung des Steuereingriffs herangezogen, wird in der somit geschlossenen Wirkungskette das Prinzip eines Regelkreises verwirklicht, wie es in Form eines Petrinetzes Bild 4-2 zeigt. Diese Struktur mit Rückführung hat gegenüber derjenigen ohne Rückführung die Vorteile, daß das Ziel auch bei Anwesenheit von Störungen des Prozesses erreicht werden kann, daß auch kritische Prozesse wirkungsvoll stabilisiert und daß sogar definierte Zustandsübergänge beim Erreichen des Zielzustandes realisiert werden können.

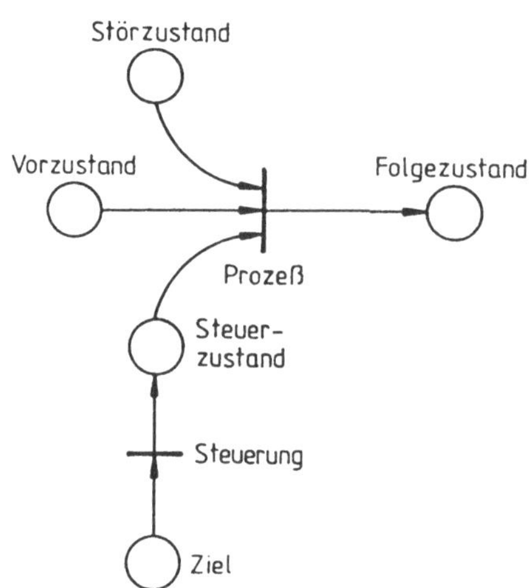

Bild 4-1 Struktur einer offenen Prozeßsteuerung

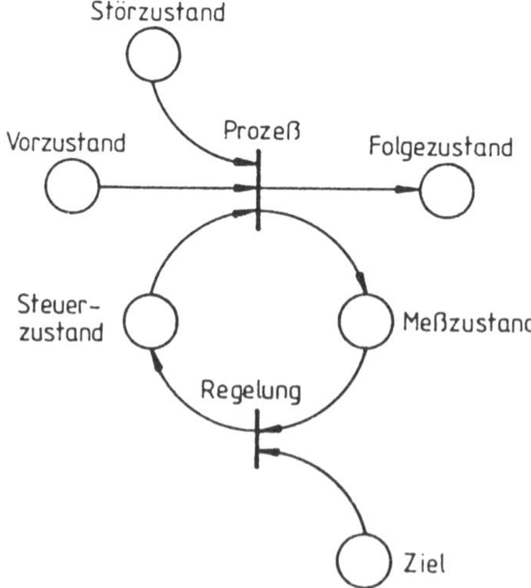

Bild 4-2 Struktur einer Prozeßregelung

4.1.2 Hierarchische Aufgabenverteilung

Der anwendungsorientierten Zielsetzung der Prozeßinformatik gemäß, mit informationstechnischen Mitteln technische Prozesse zu lenken, soll diese Aufgabenstellung jetzt präzisiert werden. Die Funktion der zielgerechten Beeinflussung kann wieder nach dem Dekompositionsprinzip weiter aufgefächert werden (Bild 4-3), wodurch sich eine Reihe z. T. übergeordneter Teilfunktionen ergibt. Hier hat sich eine Taxonomie konsolidiert, welche auch in die Normung eingeflossen ist [4-1 bis 4-7].

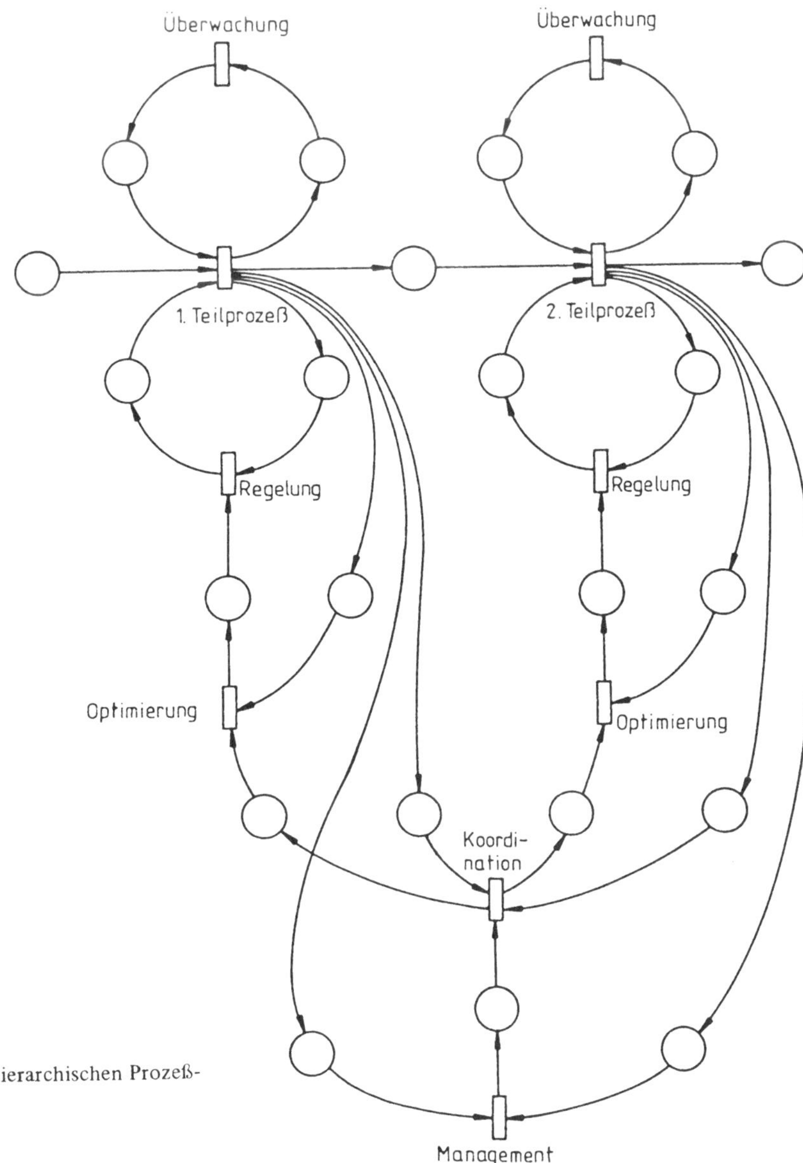

Bild 4-3

Struktur einer hierarchischen Prozeßsteuerung

Wesentlich für die Prozeßlenkung ist die Definition des Ziels, welches bei der Prozeßführung angestrebt wird. Dieses Ziel zuerst global zu formulieren (Marketing) und die dafür erforderlichen Voraussetzungen zu schaffen (Personal-, Material- und Produktionskapazität) ist Aufgabe der sogenannten Planungs-, Dispositions- oder *Managementebene*, in der somit die Trennung zwischen Umgebung und System vollzogen wird. Falls das betrachtete System aus mehreren Teilsystemen besteht, ist die Aufgabe einer nächsten untergeordneten Ebene die *Koordination* der einzelnen Teilprozesse.

Eine nachgeordnete *Optimierung* strebt die maximale Effizienz der einzelnen Prozesse nach vorgegebenen Zielfunktionen unter Berücksichtigung momentaner Randbedingungen an; eine Aufgabe, die umfangreiche und tiefgehende Kenntnisse des technischen Prozesses voraussetzt.

Unmittelbar prozeßnah, d.h. in direkter Wechselwirkung mit dem technischen Prozeß (Objektprozeß) selbst sind schließlich Prozeßgrößen nach einer Vorgabe der Führungsgrößen von übergeordneten Ebenen (z.B. Koordination, Optimierung) nachzuführen und vorgegebene Sollzustände aufrechtzuhalten, wofür die *Steuerung und Regelung* verantwortlich ist.

Die *Überwachung* des Objektprozesses, d.h. die laufende Überprüfung, ob zulässige Zustände des Systems nicht verlassen werden, wird oft in einer von den anderen Aufgaben unabhängigen Ebene vorgenommen. Werden unerlaubte Zustände erkannt, sollen unkritische Prozeßzustände entweder mit Hilfe der Sicherung selbsttätig oder in Verbindung mit der Regelung und Steuerung erreicht werden. Eine darüber hinausgehende Kontrolle des gesamten Steuerungsprozesses mit seinen Einzelaufgaben ist zwar prinzipiell denkbar, wird aber im Hinblick auf Verantwortung und aus wirtschaftlicher Zweckmäßigkeit sinnvoll begrenzt [4-8]. In vielen Fällen kann man sich damit begnügen, wenn die als unzulässig erkannte Abweichung in irgendeiner Form dem Menschen selbsttätig mitgeteilt wird, damit dieser dann aufgrund seiner Kenntnisse und seiner Erfahrung den Prozeß in einen unkritischen Zustand steuern kann [4-9 bis 4-11].

Bild 4-3 zeigt eine graphische Repräsentation der besprochenen Funktionsstruktur in Form eines Petrinetzes. Man erkennt in allen Ebenen deutlich die Grundstruktur von Regelkreisen. Die hier angegebene kaskadenartige Funktionsstruktur läßt sich als hierarchische Struktur im Sinne eines Subordinationsprinzips definieren, wenn man von der Bedeutung der Eingangszustände für einen Prozeß ausgeht: Eine hierarchisch höher stehende Instanz weist ihrer nachgeordneten Instanz den Zielzustand zu, d.h. der Zielzustand kommt für den Prozeß von außen (Bild 4-4). Interessant ist in diesem Zusammenhang,

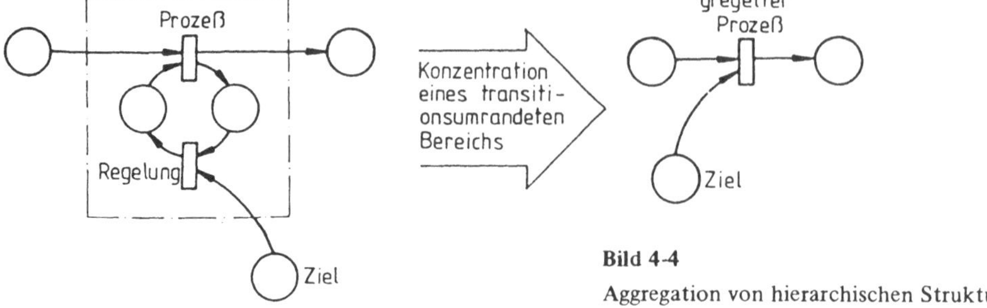

Bild 4-4
Aggregation von hierarchischen Strukturen

Tabelle 4-1 Aufgaben und Beispiele für geschlossene Prozeßkopplungen auf verschiedenen hierarchischen Ebenen einer Prozeßsteuerung

Hierarchische Funktionsebene	Überwachung	Steuerung und Regelung	Optimierung	Koordination
Anwendungsbeispiel	Lecküberwachung bei Pipelines	Stromrichtersteuerung	Verbrennungsmotoren	Verkehrsregelung auf Schnellstraßen
	Sicherung bei Bahnen	Antriebsregelung	Verbundbetrieb von Kraftwerken	Bedarfsgesteuerte Transportsysteme
	Anlagensicherung bei der chem. Industrie/Schutz von Energieverteilungsnetzen	direct digital control (DDC)	Heizungsanlagen	Rangierbahnhöfe
		Fahrzeugregelung	Hochregallager	Disposition bei Transportsystemen
		Robotersteuerung		Wasserwirtschaft

daß man diese funktionale Struktur heutzutage immer mehr auch in der technischen Organisation von Leitsystemen auffindet [4-12, 4-13]. Beispiele für die einzelnen Aufgabenebenen sind in der Tabelle 4-1 angeführt. Dieser Fragenkomplex wird in Kapitel 9.2 noch weiter behandelt.

4.2 Strukturen der Kopplung zwischen technischem Prozeß und Prozeßlenkung

Bei dem technischen Prozeß, symbolisiert durch den von außen zu beeinflussenden Übergang von einem Voraus- in einen Folgezustand, sind in den meisten praktischen Fällen physikalische Zustände von Stoff und Energie Objekt der zielgerichteten Beeinflussung. Wir wollen diesen Prozeß daher als lenkbaren Objektprozeß bezeichnen. Der zielgerichteten Beeinflussung liegen geistige Vorstellungen von Eingriffsmöglichkeiten in den Prozeß wie über den Zielzustand zugrunde, die in Form der Struktur bzw. von Werten für Parameter und Variablen des Prozeßmodells repräsentiert werden (Bild 4-5). Nur auf einer Ebene, in der der Prozeß aufgrund der besprochenen Voraussetzungen als Modell erkennbar und mit formalen Mitteln darstellbar ist, kann, wenn gleiche Struktur- und Repräsentationskonzepte vorliegen, die Kombination mit der Zielvorstellung nach Maßgabe bestimmter Steuerungsfunktionen vollzogen werden. Die praktische Systemsynthese schließt sich daran an. Dabei muß die Steuerungsinformation instrumentell durch Mittel der Informationstechnik und geeignete Aktoren in stofflich-energetische Wirkungen zur Prozeßbeeinflussung umgesetzt werden (technische Verwirklichung), [4-14]. Umgekehrt kann bei einem geschlossenen Wirkungskreis der jeweilige stofflich-energetische Zustand des Objektprozesses in Verbindung mit geeigneten Sensoren informationstechnisch wahrgenommen werden [4-15].

Die verschiedenen Möglichkeiten der Kopplung von technischen Prozessen zu ihrer Steuerung, – lose oder enge Kopplung, offene oder geschlossene Strukturen – spiegeln die kurze Entwicklungsgeschichte der Prozeßautomatisierung wider und werden in den folgenden Unterkapiteln beschrieben.

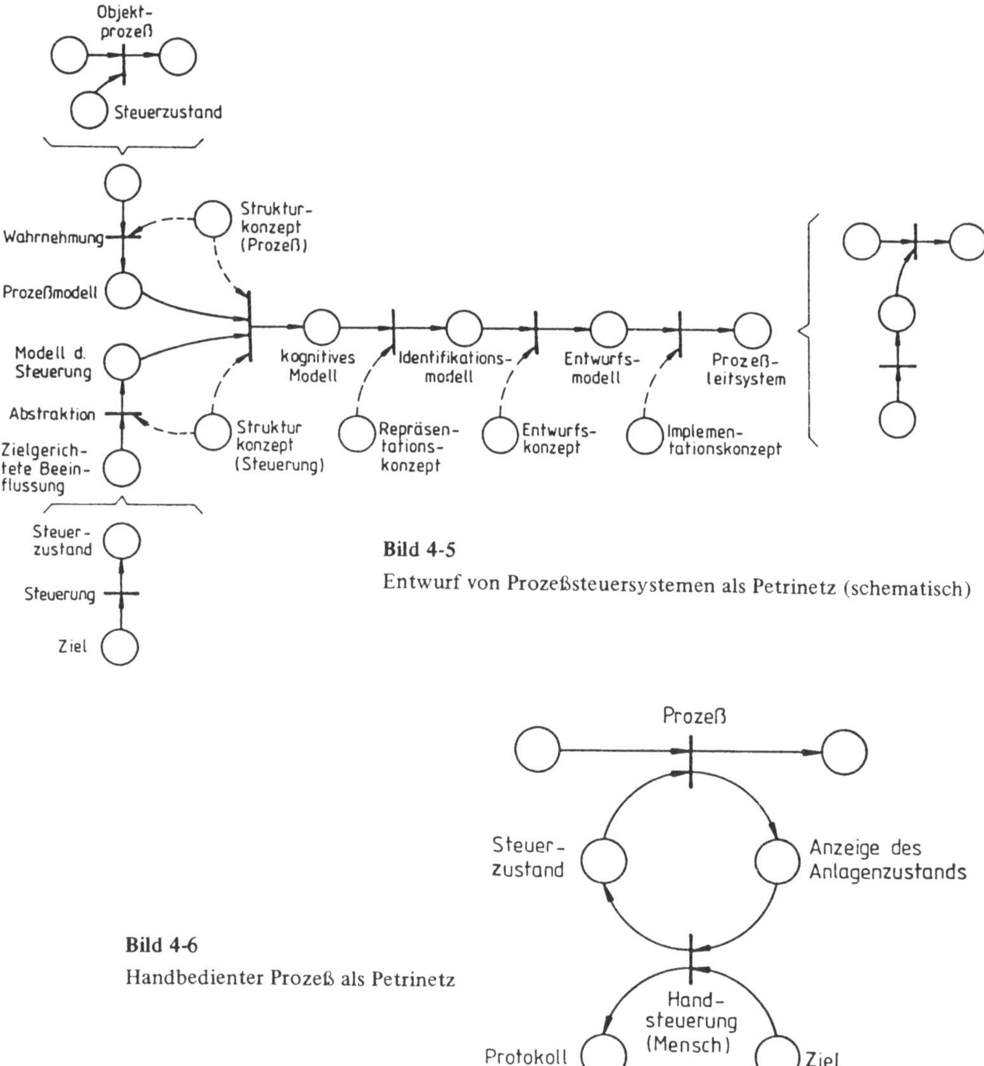

Bild 4-5
Entwurf von Prozeßsteuersystemen als Petrinetz (schematisch)

Bild 4-6
Handbedienter Prozeß als Petrinetz

4.2.1 Handbediente Prozesse

Bei nichtautomatisierten technischen Prozessen, dem „Urzustand" vor Beginn einer Automatisierung, nimmt der Mensch alle Aufgaben der Prozeßlenkung wahr (Bild 4-6). Der Zustand der Anlage wird mit Instrumenten angezeigt, die oft in einer Warte räumlich zusammengefaßt sind. Von diesen können die momentanen Werte charakteristischer Zustandsgrößen abgelesen werden. Eingriffe in den Prozeß werden von Hand mit Steuergeräten oder durch Bedienung von Stellgeräten ausgeführt. Der Prozeß wird demnach durch menschliche Aktivitäten nach Anzeigegeräten und Schreibern gelenkt; eine Protokollierung der Prozeßzustände wird z. T. manuell unterstützt. Dieser vorautomatische Betrieb war bis in die fünfziger und sechziger Jahre weit verbreitet, heute findet man ihn noch häufig bei kleineren, überschaubaren Prozessen (z. B. Kleinkraftwerke, Wärmeversorgung, Heizungsanlagen) oder in Teilbereichen umfangreicherer, bereits auf anderen Aufgabenebenen stärker automatisierter Prozesse (z. B. Straßen-, Eisenbahn- und Luftverkehr).

4.2.2 Indirekte Prozeßkopplung off-line

Der erste Schritt einer Kopplung mit informationsverarbeitenden Elementen, d. h. digitalen Rechenanlagen war, das sonst bei der manuellen Protokollierung für eine spätere Auswertung in Statistiken (z. B. Auslastung, Wirkungsgrad, Effizienz) anfallende Datenmaterial jetzt per Hand in beliebigen Abständen einem Rechner zur Auswertung zuzuführen (Bild 4-7). Als Rechner kann dabei auch ein Universalrechner im Stapelbetrieb (batch-processing) eingesetzt werden. Die entsprechenden Ergebnisse wurden dann bei später ablaufenden Vorgängen berücksichtigt. Bei dieser indirekten Kopplung eines Rechners mit dem Objektprozeß über den Menschen als Bindeglied ist keine unmittelbare zeitliche Bindung oder gerätetechnische Prozeßkopplung zu verzeichnen (off-line).

Beispiele für diese Betriebsart mit automatisierter Prozeßdatenauswertung waren in den frühen sechziger Jahren bei Prozessen der Hütttenindustrie, der Energieerzeugung und der Verfahrenstechnik zu finden [4-16].

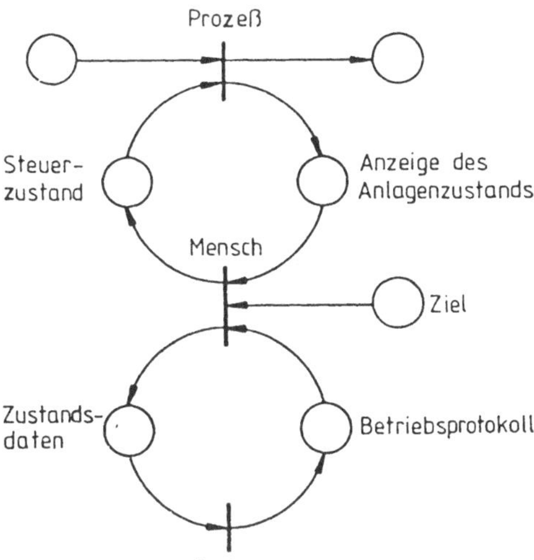

Bild 4-7
Indirekte Kopplung off-line als Petrinetz

4.2.3 Indirekte Prozeßkopplung in-line

Sind bei der Gewinnung der Steuerinformation zur Prozeßführung komplizierte Algorithmen oder umfangreiche Berechnungen oder logische Verarbeitungsfolgen innerhalb gewisser zeitlicher Grenzen notwendig, können diese parallel zur manuellen Prozeßführung z. B. im Dialog mit einem Rechner ausgeführt werden (Bild 4-8). Der Kontakt mit diesem wird über eine manuell betätigte Datenstation, z. B. ein Bildschirmterminal hergestellt, über die die erforderlichen Zustandsdaten und Anweisungen eingegeben werden und auf der die Ergebnisse nach einer gewissen, nicht zu lange dauernden Antwortzeit ausgegeben werden können. Die Aufgaben Protokollierung und Auswertung können dem Rechner

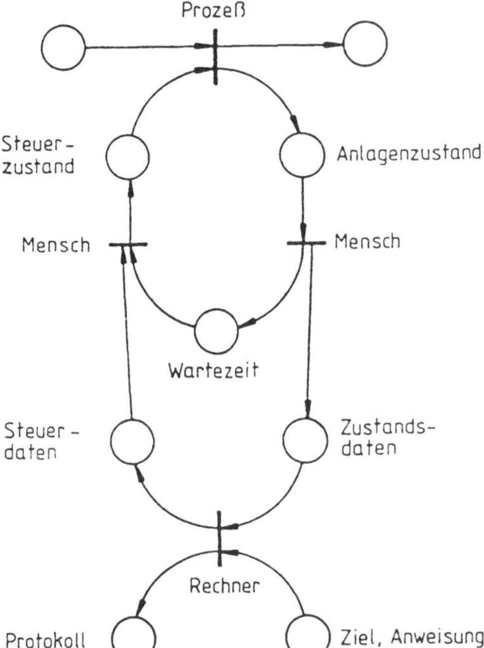

Bild 4-8
Petrinetz der indirekten Kopplung in-line

ebenfalls übertragen werden. Diese zwar in gewissen Grenzen (s- bis min-Bereich) zeitgebundene, aber nur über den Menschen mit dem Prozeß aufrechterhaltene Verbindung wird als indirekte Prozeßkopplung in-line bezeichnet. Diese Betriebsart erfordert leistungsfähige Rechensysteme mit entsprechenden Antwortzeiten aus dem Bereich der Echtzeit-Datenverarbeitung (realtime processing).

Beispiele hierfür findet man bei der Wahrnehmung verschiedener Aufgaben der Prozeßlenkung, insbesondere auf hierarchisch höherstehenden Ebenen, so z.B. als Entscheidungshilfe bei der Beurteilung von Lastflüssen in Energieverteilungsnetzen durch vorausschauende Simulationen [4-17, 4-18] oder als Kurzzeitprognose des Verkehrsaufkommens bei Eisenbahnen zur Disposition des rollenden Materials oder – wenn man Informationsprozesse von Menschen als Objektprozesse ansieht – bei Buchungssystemen von Reisegesellschaften und Verkehrsträgern.

4.2.4 Direkte Prozeßkopplung on-line

Hatte bei der indirekten Prozeßkopplung allein der Mensch die Kopplungsfunktion zwischen Prozeß und Rechner wahrgenommen, so werden erst bei einer unmittelbaren Kopplung des Rechners mit dem Prozeß Teilbereiche aus der schleifenförmigen Struktur der Prozeßlenkung der technischen Informationsverarbeitung übertragen. Das Eindringen der Informationstechnik in den unmittelbaren Wirkungskreis der Prozeßlenkung verlangt jetzt eine enge zeitliche Kopplung der Rechenaktivitäten wie eine enge gerätetechnische Verknüpfung mit dem technischen Prozeß. Dabei bestehen mehrere Möglichkeiten, Funktionen der Prozeßzustandserfassung wie Funktionen der Prozeßbeeinflussung beliebig zu automatisieren.

Offene Kopplung – Zustandserfassung

Zur Entlastung des Bedienungspersonals bei der Prozeßführung wird die unter Umständen langweilige und stereotype Aufbereitung des angezeigten Prozeßzustands in rechnergerechte Information, wie im rechten Zweig von Bild 4-9 enthalten, automatisiert. Damit erhält der Rechner direkt aus dem Prozeß Zustandsinformationen, die zur Protokollierung und auch zur Information des Bedienungspersonals in ansprechender Form bereitstehen [4-19]. Besondere Bedeutung hat diese Struktur auch dann, wenn bei speziellen Prozessen eine Vielzahl von Zustandsmeßdaten in kurzer Zeit anfallen, die anderweitig gar nicht erfaßt und gespeichert werden können und sonst verloren sind; das ist etwa bei kernphysikalischen Experimenten ein Extremfall, ein anderes Extrem ist z. B. in der Medizintechnik die Suche und das schnelle Auffinden seltener Ereignisse aus einer „Datenflut".

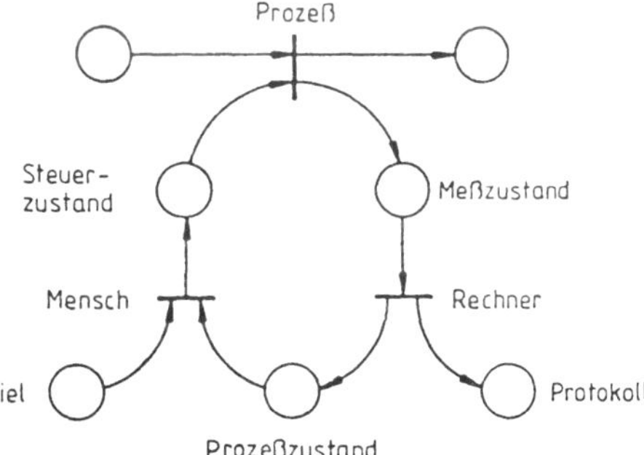

Bild 4-9
Petrinetz der direkten Kopplung mit automatischer Prozeßzustandserfassung

Der Einsatz des Rechners zur Prozeßzustandserfassung ist auch dann vorteilhaft, wenn schwer zugängliche oder gar nicht meßtechnisch erfaßbare Größen aus dem Innern eines technischen Prozesses für bestimmte Prozeßführungsaufgaben aktuell zur Verfügung stehen sollen. In dieser Situation hat sich der Einsatz sogenannter Beobachter bewährt, die als im Rechner implementierte Prozeßmodelle bei Speisung mit nur wenigen meßbaren Prozeßgrößen alle Zuständsgrößen des Modells aktuell nachbilden [4-20].

Offene Kopplung – Prozeßbeeinflussung

Bei dieser Art der Prozeßkopplung überträgt der menschliche Bediener die Ausführung der Prozeßbeeinflussung einem Rechner (Bild 4-10). Dazu muß auf der Benutzerseite eine geeignete Schnittstelle zwischen Mensch und Rechner vorhanden sein, z. B. ein Terminal mit entsprechend gestaltetem Tastenfeld oder andere anthropotechnisch günstige Bedienungselemente, z. B. Steuerknüppel, Schalthebel (Joystick), Steuerkugel. Die Steuerinformation wird dann im Rechner nach vorgegebenen Algorithmen und Umwandlungsvorschriften in Stellsignale für den automatischen Stelleingriff in den Prozeß umgesetzt und u. U. maschinell protokolliert.

Diese Kopplungsstruktur, bei der die Bedienungsinformation noch vom Menschen durch Prozeßbeobachtung über Anzeigeinstrumente und nach Maßgabe übergeordneter Zielvorstellungen erzeugt wird, ist eine Vorstufe zu einer vollständigen Automatisierung. Sie kommt bei der Steuerung solcher Prozesse zum Einsatz, wo der Mensch als Erfahrungsträger und „Filter" in der geschlossenen Wirkungskette nicht entbehrt werden kann und wo prozeßnah komplizierte und definierte Steuervorgänge erforderlich sind.

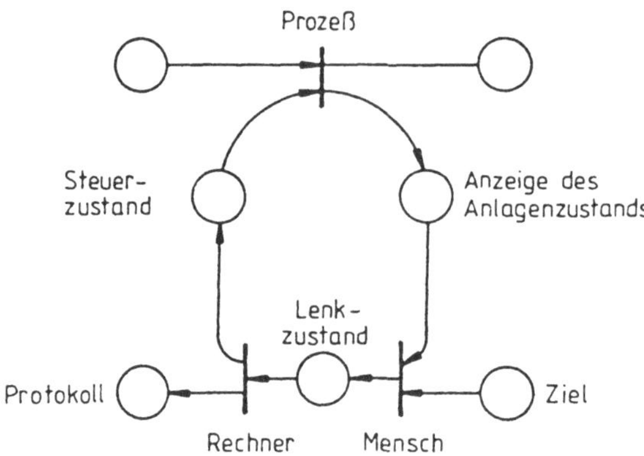

Bild 4-10 Petrinetz der direkten Kopplung mit automatischer Prozeßbeeinflussung

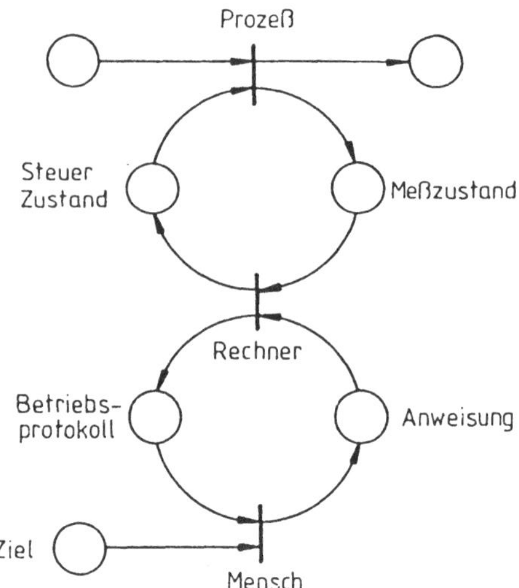

Bild 4-11 Petrinetz der direkten geschlossenen Kopplung

Beispiele für diese Betriebsart sind von der Eisenbahn bekannt, wo z. B. die Geschwindigkeitsvorgaben nach optischer Signalisierung manuell eingestellt werden, die weitere Verarbeitung bis zur Einstellung der erforderlichen Antriebs- bzw. Bremskraft automatisch abläuft, oder wo in einem Stellwerk aufgrund der optischen Anzeige des momentanen Orts der Züge in einem Bahnhofsbereich nur Entscheidungen über Fahrstraßeneinstellungen vom Bedienungspersonal getroffen werden, deren Zulässigkeitsprüfung und Ausführung dann automatisch vollzogen wird [4-21].

Geschlossene Kopplung (closed loop)

Ist der Mensch nicht mehr Bestandteil der Wirkungskette von der Prozeßzustandserfassung über die Berechnung der Prozeßsteuerungsalgorithmen bis zur Ausgabe des Steuersignals zur Prozeßbeeinflussung und ist diese vollständig mit untereinander gekoppelten, informationsverarbeitenden Geräten ausgeführt, spricht man von einer geschlossenen Prozeßkopplung (Bild 4-11). Zu dieser Anordnung kommt man beispielsweise durch Kombination der jeweils offenen Kopplungen einer automatischen Prozeßzustandserfassung und einer automatischen Prozeßbeeinflussung. Nachdem der Mensch somit aus dem geschlossenen Wirkungskreis mit direkter Prozeßberührung ausscheidet, kann er nur noch mittelbar über die Zielvorgabe mit dem Prozeß in Verbindung treten. Im Vergleich mit der indirekten Kopplung off-line (Bild 4-7) haben Rechner und Mensch bei der direkten geschlossenen Prozeßkopplung on-line ihre Funktionen vertauscht. In dieser letzten Phase einer vollständigen Automatisierung übernimmt der Rechner selbst alle Funktionen einer mit dem Prozeßgeschehen schritthaltenden (on-line) Lenkung des Prozesses.

Die in der Tabelle 4-1 zusammengestellten Beispiele für diese Kopplungsstruktur zeigen, daß grundsätzlich alle Aufgaben aus den hierarchisch gegliederten Ebenen zur Prozeßlenkung in Form geschlossener automatischer Wirkungsketten verwirklicht werden können.

5 Information in technischen Prozessen

Die Kopplung eines technischen Prozesses mit seinem zugehörigen Steuerungssystem wird theoretisch durch die Verknüpfung jeweils geeigneter Modelle nach einem funktional orientierten Strukturkonzept durchgeführt, in dem Information eine entscheidende Rolle spielt (vgl. Bild 4-5). Daher ist es an dieser Stelle zweckmäßig, den Informationsbegriff in diesem Umfeld zu präzisieren, wobei hier über die engere Fassung des Informationsbegriffs im Sinne einer statistischen Betrachtungsweise aus der Nachrichten- oder Informationstheorie [5-1, 5-2] hinausgegangen werden muß.

Die Repräsentation eines Systems durch ein Modell ist die Darstellung seiner Systemzustände und seiner inneren Struktur, also von Systemeigenschaften, durch Information. Demnach gibt es hier duale Informationskategorien:

- Zustandsinformationen beschreiben die stofflichen und energetischen Zustände in den Systemteilen. Daß Systeme verschiedene Zustände annehmen können, ist eine ihrer Eigenschaften.
- Strukturinformationen beschreiben die Relationen zwischen den Systemzuständen, Relationen sind funktionale Eigenschaften der Systemteile.

Die Art der Kopplung eines Objektprozesses an seinen zugehörigen Steuerungsprozeß muß demnach als Strukturinformation typisiert werden; die Kopplung selbst wirkt über stofflich-energetische Zustände und wird daher durch den zugehörigen dualen Typ der Zustandsinformation repräsentiert (Bild 5-1).

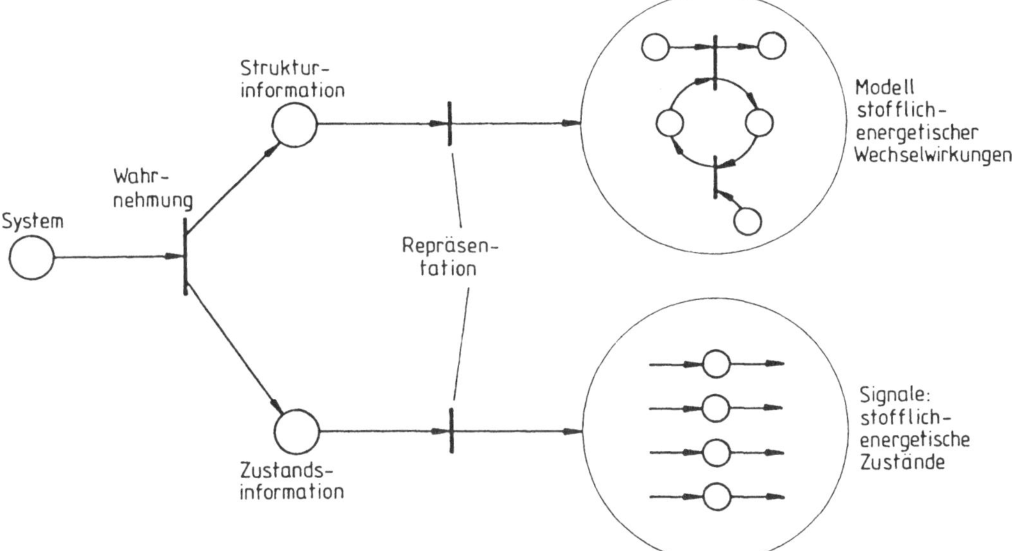

Bild 5-1 Petrinetz zur Veranschaulichung von Informationskategorien bei Prozeßsteuerungen

Zusammenfassend beschreiben demnach Informationen Zustände und Strukturen als Eigenschaften eines Systems. Da wir Prozesse als Teilmenge aller Zustandsänderungen eines Systems definiert haben, sind auch Prozesse Eigenschaften von Systemen, und die Prozesse werden wiederum durch Information beschrieben. Geht man jetzt davon aus, daß Informationen Zustände beschreiben (z. B. die Information: eine Schmelze hat eine Temperatur von 930 °C), so ist Information Eigenschaft eines Zustands. Zustände selbst (in diesem Fall ein Schmelzzustand bei einem Hochofenprozeß) waren wiederum Eigenschaft eines Systems. Somit ist Information die Eigenschaft von Eigenschaften eines Systems [5-3].

Die Abbildung der Systemzustände als Information ist eine Voraussetzung, das Prozeßgeschehen zu beobachten. Zum eigentlichen Verständnis des Prozesses, d. h. insbesondere seiner Funktion und inhärenten Struktur, also dem „geistigen Band", ist eine weitere Qualität an Information maßgebend, die das Strukturkonzept des den jeweiligen Prozeß betreffenden Fachgebiets liefern muß (Semantik).

Nach dem kognitiven Bereich werden Informationen mit Hilfe eines formalen Repräsentationskonzepts aus syntaktischen Regeln, einer verbindlichen Sigmatik, d. h. festgelegten Zeichen, formal faßbar; physikalisch existent erst durch ein technisches Repräsentationskonzept, wo mit einer geeigneten Gerätetechnik (Pragmatik) Informationen in Form von Signalen stofflich oder energetisch faßbar werden (Bild 5-2).

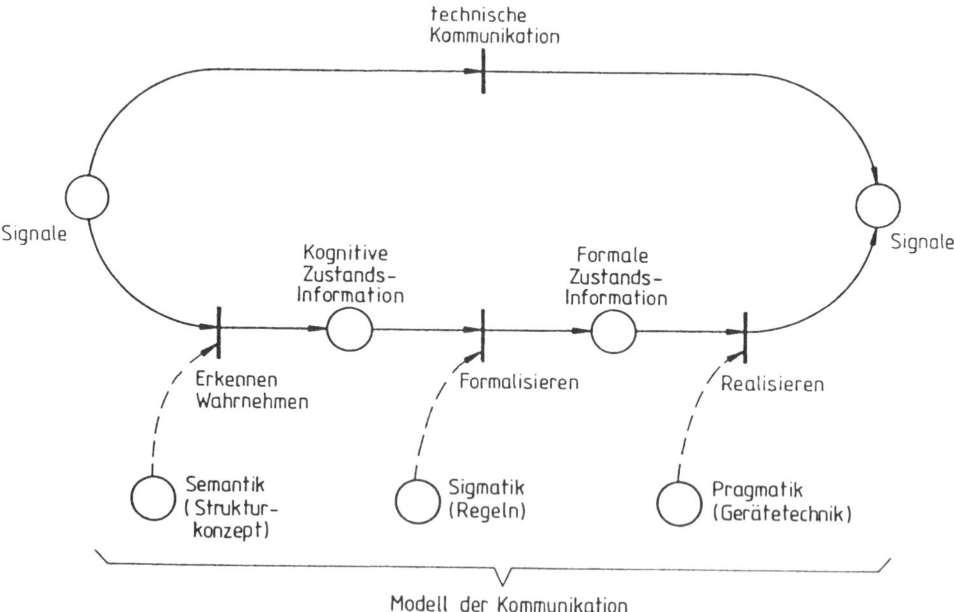

Bild 5-2 Petrinetz zur Veranschaulichung von Informationsbegriffen

5.1 Entscheidungsgehalt

Die Darstellung von Information wie ihre Weiterleitung ist an Signale als stoffliche oder energetische Träger der Information gebunden; eine Trennung von Signal und Information ist nur in der gedanklichen Abstraktion möglich. Signale als tatsächliche Darstellung von Information sind Erscheinungsformen physikalischer Zustände. Umgekehrt können aber auch neben ihrer stofflichen und energetischen Erscheinung die Zustände der physikalischen Größen in einem Prozeß selbst als Signale gedeutet werden, deren Informationsgehalt allerdings erst in geeigneter Weise entschlüsselt werden muß. Bei diesen Erscheinungsformen stofflicher oder energetischer Zustände ist wesentlich, daß erst die Definition von Unterscheidungskriterien, d. h. die Spezifikation signifikanter Merkmale, also die Sigmatik, auf die Information des Signals schließen läßt.

Eine Schwierigkeit bei der Darstellung kontinuierlich veränderlicher Systemzustände durch Information liegt darin, daß Zustandsgrößen im Prinzip einen beliebigen Wert haben können, ein bestimmter Zustand also einem Element aus einer unendlichen Menge zugeordnet werden müßte. Um den gesamten möglichen Zustandsbereich begrifflich abzudecken, brauchte man daher unendlich viele Elemente, was aber nicht praktikabel wäre.

Beschränkt man den Zustandsbereich auf ein Intervall, in dem sich eine Zustandsgröße aller Wahrscheinlichkeit nach befinden kann, vereinfacht sich das Problem etwas, da man nur noch eine entsprechende Untermenge betrachten muß. Unterteilt man diesen Bereich vollständig in Inkremente, so liegt ein Wert einer Zustandsgröße – sofern er sich überhaupt in diesem Bereich befindet – immer eindeutig in einem Inkrement.

Die einzelnen Inkremente werden als mögliche Zustände definiert, welche die Größen im System einnehmen können. Diese Abbildung des Werts einer physikalischen Größe auf ein bestimmtes Element einer abzählbaren Menge bedingt, daß der Wert in dem durch das Inkrement definierten Bereich der unendlichen beschränkten Menge liegt. Durch den mit dieser Quantisierung verbundenen Verlust an Auflösung, d. h. der inkrementellen Unschärfe, erkauft man sich die Überschaubarkeit (Menge mit begrenzten Elementen). Das entspricht dem (bekannten) Vorgang der Modellbildung, bei dem es aber vorrangig um Strukturinformation ging.

Bild 5-3 zeigt schematisch die reihenartige Aufteilung des Wertebereiches für eine Zustandsgröße. Bei Größen, die physikalische Zustände, z. B. Energien, Flüsse o. ä., beschreiben, können Änderungen aus physikalischen Gründen nur stetig erfolgen, daher sind von jedem Zustand nur definierte Zustandsübergänge zu den unmittelbaren Nachbarzuständen möglich, das Petrinetz Bild 5-3 zeigt einen entsprechenden Zustandsgraph.

Um nun einen Zustand in einem Prozeß zu klassifizieren, d. h. seine Zustandsinformation zu erhalten, muß die Anzahl der Klassifikationsmerkmale mindestens gleich der Anzahl unterschiedlich darstellbarer Zustände sein. Diese Betrachtung führt zu einer Digitalisierung der Information (welche bereits in der Modellbildung durch diskrete Modelle per se enthalten war). Davon ausgehend können wir als Entscheidungsgehalt H_0 einer Information gemäß der Definition aus der Informationstheorie [5-2] das Maß für den Aufwand ansehen, der zur Klassifizierung eines Zustands aus der Menge M_z aller betrachteten Zustände aufgrund von Binärentscheidungen erforderlich ist:

$$M_z = \{Z_1, \ldots, Z_n\} \qquad (5\text{-}1)$$
$$H_0 = \mathrm{ld}\,[n]$$

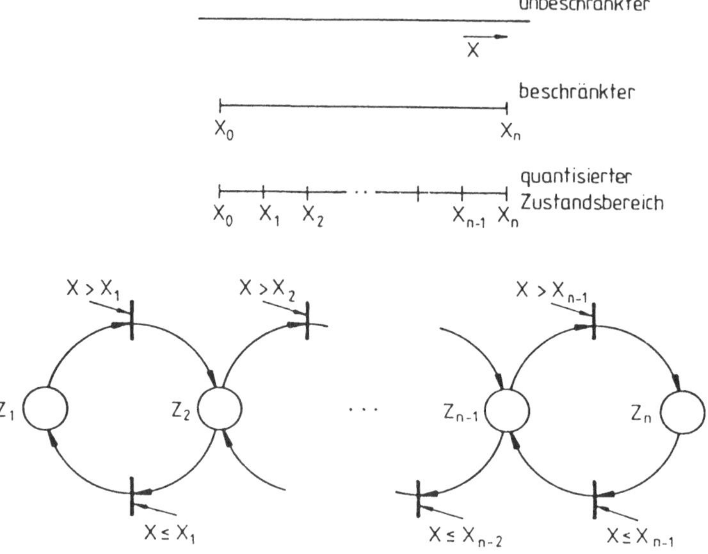

Bild 5-3 Aufteilung von Zustandsbereichen

5.1.1 Auflösung und Genauigkeit

Unter Auflösung versteht man das kleinste erkennbare oder einstellbare Intervall bezogen auf den beschränkten Zustandsbereich einer Größe.

Bei einer linearen Teilung eines beschränkten Zustandsbereiches X in n gleiche Intervalle der Länge Δx ist die Auflösung demnach

$$a = \frac{\Delta x}{X} = 1/n. \qquad (5\text{-}2)$$

Unter Genauigkeit wird die größte Abweichung eines realen Zustands x_r von seinem durch Information angegebenen Zustand x_i verstanden; sie kann auch relativ auf den beschränkten Zustandsbereich bezogen angegeben werden,

$$G = |x_r - x_i|_{max} \qquad (5\text{-}3)$$

$$g = \frac{|x_r - x_i|_{max}}{X}$$

Bei vielen Anwendungsfällen sind Genauigkeit und Auflösung gleich, man muß sich aber über den prinzipiellen Unterschied beider Angaben im klaren sein, wie er in Bild 5-4 veranschaulicht wird.

Im Prinzip liegt einer geringeren Genauigkeit ($g > a$) die falsche Abbildung des physikalischen Zustands zugrunde, z. B. wegen der oft schwierigen technischen Realisierung gleichwertiger Klassifizierungsmerkmale über einen größeren Zustandsbereich physikalischer Größen.

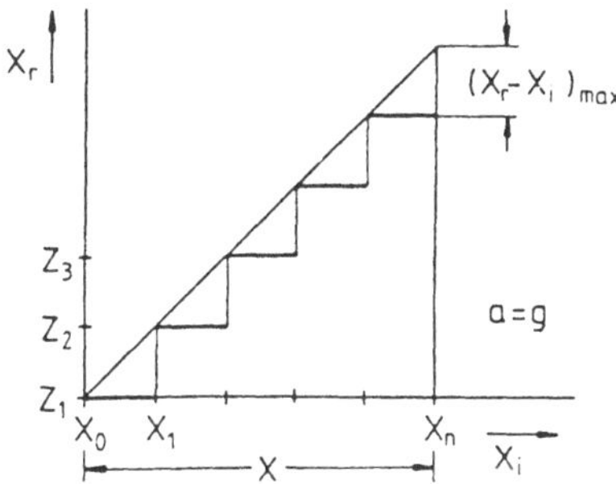

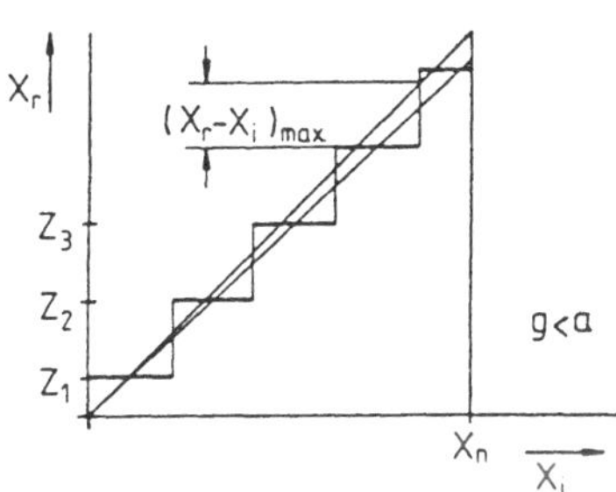

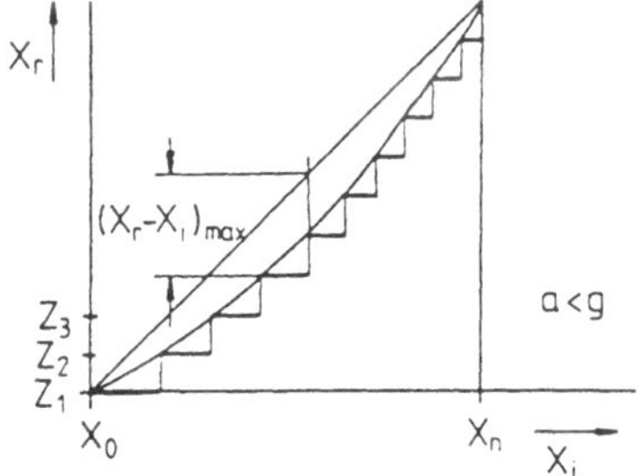

Bild 5-4
Veranschaulichung von Auflösung und Genauigkeit

Oft klaffen Auflösung und Genauigkeit in der Praxis (weit) auseinander, so daß man sich über die Ambivalenz beider Definitionen stets Rechenschaft geben sollte. So ist es z. B. bei einer geringen Meßgenauigkeit wenig sinnvoll, eine hohe Auflösung vorzusehen wie umgekehrt eine geringe Auflösung nicht zu einer hohen Genauigkeit im Stell- oder Meßbereich paßt. Grundsätzlich sind beide Angaben aufeinander abzustimmen, wobei die Genauigkeit beim Einstellen oder Erfassen von Zuständen mindestens so groß wie die Auflösung sein sollte. Eine genaue quantitative Empfehlung ist sehr schwierig, zumal nur sehr wenige Untersuchungen zu diesem Thema vorliegen. Fehlanpassungen von Auflösung und Genauigkeit können insbesondere bei einer geschlossenen Prozeßkopplung zu unerwünschten Schwingungen auch im stationären Zustand, den sogenannten Grenzzyklen, führen [5-4, 5-5].

5.2 Signale

Bei der Verwirklichung von Information durch Signale bzw. der Deutung von Information aus Signalen ist von praktischer Bedeutung, welche Signalformen zur Informationsdarstellung und -übertragung in der Prozeßleittechnik herangezogen werden sollen. Dynamische, d. h. zeitlich veränderliche Signale sind z. B. von der Nachrichtenübertragungstechnik her in Form elektromagnetischer Wellen mit leitungsgebundener Übertragung oder freier Ausbreitung im Raum bekannt, oder sie kommen als statische Signale zum Speichern von Information z. B. in Form elektrischer, magnetischer oder mechanischer Zustände bei Halbleiter- und Magnetspeichern oder bei Lochkarten und Relais in der Daten technik vor. Dabei setzt zumindest die technische Informationsverarbeitung eine Behandlung binär codierter Signale mit digitalelektronischen Mitteln zur erkennbaren Unterscheidung von Informationen voraus bzw. erfordert diese für eine sinnvolle Weiterverwendung.

5.2.1 Codierung und Decodierung

Die Information eines beliebigen Signals läßt sich anhand bestimmter Merkmalsklassifikationen in mehreren Schritten als digitale Daten darstellen. Zuerst wird das Signal durch Anwendung von Ordnungskriterien quantisiert (vgl. Bild 5-3). In der nachfolgenden Digitalisierung wird der jeweiligen Quantisierungsstufe ein bestimmtes Zeichen (digitales Datum) zugeordnet. Dieses Zeichen kann schließlich bei der Codierung in das Zeichen einer anderen Menge – das sind auch digitale Daten – nach einer bestimmten Vorschrift abgebildet werden. Im übertragenen Sinn kann demnach die Information der physikalischen Zustände zur binärelektronischen Verarbeitung in Form digitaler Daten „codiert" werden.

Nicht ausdrücklich erläutert werden muß, daß die Wiedergewinnung der Ursprungsinformation nach einer Signalübertragung, die sogenannte Decodierung, dieselben Klassifikationsmerkmale wie bei der Codierung voraussetzt, um Fehlinterpretationen auszuschalten [5-2]. Sollte während der Weiterleitung das Signal gestört worden sein, kann das empfangene Signal auf Fehler geprüft und ggf. auch korrigiert werden, wenn bei der Codierung eine Redundanz vorgesehen wurde [5-6].

5.2.2 Quantisierung

Bei einer Kopplung mit einem technischen Prozeß müssen auf der einen Seite dessen Zustände mehr oder weniger genau erkannt, dann als Signale den Geräten der Informationsverarbeitung übergeben und dort individuell, d. h. unterscheidend weiterbehandelt werden. Damit ist eine Quantisierung von Information über den momentanen Zustand physikalischer Eigenschaften oder eine Unterscheidung, d. h. auch eine Quantisierung von definierbaren Prozeßzuständen als Information über die aktuelle Systemsituation erforderlich. Auf der anderen Seite steht die Erzeugung von Signalen und ihre Übertragung aus der Informationstechnik zum Prozeß. Dort bedingt der signalabhängige Eingriff neben möglicherweise rein binär digitalen Einwirkungen und Handlungen (z. B. beim Schalten von Ventilen oder Schützen) oft auch die feinfühlige Einstellung entsprechender Stellorgane (z. B. Schieber, Drosseln, Spannungsquellen). Auflösung und Genauigkeit bei der Dosierung physikalischer Größen verlangt in jedem Fall, sich über die zugehörige Stellinformation klar zu sein.

5.2.3 Diskretisierung

Neben der bisher behandelten Zustandsabbildung ist gerade die Erfassung und die Steuerung von Prozessen, d. h. von Zustandsänderungen, eine wesentliche Aufgabe der Prozeßleittechnik. Dafür muß jetzt die Zeit als weitere Dimension mit in Betracht gezogen werden, um das dynamische Verhalten der Zustands- und Steuerinformation in Form zeitlich veränderlicher Signale darzustellen. Da in den Geräten der Informationselektronik nicht nur Informationszustände quantisiert werden müssen, sondern aufgrund der endlichen Arbeitsgeschwindigkeit und des Speichervolumens auch das zeitliche Verhalten von

Zuständen nur durch Angabe von Information in bestimmten zeitlichen Abständen, d. h. in (zeit-)diskreter Auflösung, dargestellt werden kann, muß auch hier der grundsätzlich kontinuierliche, unendliche Zeitbereich beschränkt und in diskrete Intervalle aufgeteilt werden.

Um aus zeitdiskreten Zuständen einen kontinuierlichen Signalverlauf exakt zu reproduzieren, ist nach dem Abtasttheorem mindestens die Angabe von zeitlich äquidistanten Signalzuständen erforderlich, wobei der zeitliche Abstand höchstens halb so groß wie die geringste Periodendauer im Spektrum des kontinuierlichen Signalverlaufs sein darf [5-1]. Wie und für welche Aufgabe das dynamische Verhalten des Prozesses erfaßt werden kann, wird unter Kap. 5.6 ausführlich behandelt.

5.2.4 Klassifizierung

Bild 5-5 zeigt, wie ein Signal anhand seiner Ordnungskriterien (hier wertquantisiert und zeitdiskret) codiert wird. Als Ordnungskriterien dienen Amplitudenschwellen und Zeitpunkte, die vom Signalverlauf zwecks Codierung überschritten werden müssen.

In Tabelle 5-1 sind unterschiedliche Typen von Signalformen zusammengefaßt, wobei ihre Ordnungsmerkmale unabhängig von speziellen stofflichen oder energetischen Zuständen angegeben werden.

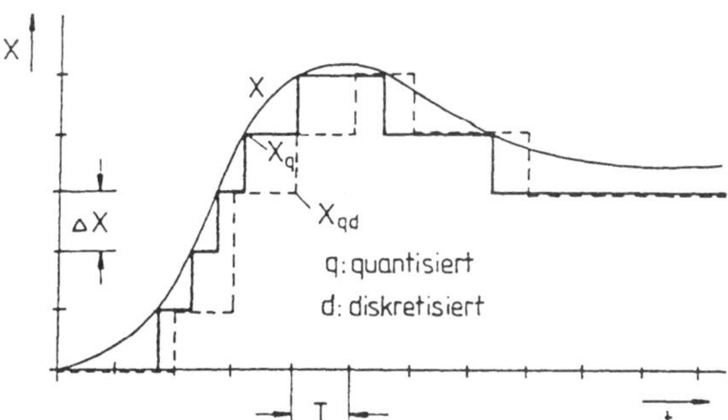

Bild 5-5
Wertquantisierung und zeitliche Diskretisierung von Signalverläufen

5.3 Umwandlung der Signalträger

Mit dem Eindringen der Digitaltechnik in die Prozeßleittechnik vollzieht sich ein grundlegender Wandel bei der Darstellung von Information. Lange Zeit lag es nahe, Information unmittelbar mit den energetisch-stofflichen Eigenschaften des zu steuernden Prozesses zu verknüpfen, um zu einer möglichst einfachen Gerätetechnik zu gelangen. So haben bis in die fünfziger Jahre hinein noch alle möglichen energetischen und stofflichen Erscheinungsformen als Signalträger gedient, z. B. mechanische Verformungen als Temperaturinformation, pneumatische Druckzustände als Druck- und Volumeninformation oder elektrische Spannungen als Drehzahl-, Drehmoment- und Strominformation. Diese Vorgehensweise führte zwar zu hervorragenden Einzellösungen, erschwerte aber aus demselben Grund die integrierte Automatisierung auf übergeordneter Ebene, z. B. bei der Kombination mehrerer Einzelaggregate ohne Anpassungsschaltung, bei der Fernbedienung oder -registrierung. Erst die Einführung sogenannter pneumatischer Einheitssignale 1955 und danach die Definition und die Ausrüstung von Standardschnittstellen für analoge elektrische Größen sind Meilensteine auf dem Weg zu immer komplexeren Automatisierungssystemen [5-7].

Tabelle 5-1 Klassifizierung von Signalverläufen

Signal	Verlauf	Wertbereich	Zeitpunkt der Wertänderung	Informationsparameter	Anwendungsbeispiele
Analogsignal	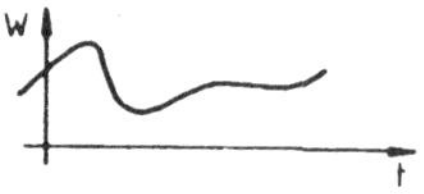	kontinuierlich $w \in R$	kontinuierlich $t \in R$	$i = w(t)$	Signalübertragung Amplitudenmodulation
Frequenzanalogsignal	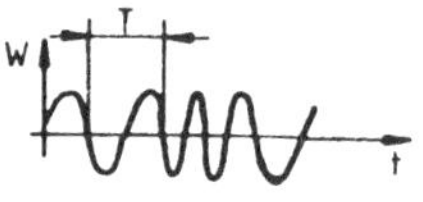	kontinuierlich beschränkt $w \in R$, $\lvert w \rvert < w_{max}$	kontinuierlich $t \in R$	$i = T(t)$	Signalübertragung, Frequenzmodulation Frequenzumtastung
Wertquantisiertes Signal	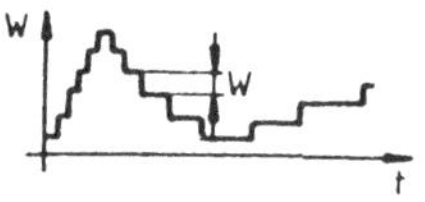	diskret $w = \mu W$	kontinuierlich $t \in R$	$i = w(t)$	Digital-Analogumsetzer
Abtastsignal	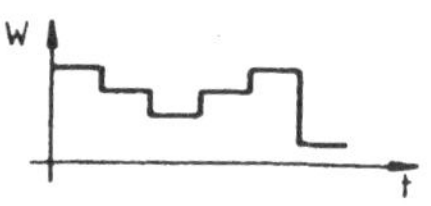	kontinuierlich $w \in R$ quantisiert $w = \mu W$	diskret ädiquistant $t = \nu T$, $T = const.$	$i = w(\nu T)$	Abtast-Halteglied
Abtastimpulssignal	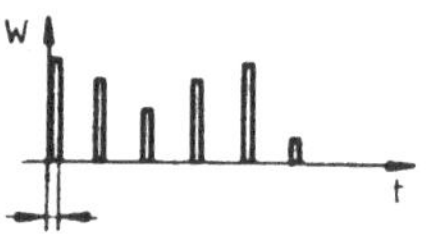	kontinuierlich $w \in R$ quantisiert $w = \mu W$	diskret äquidistant $t = \nu T$, $T = const.$	$i = w(\nu T)$	Multiplexer, Umsetzer
Impulssignal	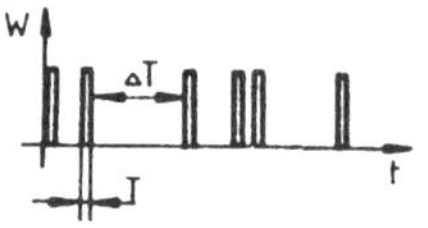	binär $w \in \{L, H\}$	kontinuierlich $t \in R, T \ll \Delta T$	$i = \Delta T_\nu$	Ereignis- und zeitgesteuerte Systeme Impuls- u. Zeitgeber
Impulszählsignal	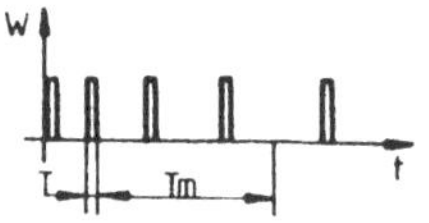	binär $w \in \{L, H\}$	kontinuierlich $t \in R, T \ll T_m$	$i = \int_t^{t+T_m} w(\tau)d\tau$	Meßwertgeber Impuls- und Zeitgeber
Binärsignal	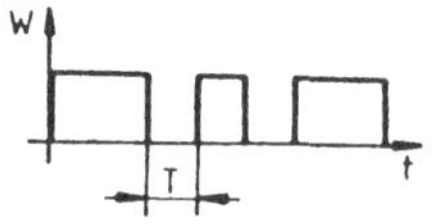	binär $w \in \{L, H\}$	diskret $t = \nu T$	$i = w(\nu T)$	Datenübertragung

Eine konsequente Automatisierung mit digitaler Rechner- und Kommunikationstechnik setzt die Instrumentierung mit Informationsschnittstellen zum Prozeß in Digitaltechnik voraus. Grundsätzlich ergeben sich daraus folgende Anforderungen: Einerseits sind die Prozeßzustände durch Messung der Eigenschaften des betreffenden Prozesses zu erfassen. Die darin enthaltene Information ist für eine weitere Verarbeitung in adäquater Form digitalelektrischer binär codierter Signale aufzubereiten. Andererseits müssen die aus der Informationsverarbeitung gelieferten Stellsignale für den Prozeßeingriff aufbereitet werden, was im allgemeinen eine Signalformwandlung in Verbindung mit einer Leistungsverstärkung unter Energieumwandlung beinhaltet; stoffliche Prozeßeingriffe sind ausschließlich die Sekundärfolge energetischer Stellvorgänge.

5.3.1 Zustandserfassung

Bei der Beschreibung eines Prozeßzustandes durch Information ist die Abbildung des Werts einer bestimmten physikalischen Größe für die Prozeßdatenverarbeitung in ein binär elektrisches Signal erforderlich. Voraussetzung ist in diesem Fall, daß die Größe mit irgendeinem Meßgerät meßbar ist. Dieser Übergang kann im allgemeinen durch eine dreistufige Vorgehensweise erreicht werden (Bild 5-6). Zuerst wird der Wert des Prozeßzustands, d. h. seine betreffende physikalische Größe, als Signal unter Nutzung physikalischer Effekte in ein entsprechendes Signal einer beliebigen Energieform auf meist niedrigerem Energieniveau abgebildet, und dieses Meßsignal dann – falls erforderlich – in der zweiten Stufe in ein elektrisches Signal umgesetzt. Die elektrische Meßgröße, in vielen Fällen ein analoges Spannungs- oder Stromsignal, muß dann in einer dritten Stufe in ein digital elektrisches Meßsignal umgesetzt werden (vgl. 5.5.1 Analog-Digital-Umwandlung).

Diese im Grundsatz dreistufige Umwandlung kann man natürlich vereinfachen, wenn als Ergebnis der ersten Stufe schon ein digital oder bereits binär elektrisches Signal vorliegt, wie es beispielsweise bei elektrisch-optischen Codierscheiben zur Positionserfassung oder der Zeitmessung per Zähler vorkommt, oder wenn der physikalische Effekt bereits Signale geeigneter Form liefert, z. B. bei der Geschwindigkeitsmessung strömender Medien durch oszillierende Turbulenzen, ganz abgesehen von elektrischen Prozeßgrößen in dieser Signalform (z. B. Netzspannungsfrequenz). Am Übergang zwischen den letzten beiden

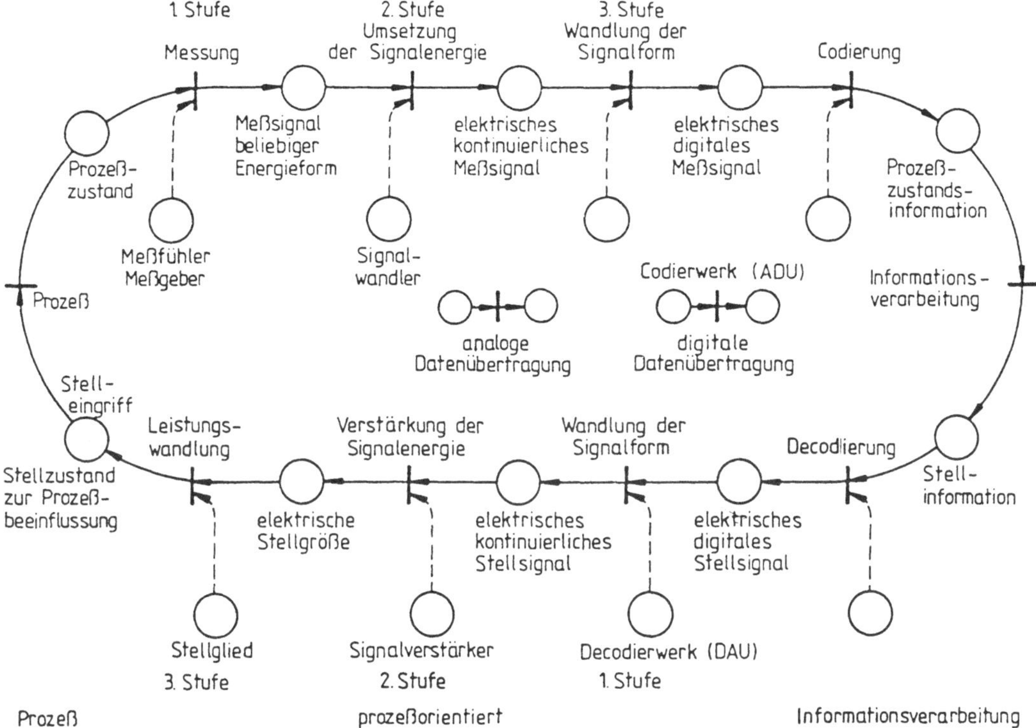

Bild 5-6 Informationspfade in der Prozeßleittechnik

Umsetzungen kann die Trennungslinie zwischen dem Prozeß und seiner Steuerung gezogen werden. Häufig ist das Steuerungssystem mit Geräten zur Signalformumwandlung als Prozeßkoppelelement ausgerüstet. Es werden aber im zunehmenden Umfang auch schon sogenannte intelligente Prozeßmeßgeräte mit rechnergerechten Schnittstellen genormten Anschlußformats für Bussysteme angeboten [5-8]. Beispiele für die Informationsumwandlung bei der Prozeßzustandserfassung zeigt die Tabelle 5-2.

Tabelle 5-2 Signalumwandlung bei der Prozeßzustandserfassung

Erfaßte Zustandsgröße	Meßgeber bzw. Meßprinzip	Umwandlung in elektr. Signal	Meßsignal-verlauf
Temperatur	Thermoelement	direkt	kontinuierlich
	Widerstandsthermometer	direkt	kontinuierlich
	Strahlungspyrometer	direkt	kontinuierlich
Druck	Federmeßwerke	indirekt	kontinuierlich
	Kapazitätsänderung	direkt	kontinuierlich
	Piezoeffekt	direkt	kontinuierlich
Durchfluß	Wirkdruck	indirekt	kontinuierlich
	Venturirohr	indirekt	kontinuierlich
	Widerstandsänderung	direkt	kontinuierlich
	Induktion	direkt	kontinuierlich
Mengenstrom	Volumenzählung	indirekt	digital
	Geschwindigkeitsmessung	indirekt	kontinuierlich
Höhen-, Füllstand	Codierstab	indirekt	digital
	Potentiometer	direkt	kontinuierlich
Stoffdaten (chem., phys.)	Röntgenanalyse	indirekt	kontinuierlich
	Gasanalyse	direkt	kontinuierlich
	Chromatographie	indirekt	digital
	Elektrometrie	direkt	kontinuierlich
Masse	Waage mit Dehnungsmeßstreifen	direkt	kontinuierlich
	Kraftmeßdosen	direkt	kontinuierlich
Feuchte	elektrochem. Effekt	direkt	kontinuierlich
Dehnung, Schwingung	Induktion	direkt	kontinuierlich
Kraft, Moment	Dehnungsmeßstreifen	direkt	kontinuierlich
	Magnetoelastizität	direkt	kontinuierlich
Beschleunigung	Trägheitsplattform	indirekt	kontinuierlich
	Piezoeffekt	direkt	kontinuierlich
Geschwindigkeit	Impulszählung	indirekt	digital
	Tachogenerator	direkt	kontinuierlich
	Wieganddraht	direkt	kontinuierlich
	Radar	indirekt	digital
Position	Codierstab, -scheibe	indirekt	digital
	Lichtschranke	direkt	binär-digital
	Druckkontakt	direkt	binär-digital
	Induktionsschleifen	direkt	kontinuierlich
Zeit	elektr. Zähler	direkt	digital
Lichtintensität	Photovoltaischer Effekt	direkt	kontinuierlich

5.3.2 Prozeßbeeinflussung

Auch bei der umgekehrten Wirkungsrichtung von der Informationsverarbeitung in den Prozeß ist oft eine zwei- oder dreistufige Signalumwandlung anzutreffen (Bild 5-6). In der Regel werden hier zuerst die vom Rechner auf niedrigem Leistungsniveau angebotenen elektrischen Binärsignale in einer entsprechenden Decodierstufe in ein elektrisches Analogsignal umgesetzt. In der nachfolgenden zweiten Stufe wird das elektrische Analogsignal dann auf ein höheres Leistungsniveau zumeist elektrischer Form verstärkt. Falls keine direkte elektrische Einflußnahme auf den Prozeß möglich ist, muß in einer dritten Umwandlungsstufe die elektrische Leistung in die jeweils benötigte Energieform durch eine entsprechende Einrichtung, das Stellglied, überführt werden, um damit den Prozeß energetisch oder stofflich zu beeinflussen. In Tabelle 5-3 sind einige Stellglieder zur Wandlung von elektrischen in nichtelektrische Größen zusammengestellt.

Besonders günstige Lösungen der gerätetechnischen Ausführung ergeben sich, wenn die mehrstufige Signalumsetzung und Leistungsverstärkung zusammengezogen werden können, indem z. B. die anstehenden Binärsignale unmittelbar zur Einwirkung in den Prozeß herangezogen werden können. Diese Möglichkeit besteht seit kurzem auch durch die direkte Kopplung der digitalen Mikroelektronik mit der Leistungselektronik bei elektrischen Antrieben, womit das gesamte Gebiet der elektrischen Energieerzeugung bzw. -umwandlung für digitale Signaleinwirkungen erschlossen wird [5-9].

Eine ebenfalls vorteilhafte Signalumwandlung ist mit Impulssignalen möglich, wenn als Träger der Information das Zeitintervall zwischen zwei Impulsen bzw. der Impulsdauer

Tabelle 5-3 Signalumwandlung bei der Prozeßzustandsbeeinflussung

Beeinflußte Zustandsgröße	Stellglied	Leistungswandlung	Stellsignalverlauf
Hub, Durchfluß Mengenstrom, Druck	Drosselklappe Stellventil Sperrventil Schieber Pumpen	elektromechanisch (Stellmotor, Elektromagnet)	kontinuierlich binär-digital kontinuierlich
Temperatur	Heizung Wärmetauscher	elektrothermisch thermisch	kontinuierlich digital
Stoffzustände (chem., phys.)	Elektroden	elektrochemisch	kontinuierlich digital
Spannung, Strom	Potentiometer Generator Transformator Leonard-Satz Transistor- und Thyristor-Stellglied Relais, Schütz	elektromech. elektr.-elektr. elektr.-elektr. elektr.-elektr. elektr.-elektr. elektromech.	kontinuierlich kontinuierlich kontinuierlich kontinuierlich digital binär-digital
Drehzahl, Geschwindigkeit	elektr. Antrieb	elektromech.	kontinuierlich
Drehmoment, Kraft		elektromagnet.	
Weg, Position	Schrittmotore	elektromech.	digital

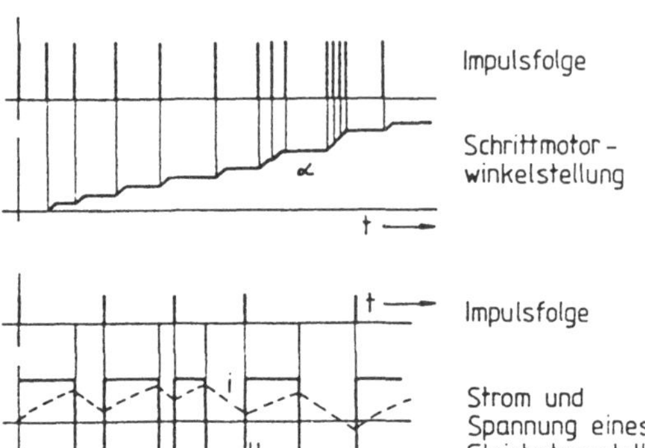

Bild 5-7
Signalumwandlung mit Binärsignalen bei der Prozeßbeeinflussung

benutzt wird (Bild 5-7). Diese Voraussetzung ist an die Digitaltechnik geradezu angepaßt, da trotz binärer Signalquantisierung bei sehr hohem zeitlichen Auflösungsvermögen die Information zwar zeitdiskret, im Wert aber quasikontinuierlich dargestellt werden kann. In Verbindung mit intelligenten Zählern bzw. Zeitgebern, wie sie vermehrt verfügbar sind (z. B. programmierbar, mit Weckerfunktion, hochauflösend, quarzstabil), läßt sich bei zeitdiskreter Arbeitsweise damit eine zeitliche Entkopplung der peripheren Stelleingriffe von der eigentlichen Informationsverarbeitung zugunsten einer dezentralen Ausübung der Stellaufgabe erzielen. Kombiniert mit binär diskret ansteuerbaren Stellgliedern mit stetig veränderlichen Ausgangsgrößen, z. B. elektromechanischen oder elektrohydraulischen Stellmotoren, kann man über die zeitliche Variation der Wirkungsdauer auf gerätetechnisch einfache Weise wertkontinuierlich in den Prozeß eingreifen.

5.4 Übertragung elektrischer Signale

Ist der Objektprozeß von seiner Steuerung räumlich getrennt, müssen Meß- wie auch Stellsignale über eine gewisse Distanz übertragen werden. Dabei sind eine Übertragung kontinuierlicher oder digitaler Signalformen entsprechend der allgemein gültigen Darstellung im Petrinetz Bild 5-6 Alternativen. Die dabei auftretenden Fragen und ihre technischen Lösungen behandelt die Fernwirktechnik als Teilgebiet der Nachrichtentechnik [5-10]. Die topologische Anordnung von Signalübertragungen wird an späterer Stelle (Kap. 9.4) besprochen.

Wesentliche Schwierigkeiten treten bei Signalübertragungen durch die auf einem längeren Übertragungsweg unvermeidlichen Störungen auf, was die Wiedererkennung der ursprünglich ausgesendeten Information erschwert oder gar unmöglich macht. Die Störungen bei einer leitungsgebundenen Übertragung elektrischer Signale können in zwei typischen Arten zusammengefaßt werden.

Als sogenannte Gegentakt-Störspannungen sind Störungen anzusehen, die in Reihe mit der Meßsignalspannung liegen und somit dem eigentlichen Prozeßsignal an der Empfängerseite überlagert sind (Bild 5-8). Ursache dieser Erscheinung sind einmal magnetische Felder, z. B. infolge benachbart verlegter Energieleitungen, die zu induktiv eingekoppelten

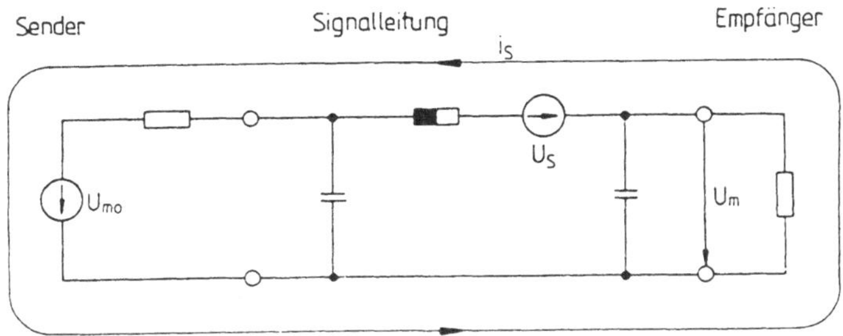

Bild 5-8 Ersatzschaltbild für Gegentakt-Störspannungen

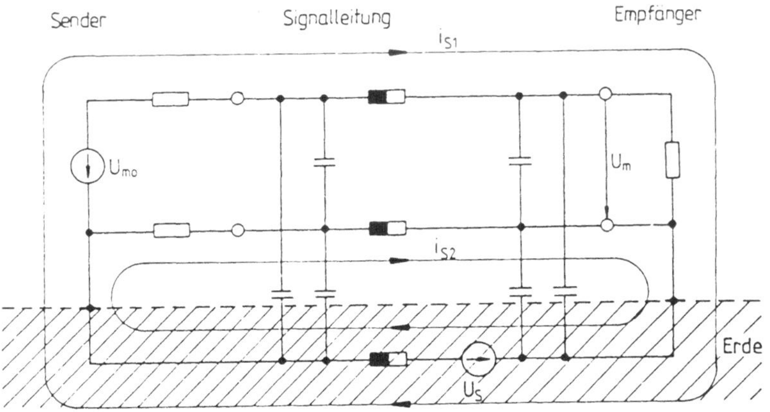

Bild 5-9 Ersatzschaltbild für Gleichtakt-Störspannungen

Störspannungen in der Größenordnung einiger mV/m führen. Daneben sind elektrische Felder für die Einkopplung von Störspannungen im Bereich zwischen mV und V über die Kapazitätsbeläge der Signalleitung zu anderen Leitungen und zur Erde verantwortlich. Eine gleichsinnige Beeinflussung der Signalleitung am Entstehungs- wie am Empfangsort wird als Gleichtakt-Störung bezeichnet (Bild 5-9). Diese Erscheinung tritt auf, wenn durch schlechte Erdung oder Erdpotentialdifferenz infolge Kriech- oder Erdströmen oder unsymmetrischer Leitungen zusätzliche Ausgleichsströme in den Signalleitungen auftreten. Die Auswirkung einer exemplarischen Störspannungseinkopplung in eine geschirmte Leitung nach Bild 5-10a zeigt das Oszillogramm des Differenzstroms in Bild 5-10b.

In diesem Zusammenhang bekommt eine Abschätzung der elektromagnetischen Verträglichkeit (EMV) der Signalleitung bereits im Planungsstadium erhebliche Bedeutung [5-11, 5-12].

Beide Störungsarten beeinflussen den Momentanwert eines Signals. Wenn dieser Träger der Information ist, was bei kontinuierlichen Signalverläufen der Fall ist, kann das zu Übertragungsfehlern führen. Diese Tatsache ist ein Grund dafür, daß in zunehmenden Maße gegen diese Störungsarten unempfindlichere Signalformen, wo nicht der exakte

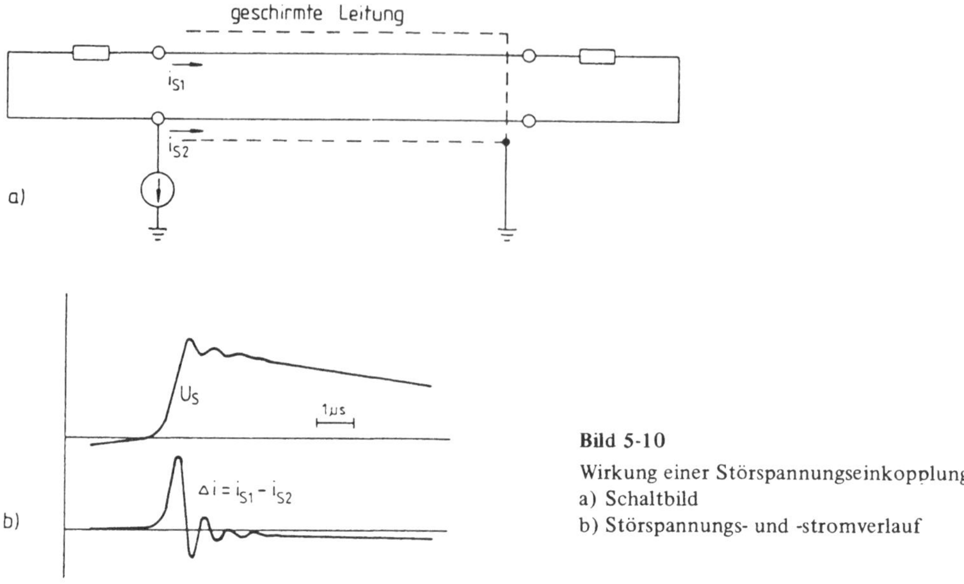

Bild 5-10
Wirkung einer Störspannungseinkopplung
a) Schaltbild
b) Störspannungs- und -stromverlauf

Tabelle 5-4 Maßnahmen zur Störungsunterdrückung bei der Übertragung elektrischer Signale

Störungsursache	Abhilfemaßnahmen	
	Art	Ort
induktive Beeinflussung	getrennte Leitungsführung verdrillte Leitung	Leitung
kapazitive Beeinflussung	Abschirmung, gemeinsamer Schirm, individueller Schirm	Geber und Empfänger-schnittstelle
induktive und kapazitive Beeinflussung	galvanische oder optische Trennung optische Übertragung	Geber- und Empfänger-schnittstelle Leitung
Gleichtaktstörung	magnetische oder optische Potentialtrennung, Stromquellen, Symmetrierung	Geber- und Empfänger-schnittstelle
Oberschwingungen, Gegentaktstörung	Filterung Glättung per Hardware und Software Mittelwertbildung	Informationsverarbeitung im Empfänger

Momentanwert des Signals Informationsträger ist, oder andere physikalische Transportmedien – z. B. Lichtwellenleiter – zur Informationsübertragung benutzt werden. Gleichwohl sind für die vergleichsweise einfache Übertragung elektrischer Signale verschiedene Maßnahmen bekannt, um Störungseinflüsse abzuschwächen; die wichtigsten Maßnahmen sind in der Tabelle 5-4 enthalten.

5.5 Signalformumwandlung

Mit der Umwandlung der Signalträger während des Übergangs zwischen Objektprozeß und Steuerung ist auch eine Wandlung der Signalform von analogen kontinuierlichen Verläufen zu quantisierten digitalen und letztlich binären verbunden (vgl. Bild 5-6) bzw. umgekehrt.

5.5.1 Analog-Digital-Umwandlung (ADU)

Die Signalformumwandlung auf dem Weg vom Prozeß zur digitalen Steuerung ist ein zentrales Arbeitsgebiet der Digitalmeßtechnik, das hier nur aus funktionaler Sicht betrachtet werden soll, ohne auf die zahlreichen technischen Aspekte näher einzugehen [5-13 bis 5-15]. Wie die Zusammenstellung von Möglichkeiten zur Umwandlung von Signalträgern zur Prozeßzustandserfassung in Tabelle 5-2 zeigt, liefern sehr viele Meßwertgeber analoge Meßsignale; zur Kopplung an die digitale Informationsverarbeitung muß das Signal dann noch entsprechend umgesetzt werden. Grundsätzlich wird die Signalform in zwei verschiedenen Funktionsstufen umgesetzt, der Quantisierung und der nachfolgenden Codierung. Diese beiden funktionalen Schritte sind jedoch in Wirklichkeit oft gerätetechnisch integriert.

Bei den technischen Verfahren zur Umsetzung der Signalform kann man z. B. nach Kriterien wie Dynamik, Auflösung und Genauigkeit unterscheiden. Hohe Anforderungen sind dabei ein entscheidender Kostenfaktor. Denn Dynamik und Genauigkeit sind hier im Prinzip gegensätzliche Eigenschaften. Das hat folgende Ursache: Meßsignale x_m sind grundsätzlich mit Störungen behaftet,

$$x_m = x_{m0} + x_s, \tag{5-5}$$

wobei die Störung durch ein bestimmtes Spektrum beschrieben wird, z. B.

$$x_s = \sum_{\mu} x_{s\mu} \sin \mu\omega t. \tag{5-6}$$

Wird nun vom digitalen Meßsignal gefordert, daß es nur zu bestimmten äquidistanten Zeitpunkten νT, d. h. zeitdiskret vorliegen muß, kann während der Abtastperiode eine Unterdrückung der Störanteile erfolgen, z. B. durch Mittelwertbildung nach

$$x_m(\nu T) = \int_{(\nu-1)T}^{\nu T} \left(x_{m0}(t) + \sum_{\mu} x_{s\mu} \sin \mu\omega t\right) dt\,. \tag{5-7}$$

Besonders günstig ist, wenn das Integrationsintervall so lang wie die Grundperiode der Störsignale ist, d. h. $T = 2\pi/\omega$, weil dann aufgrund der Mittelwertbildung die Störsignale überhaupt nicht mehr durchschlagen können. Nachteilig ist aber in jedem Fall, daß einmal der momentane Signalwert nicht mehr zugänglich ist und daß, je kürzer die Zeit zur Meßwerterfassung ist, die Störanteile immer stärker hervortreten. Die mittelwertbildenden Umsetzungsverfahren arbeiten folgendermaßen: Entweder wird die Ausgangsgröße eines während definierter Zeitdauer vom Meßsignal aufgeladenen analogen Integrators per

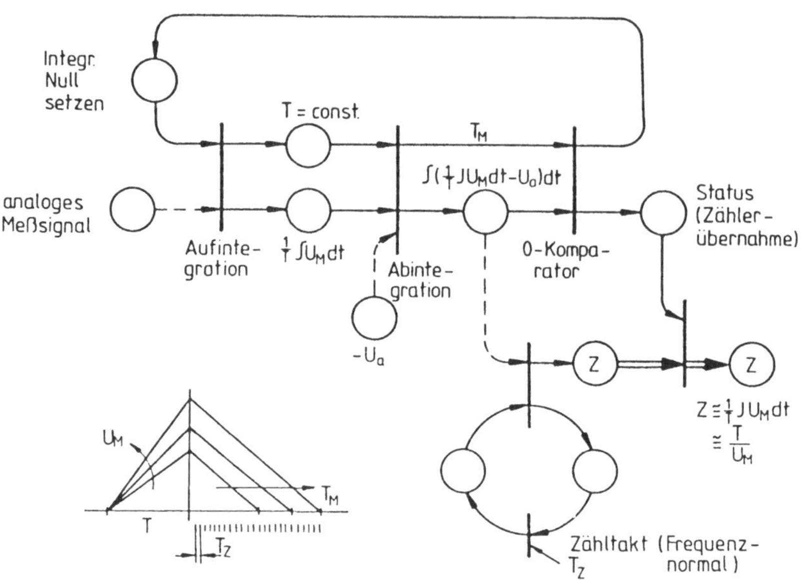

Bild 5-11 Integrierender ADU; Petrinetz für Doppelintegrationsverfahren (Z: Zählstelle)

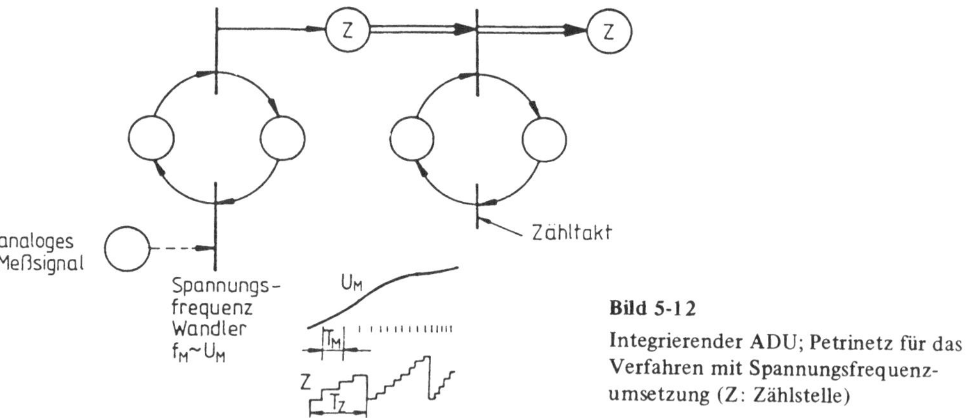

Bild 5-12
Integrierender ADU; Petrinetz für das Verfahren mit Spannungsfrequenzumsetzung (Z: Zählstelle)

definierter Entladung digital analysiert, indem die dem Meßsignal proportionale Entladezeit mit einem Zähler gemessen wird, wie es das Petrinetz Bild 5-11 veranschaulicht, oder es wird das Meßsignal in Impulse mit dazu proportionaler Frequenz umgesetzt, die in definierter Zeitdauer gezählt werden. Bild 5-12 zeigt das zu diesem Verfahren gehörende Petrinetz.

Augenblickswerte können zeitdiskret umgesetzt werden, wenn mit einer Abtast-Halte-Schaltung (sample & hold) der jeweils letzte Momentanwert festgehalten und nach den erwähnten Verfahren digitalisiert wird. Weitere Verfahren, die Signalform bei der Prozeßzustandserfassung zu wandeln, sind z. B. Augenblickswertmessungen nach dem Wägeverfahren oder mit Stufenumsetzung.

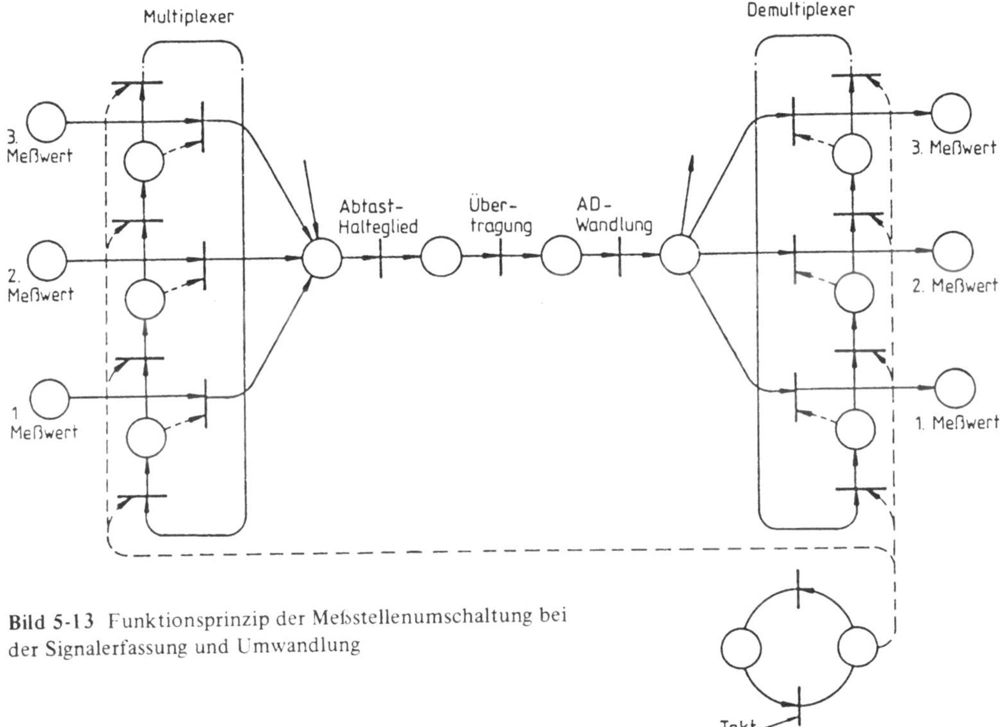

Bild 5-13 Funktionsprinzip der Meßstellenumschaltung bei der Signalerfassung und Umwandlung

5.5.2 Meßstellenumschaltung

Erwähnt werden muß in diesem Zusammenhang noch die Meßstellenumschaltung. Bei einer Vielzahl von Meßstellen, deren Meßwerte in einer Verarbeitungseinheit benötigt werden, lassen sich Übertragungswege und/oder Umsetzer einsparen, wenn bereits am Meßort die analogen Momentanmeßwerte nacheinander abgetastet und dann seriell über einen Kanal zur Steuerungseinrichtung übertragen werden. Die Signalwerte können am Sende- oder Empfangsort digitalisiert werden. Am Empfangsort müssen die Informationen dann wieder richtig zugeordnet werden (Bild 5-13). Hierzu können Multiplexer und Demultiplexer an Meß- und Empfangsseite als technische Einrichtungen verwendet werden.

5.5.3 Digital-Analog-Umwandlung (DAU)

Können Stellglieder im Prozeß nicht unmittelbar mit digitalen Signalen angesteuert werden, wie dies z. B. bei Relais und Schützen in einfacher Weise mit binär codierten Signalen oder bei Schrittmotoren mit digital codierten Signalen noch möglich ist, muß eine Wandlung der digitalen in analoge Signale erfolgen.

Diese Funktion wird in der Regel durch integrierte Widerstands- oder Verstärkernetzwerke realisiert, für die es zahlreiche technische Ausführungsformen gibt [5-15]. Die Präzision der verwendeten Bauelemente bestimmt dabei die Genauigkeit der Umwandlung und ist damit eine Kostenfrage.

5.6 Prozeßsignalerfassung

Die Kopplung der Informationsverarbeitung an den Objektprozeß bedingt bei einer geschlossenen Wirkungskette auch die Erfassung der Prozeßzustände, was vom Informationsprozeß her auch als Beeinflussung seitens des Prozesses angesehen werden kann (vgl. Kap. 7.5). Die Prozeßzustandserfassung als Gegenstück der Prozeßbeeinflussung ist eine wesentliche Teilaufgabe des informationsverarbeitenden Steuerungsprozesses. Sie kann wegen der freizügig handhabbaren Informationsverarbeitung in äußerst unterschiedlicher Weise konkretisiert werden [5-16]. Hier lassen sich vier grundsätzlich verschiedene Möglichkeiten typisieren, deren Anwendung in der Hauptsache vom speziellen Einsatzfall mit seinen jeweiligen technisch-physikalischen Randbedingungen abhängt.

Entscheidend ist einmal die Dauer der im Prozeß auftretenden Zustände, die erfaßt werden müssen. Sie sind entweder längerfristig existent und können dann als statische Zustände erfaßt werden – oder die Prozeßzustände ändern sich rasch. Die Steuerung muß dann ihr dynamisches Verhalten erfassen, um auf Zustandsänderungen zu reagieren. Die andere Entscheidungskategorie teilt ein, von wem die Zustandserfassung initiiert wird: Entweder ist die Existenz eines bestimmten Zustands oder einer definierten Zustandsänderung für den Ablauf der informationellen Prozeßsteuerung maßgebend. In diesem Fall greift der Prozeß über Alarmsignale in die Steuerung ein – oder die Steuerung verlangt momentan den jeweilig vorherrschenden Prozeßzustand bzw. den aktuellen Zustandswechsel. Jetzt aktiviert die Steuerung die Zustandserfassung, indem sie von sich aus Zustandssignale abfragt.

Aus diesen beiden unterschiedlichen Klassifikationsmöglichkeiten mit je zwei Alternativen ergeben sich insgesamt die vier verschiedenen Kombinationsmöglichkeiten bei der Prozeßzustandserfassung. Sie sind in Tabelle 5-5 zusammengefaßt.

5.6.1 Statische Zustandssignale

Hier fordert die Prozeßsteuerung zu regelmäßigen oder von ihr definierten Zeitpunkten Informationen aus dem Prozeß an, um daraufhin bestimmte Vorgänge auszuführen (Bild 5-14). Das ist nur dann sinnvoll, wenn die Anforderungsrate der Prozeßsteuerung über der Änderungsrate der betrachteten Prozeßzustände liegt, d. h.

$$1/T_S > 1/T_P \quad , \tag{5-8}$$

um auch alle relevanten Prozeßzustände zu erfassen und nicht während einer Zustandsänderung zuzugreifen. Hier klingt die im Abtasttheorem enthaltene Bedingung an, daß

Tabelle 5-5 Signaltypen bei den einzelnen Kombinationsmöglichkeiten der Prozeßzustandserfassung

Initiator der Zustandserfassung	Dauer von Prozeßzuständen	
	Längerfristig	Kurzfristig
Steuerung	statische Zustandssignale	dynamische Zustandssignale
Objektprozeß	statische Alarmsignale	dynamische Alarmsignale

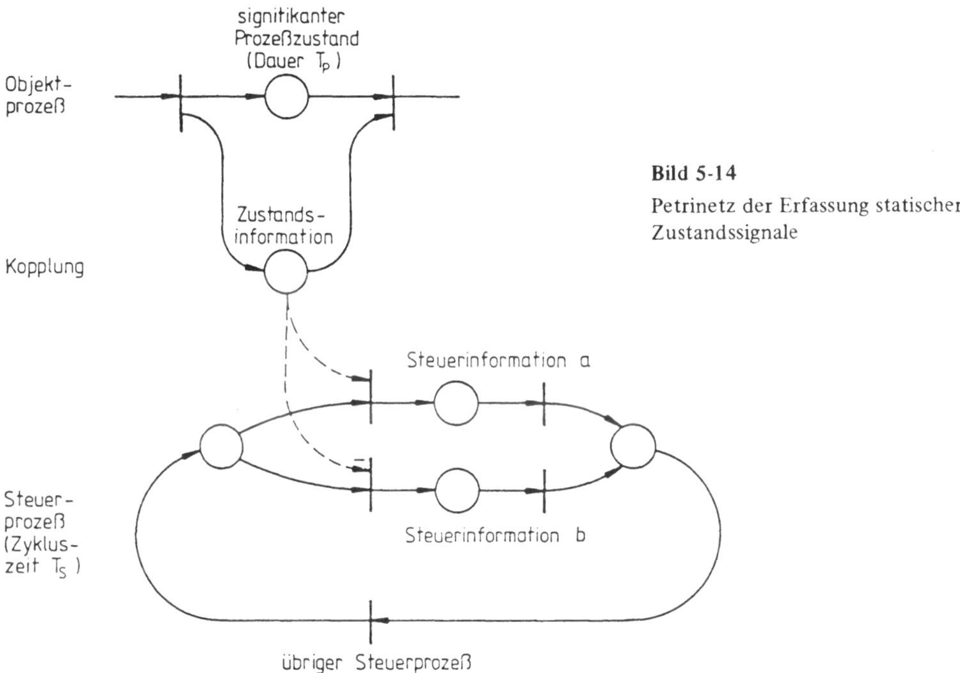

Bild 5-14
Petrinetz der Erfassung statischer Zustandssignale

mindestens zweimal während der Periode einer periodischen Zustandsänderung das Signal erfaßt werden muß, um den Signalverlauf noch rekonstruieren zu können (vgl. Kap. 5.2.2).

5.6.2 Dynamische Zustandssignale

Treten im Objektprozeß kurzfristig Zustandsänderungen auf, die auch erfaßt werden müssen, wenn die Dauer eines Prozeßzustands kleiner als die Periodendauer für seine Erfassung durch die Prozeßsteuerung ist, d. h.

$$T_P < T_S \quad , \tag{5-9}$$

können nach Zustandsänderungen Zustände von der dynamischen Signalerfassung zwischengepuffert werden, bis die Übernahme von der Prozeßsteuerung erfolgt oder der Pufferspeicher mit einer neuen Information überschrieben ist (Bild 5-15). Diese Betriebsart entspricht der eines Abtast-Haltegliedes. Währenddessen können auch schon weitere Prozeßzustände durchlaufen werden. Man erreicht dadurch eine gewisse Entkopplung und Unabhängigkeit der Vorgänge in der Steuerung von der Prozeßdynamik. Im Petrinetz für den entsprechenden Prozeß (Bild 5-15) wird die dynamische Signalerfassung jetzt durch einen Kommunikationsplatz symbolisiert.

Diese Art der Zustandserfassung ist dann zweckmäßig, wenn auch kurzfristige Ereignisse im Prozeß erfaßt werden müssen, für deren Erfassung der Steuerungsprozeß nicht schnell genug ist oder eine schritthaltende Arbeitsweise nicht erforderlich ist und wo in beiden Fällen keine spezielle und unmittelbare Reaktion der Steuerung geboten ist.

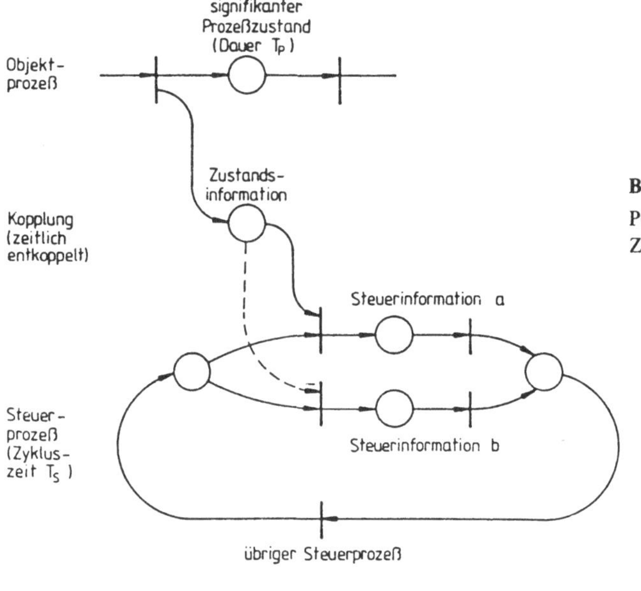

Bild 5-15

Petrinetz der Erfassung dynamischer Zustandssignale

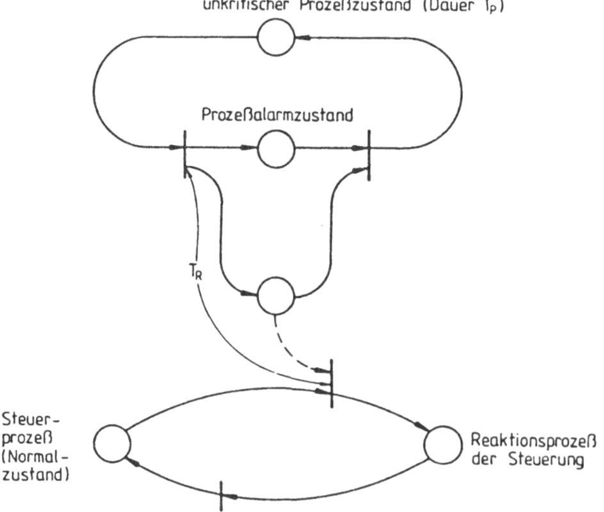

Bild 5-16

Petrinetz der Erfassung statischer Alarmsignale

5.6.3 Statische Alarmsignale

Gemäß der Definition, durch Alarmsignale steuernd in den Ablauf der Informationsverarbeitung einzugreifen, dienen statische Alarmsignale zur Signalisierung längerfristig andauernder, insbesondere binärer Zustände (Bild 5-16). Diese Art erweitert insbesondere die Möglichkeiten zur Auswertung und Abfrage von Prozeßsignalen

1. durch Wegfall der zyklischen Abfrage (Periode T_S) bei seltenen Zuständen im Prozeß (zeitlicher Abstand T_P) oder

2. um bei Eintreten solcher Zustände unmittelbar eine Reaktion der Steuerung zu veranlassen (Reaktionszeit T_R), d. h.

$$T_P \gg T_S > T_R \tag{5-10}$$

oder

3. wenn während bestimmter Zustände im Prozeß keine Zustandserfassung möglich ist.

Hier werden z. B. Grenzwertüberschreitung oder Gefahrenzustände gemeldet. Eine wichtige Aufgabe ist dabei auch, jederzeit über die statisch anstehenden Meldungen verfügen zu können, um z. B. beim Aufrüsten oder bei Wiederanlauf der Prozeßsteuerung nach einer Störung auf alle relevanten Prozeßzustände von außen zurückgreifen zu können.

5.6.4 Dynamische Alarmsignale

Informationsparameter eines dynamischen Alarmsignals ist der zeitliche Ereignispunkt eines bestimmten Zustandswechsels, der ohne Umschweife bestimmte Reaktionen (Reaktionszeit T_R) von der Prozeßsteuerung abverlangt, z. B. wenn der Druck in einem Kessel einen zulässigen Wert überschreitet. Bild 5-17 zeigt ein Petrinetz, das das Prinzip der Reaktion der Steuerung auf dynamische Alarmsignale veranschaulicht. Die für die statische Zustandserfassung genannten Verbesserungen und zeitlichen Relationen bei der Erfassung von Prozeßsignalen gelten hier auch. Derart von außen in den Ablauf der Prozeßsteuerung eingreifen zu können, geht wesentlich über die Prozeßbeobachtung durch die Erfassung von Zustandssignalen hinaus und erfordert deshalb geeignete Mechanismen zur prozeßzustandsabhängigen Steuerung der Informationsabläufe, wie sie in Kap. 8.5.3 ausführlicher beschrieben werden.

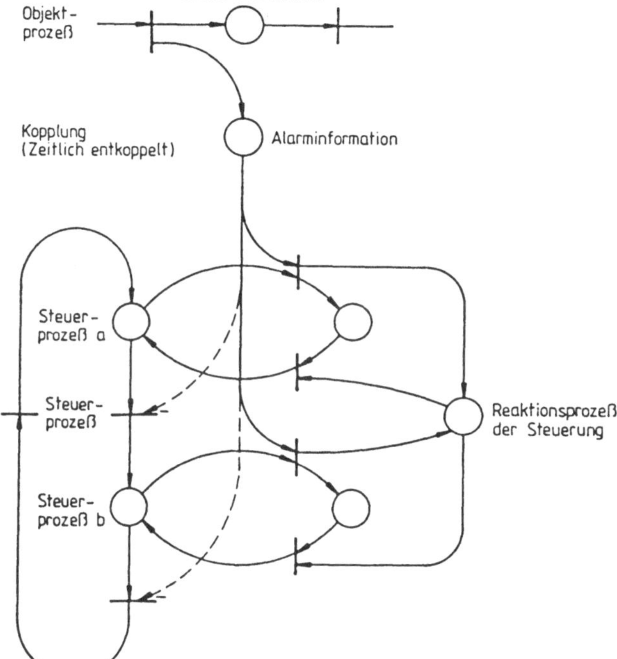

Bild 5-17
Petrinetz der Erfassung dynamischer Alarmsignale

5.6.5 Anwendungsbeispiel

Wenn die Initiative zur Erfassung von Prozeßsignalen von der Prozeßsteuerung ausgeht, ist ein Zugriff, während sich der Prozeß oder der Meßzustand gerade ändert, problematisch. Dieser Fall kommt z. B. bei Analog-Digital-Umsetzern mit statischer Signalerfassung oder der dynamischen mit Abtasthalteglied vor [5-17], oder wenn ein Zähler zur Speicherung (statisch) oder Summierung kurzfristiger Zustandsänderungen (dynamisch) verwendet wird. In solchen Fällen würde ein Zugriff während der endlichen Wandlungs- bzw. Abspeicherphase eine Informationsverfälschung bewirken, wie das Petrinetz Bild 5-18a zeigt. Deshalb ist es notwendig, die von der Steuerung aktivierte Signalerfassung an die Ablauffolge der Meßsignalzustände anzupassen, d. h. beide Vorgänge zu synchronisieren. Hierfür gibt es mehrere Möglichkeiten.

Soll ein Meßsignal unmittelbar nach seiner Anforderung erfaßt werden, muß eine erneute Signalumwandlung unterdrückt werden oder diese abgeschlossen sein. Die zugehörige Steuerung ist im Petrinetz Bild 5-18b veranschaulicht. Dafür ist eine wechselseitige Kommunikation erforderlich, die einigen Aufwand erfordert. Bei einer bestimmten Zustandskonstellation muß der Steuerungsprozeß auf die fertige Wandlung warten. Eine weitere Alternative (Bild 5-18c), die Vorgänge aufeinander abzustimmen, besteht darin, erst bei der Meßsignalanforderung den Umwandlungsvorgang zu starten und bei dessen Beendigung mit dem Einlesen zu beginnen. Hierbei muß allerdings die Informationsverarbeitung während der Umwandlung untätig warten. In beiden Fällen geht ein Teil der Initiative in prohibitiver Form an den Prozeß zurück, und es bedarf eines Alarms zur Anzeige der Lesebereitschaft. Die vom Aufwand für die Synchronisation einfachere Lösung erreicht man durch Einfügen eines Zwischenspeichers, mit dem das digitale Meßsignal auch während der Umsetzungsdauer festgehalten wird (Bild 5-18d). Durch eine einzige Kommunikationsverbindung von der Prozeßsteuerung kann dann eine falsche Übernahme während der Einlesephase ausgeschlossen werden.

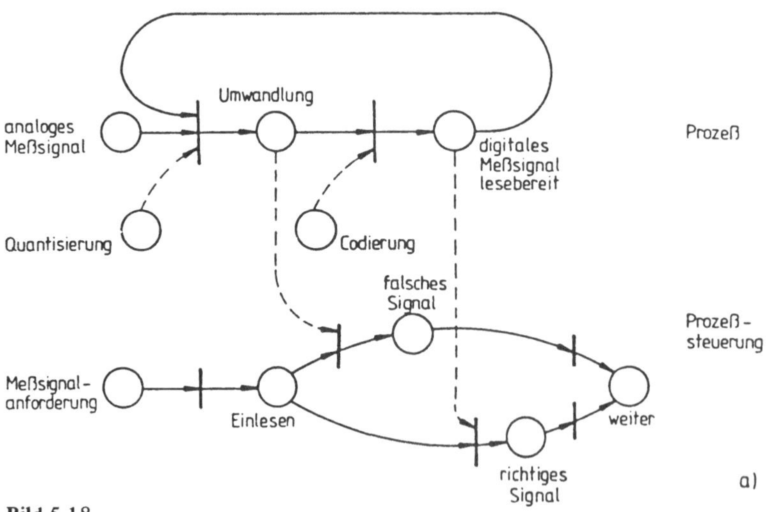

Bild 5-18

a) Petrinetz zur Erfassung von Prozeßsignalen

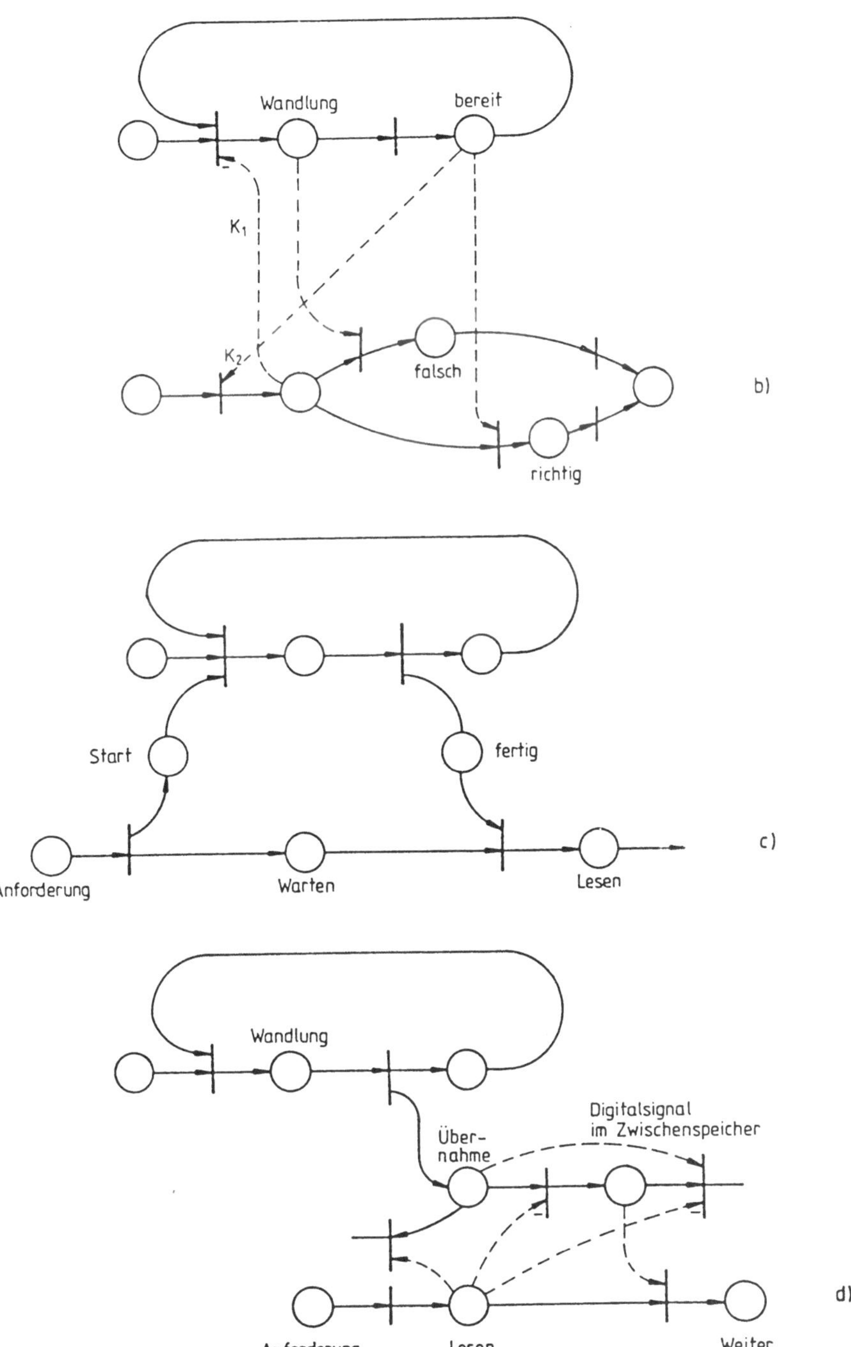

Bild 5-18

b) asynchrone Steuerung mit wechselseitigem Ausschluß

c) synchrone Steuerung mit wechselseitiger Aktivierung

d) asynchrone Steuerung mit zusätzlichem Puffer

6 Prozeßrechner

6.1 Klassische Funktionsstruktur

Die heutigen Prozeßrechner sind erweiterte technische Lösungen einer allgemeinen Universalrechnerstruktur, deren theoretische Grundlagen 1946/47 von von Neumann, Goldstine und Burks in Harvard entwickelt wurden [6-1 bis 6-4]. Mit diesem sogenannten von Neumannschen Konzept wird das Prinzip begründet, das einen Rechner von allen anderen Maschinen unterscheidet. Es besagt, daß die Funktionsstruktur eines Rechners nicht zwangsläufig seiner gerätetechnischen Ausführung entspricht und umgekehrt, und daß der Rechner seine eigentliche Aufgabe, im vorliegenden Fall die Steuerung technischer Prozesse, erst dann erfüllen kann, wenn seine internen Arbeitsabläufe durch entsprechende Informationen gesteuert werden. In dieser Steuerinformation, dem Programm, hat die zielgerichtete Beeinflussung ihren dauerhaften Niederschlag gefunden. Aus der Programmausführung gehen Informationen hervor, wie der jeweilige Zustand des Objektprozesses zu beeinflussen ist. Das Programm wird normalerweise in einer vom momentanen Prozeßgeschehen zeitlich unabhängigen und ihm vorausgehenden Entwurfsphase realisiert. Erst im Zusammenspiel einer anwendungsunabhängigen Gerätetechnik mit der anwendungsspezifischen strukturellen Steuerungsinformation und der momentanen Zustandsinformation führt der Rechner die beabsichtigte Aufgabe aus.

Das von Neumannsche Konzept beinhaltet die Rahmenbedingungen für die Elemente und die Struktur eines Rechners, d. h. seine Architektur im Sinne einer hinreichenden Bedingung. Im einzelnen enthält das Neumannsche Konzept folgende Punkte:

- Ein Rechner besteht aus den vier verschiedenen Grundelementen Speicher, Eingabe-Ausgabe, Steuerwerk und Rechenwerk, die untereinander in Wechselwirkung stehen.
- In einem Speicher stehen Informationen in binär codierter Signalform als Voraussetzung oder als Ergebnis von Berechnungen, die in numerischen Ausdrücken formuliert werden können. Daneben werden Steuerinformationen selbst, nach denen eine Berechnung numerischer Ausdrücke abzulaufen hat, ebenfalls in binärer digitaler Codierung, d. h. als Binärzahlmuster, dort abgespeichert.
- Der unmittelbare Kontakt mit dem Menschen als Bediener (und Nutzer) erfolgt durch Informationsaustausch und -darstellung über die Ein- und Ausgabeelemente.

Die beiden letztgenannten Elemente einer universellen Rechnerstruktur dienen in erster Linie zum Speichern und Weiterleiten von Information; sie können als Kanäle eines Rechner-Instanzennetzes aufgefaßt werden. Die aktiven Teile, für Umwandlung und Verarbeitung von Information zuständig, sind Steuerwerk und Rechenwerk.

- Das Steuer- oder Leitwerk interpretiert die Steuerinformation und steuert nach Arbeitsbeginn den Ablauf der numerischen Berechnungen mit allen dazu erforderlichen Aktionen selbsttätig.

- Arithmetische und logische Operationen innerhalb der einzelnen Berechnungen werden in einem speziellen Rechenwerk ausgeführt, welches im Interesse kurzer Ausführungszeiten eine leistungsfähige und schnelle Bearbeitung ermöglichen soll.

Funktional gesehen läuft im Rechner somit ein gesteuerter, automatischer Prozeß ab (vgl. 2.4), dessen Initialzustand (Information) mittels einer geeigneten Steuerung und Bearbeitung (Steuerwerk und Rechenwerk) zielgerichtet (nach Maßgabe der im Programm gespeicherten Steuerinformation) selbsttätig beeinflußt wird, wodurch ein gerichteter Übergang in einen Folgezustand (Information) stattfindet (Bild 6-1).

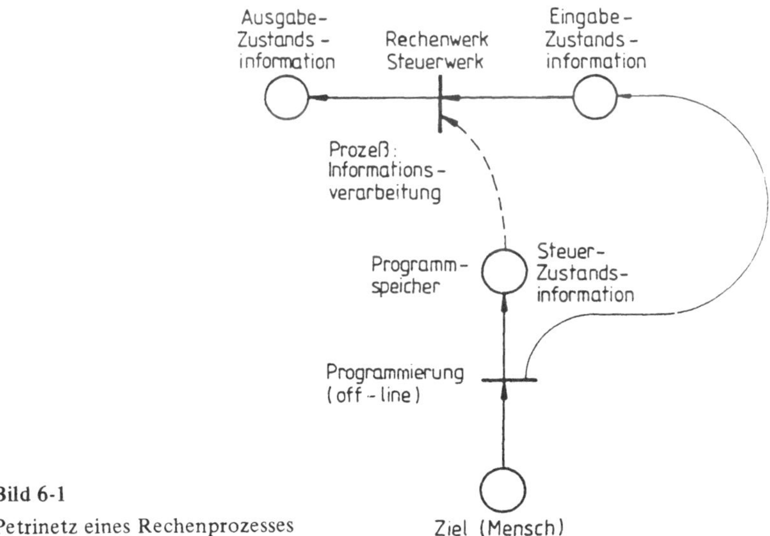

Bild 6-1
Petrinetz eines Rechenprozesses

Bei der Anwendung eines Rechners zur Steuerung technischer Prozesse ist das von Neumannsche Konzept in zwei Punkten zu erweitern:

- Um eine geschlossene Prozeßkopplung im on-line-Betrieb zu verwirklichen, sind Ein- und Ausgabeelemente für direkten Anschluß an die Prozeßzustandserfassung wie die Prozeßzustandsbeeinflussung erforderlich. Dafür braucht der Rechner geeignete Schnittstellen zum technischen Objektprozeß, um Zustandsinformationen über binärdigitale elektrische Signale auszutauschen.
- Eine schritthaltende, d. h. zeitlich unverzögerte Erfassung von Prozeßsignalen erfordert über die vom Rechner initiierte Prozeßzustandserfassung hinaus auch die Möglichkeit, seitens des Prozesses direkt in die Steuerung der Informationsverarbeitung (vgl. 5.6) einzugreifen. Neben der Steuerung durch die bereits vor Arbeitsbeginn a priori abgespeicherten Informationen der Programmstruktur müssen daher die Aktivitäten des Steuerwerks auch von außen durch Alarmsignale aus dem Objektprozeß beeinflußbar sein – eine für die Prozeßrechentechnik charakteristische, jedoch zugleich problematische Eigenschaft.

Das Petrinetz für den Rechenprozeß Bild 6-1 erfährt damit die in Bild 6-2 dargestellte Erweiterung zu einer allgemein gültigen Darstellung für die Prozeßsteuerung mit Rechnern.

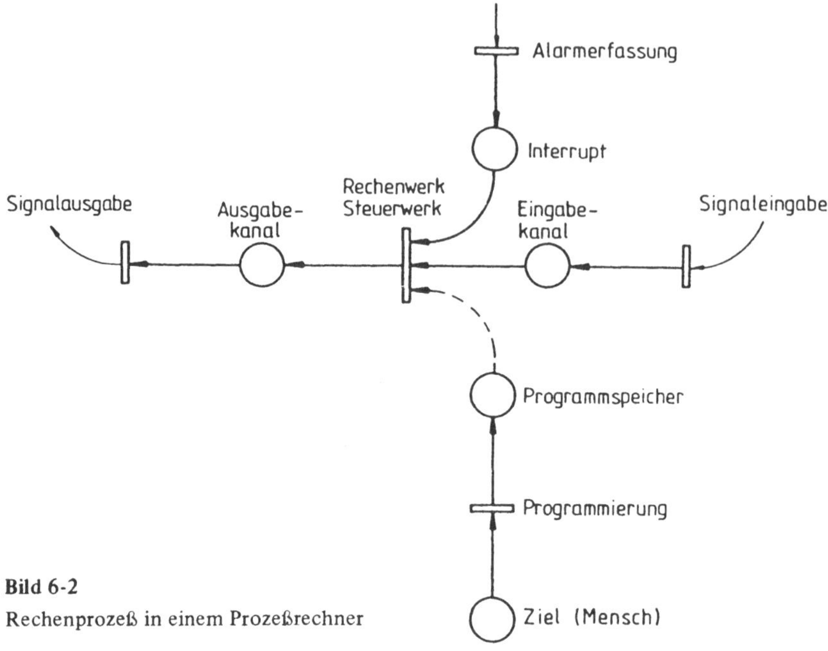

Bild 6-2
Rechenprozeß in einem Prozeßrechner

Dem von Neumannschen Konzept folgend kann die allgemeine Funktionsstruktur (Bild 6-1) in einem weiteren Detaillierungsschritt in Form eines Instanzennetzes verfeinert werden, in dem jetzt alle vier Grundelemente einzeln anzutreffen sind (Bild 6-3a). Bei der technischen Realisierung des Konzepts stellt sich das Problem, wie der vielfältige Informationsaustausch zwischen den verarbeitenden und speichernden Elementen organisiert werden kann. Obwohl jeweils zwischen allen statischen Elementen (Speicher, Eingabe, Ausgabe) und den dynamischen Einheiten (Leitwerk, Rechenwerk) direkte Verbindungswege denkbar sind (Bild 6-3a), muß deren Koordination konzeptbedingt doch sequentiell vom Steuerwerk aus erfolgen. Der sich dabei ergebende Engpaß in der Bearbeitungsfolge, der sogenannte von Neumann-Flaschenhals, ist somit kein technisch-räumliches, sondern ein funktionales und organisatorisches Problem. Hier ist ein gemeinsamer Datenkanal (Bus) die ökonomische Lösung mit minimalem Aufwand an Hardware (Bild 6-3b), die man aus Bild 6-3a durch Anwendung des Dekompositionsprinzips und Weglassen der Verbindungen E-R, R-A, E-S, S-A erhält.

6.2 Gerätetechnische Komponenten

Die in Bild 6-3b dargestellte Funktionsstruktur ist die Grundlage für den gerätetechnischen Aufbau der am meisten eingesetzten Rechnersysteme. Bild 6-4 zeigt zur Veranschaulichung ein Blockschaltbild eines flexibel gestaltbaren Mikrorechnersystems mit hierfür verfügbaren Hardware-Komponenten [6-5].

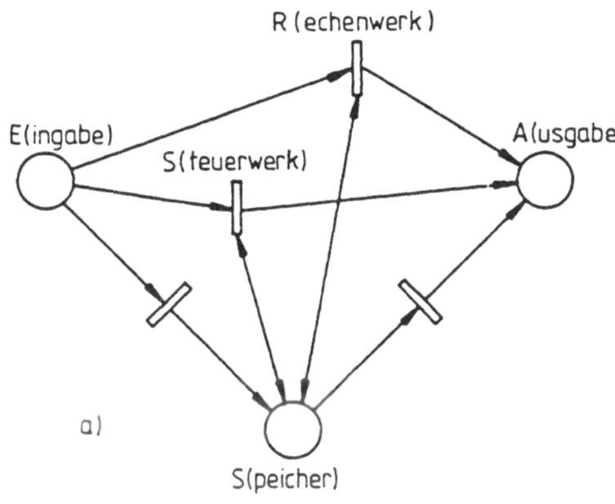

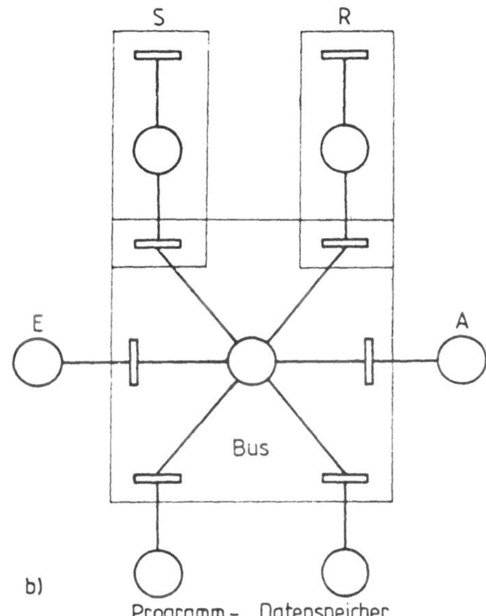

Bild 6-3 Instanzennetz der Funktionsstruktur eines Universalrechners
a) mit technisch möglicher
b) funktional bedingter und ökonomisch günstiger Verbindungsstruktur

6.2.1 Zentralprozessor

Da die Aktivitäten des Steuerwerks und des Rechenwerks in enger gegenseitiger Wechselwirkung – verglichen zu Speicher und Ein- bzw. Ausgabeelementen – stehen, sind in der technischen Ausführung diese beiden Instanzen in der Zentraleinheit, dem Zentralprozessor, als Herz des ganzen Geräts – oft auch schaltungstechnisch in einem gemeinsamen Baustein, dem Mikroprozessorchip – integriert. Bild 6-5 zeigt ein Instanzennetz eines typischen Mikroprozessors.

Zum schnellen Austausch von Informationen zwischen diesen zentralen Instanzen und zur kurzfristigen Speicherung von Informationen kann der Zentralprozessor mehrere Register enthalten, die direkt angesprochen, d. h. adressiert werden und ihre Inhalte austauschen können. Dafür ist oft noch ein prozessorinterner Datenkanal (Prozessorbus) vorgesehen. In den Registern werden Befehle als Steuerinformation zur Ausführung von Berechnungen und weiterer Aktivitäten prozessorinterner Instanzen gespeichert, numerische Daten als Eingangsinformationen für Operationen des Rechenwerks oder Daten mit dessen Rechenergebnissen gespeichert oder zwischengepuffert, Adressen von Speicherplätzen außerhalb des Zentralprozessors, in denen Befehle, Daten oder andere Adressen stehen, gespeichert, digitale Zustandsinformationen gespeichert, die spezielle Ergebnisse von Rechenoperationen oder bestimmte Zustände des Steuerwerks oder Anforderungen an dasselbe signalisieren.

Bild 6-6 zeigt in Form von Petrinetzen auf verschiedenen Dekompositionsebenen die Aktivitäten des Steuerwerks bei der Programmbearbeitung. Das Programm ist aus Anweisungen zusammengesetzt, die nacheinander abgearbeitet werden. Anweisungen sind Befehlsfolgen, die wiederum aus Befehlen und Operanden bestehen. Trotz der unterschiedlichen funktionalen Bedeutung der einzelnen Befehle ist der formale Ablauf zu ihrer

SMP Systemstruktur

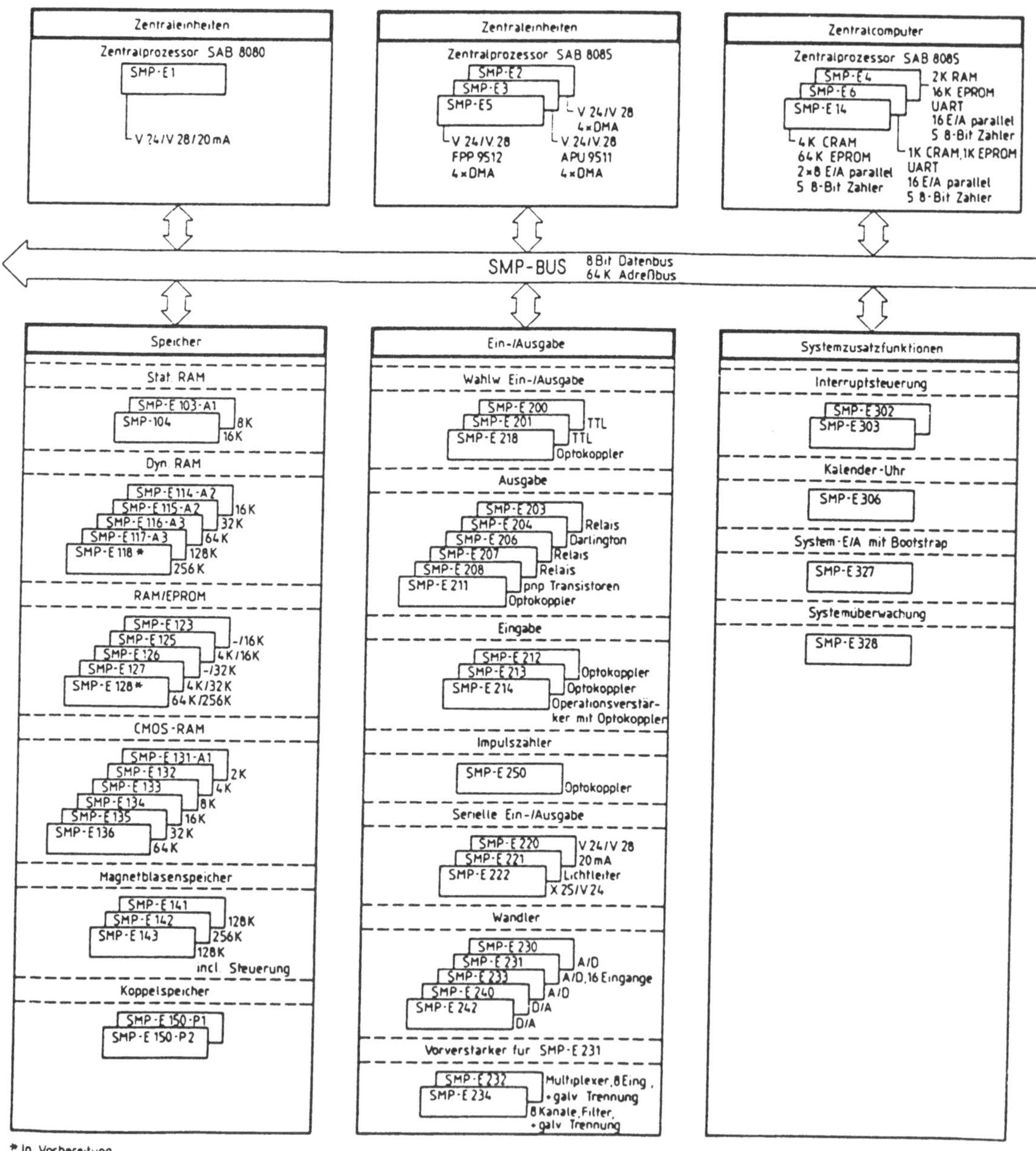

Bild 6-4 Blockschaltbild der Gerätekomponenten eines Mikrorechnersystems

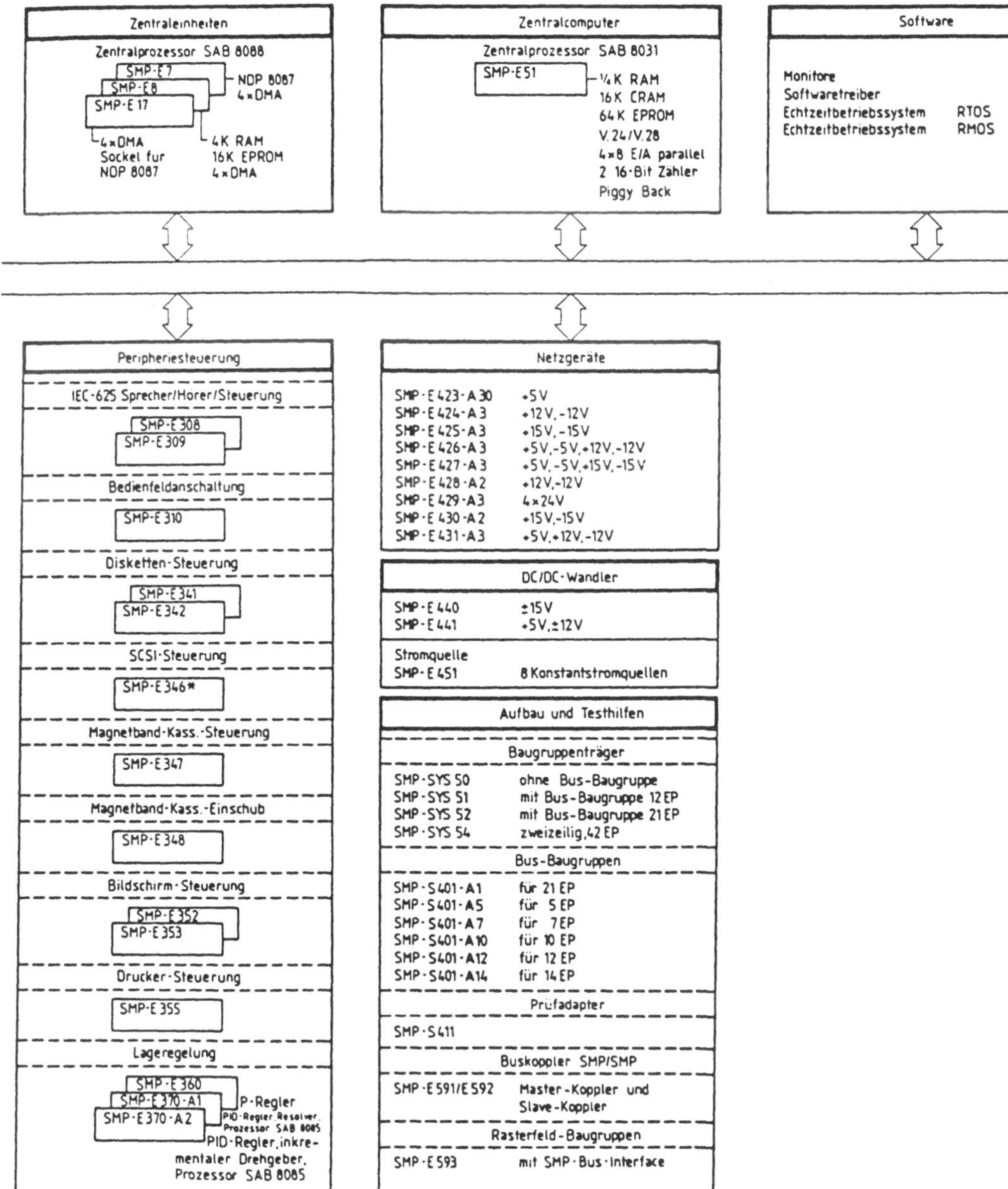
Zentraleinheiten
Zentralprozessor SAB 8088
SMP-E 7
SMP-E 8
SMP-E 17
NDP 8087
4×DMA
4×DMA
Sockel für
NDP 8087
4K RAM
16K EPROM
4×DMA
Zentralcomputer
Zentralprozessor SAB 8031
SMP-E 51
¼K RAM
16K CRAM
64K EPROM
V.24/V.28
4×8 E/A parallel
2 16-Bit Zähler
Piggy Back
Software
Monitore
Softwaretreiber
Echtzeitbetriebssystem RTOS
Echtzeitbetriebssystem RMOS
Peripheriesteuerung
IEC-625 Sprecher/Hörer/Steuerung
SMP-E 308
SMP-E 309
Bedienfeldanschaltung
SMP-E 310
Disketten-Steuerung
SMP-E 341
SMP-E 342
SCSI-Steuerung
SMP-E 346*
Magnetband-Kass.-Steuerung
SMP-E 347
Magnetband-Kass.-Einschub
SMP-E 348
Bildschirm-Steuerung
SMP-E 352
SMP-E 353
Drucker-Steuerung
SMP-E 355
Lageregelung
SMP-E 360
SMP-E 370-A1
SMP-E 370-A2
P-Regler
PID-Regler Resolver, Prozessor SAB 8085
PID-Regler, inkrementaler Drehgeber, Prozessor SAB 8085
Netzgeräte
SMP-E 423-A 30 +5V
SMP-E 424-A 3 +12V, -12V
SMP-E 425-A 3 +15V, -15V
SMP-E 426-A 3 +5V, -5V, +12V, -12V
SMP-E 427-A 3 +5V, -5V, +15V, -15V
SMP-E 428-A 2 +12V, -12V
SMP-E 429-A 3 4×24V
SMP-E 430-A 2 +15V, -15V
SMP-E 431-A 3 +5V, +12V, -12V
DC/DC-Wandler
SMP-E 440 ±15V
SMP-E 441 +5V, ±12V
Stromquelle
SMP-E 451 8 Konstantstromquellen
Aufbau und Testhilfen
Baugruppenträger
SMP-SYS 50 ohne Bus-Baugruppe
SMP-SYS 51 mit Bus-Baugruppe 12 EP
SMP-SYS 52 mit Bus-Baugruppe 21 EP
SMP-SYS 54 zweizeilig, 42 EP
Bus-Baugruppen
SMP-S401-A1 für 21 EP
SMP-S401-A5 für 5 EP
SMP-S401-A7 für 7 EP
SMP-S401-A10 für 10 EP
SMP-S401-A12 für 12 EP
SMP-S401-A14 für 14 EP
Prüfadapter
SMP-S411
Buskoppler SMP/SMP
SMP-E 591/E 592 Master-Koppler und Slave-Koppler
Rasterfeld-Baugruppen
SMP-E 593 mit SMP-Bus-Interface

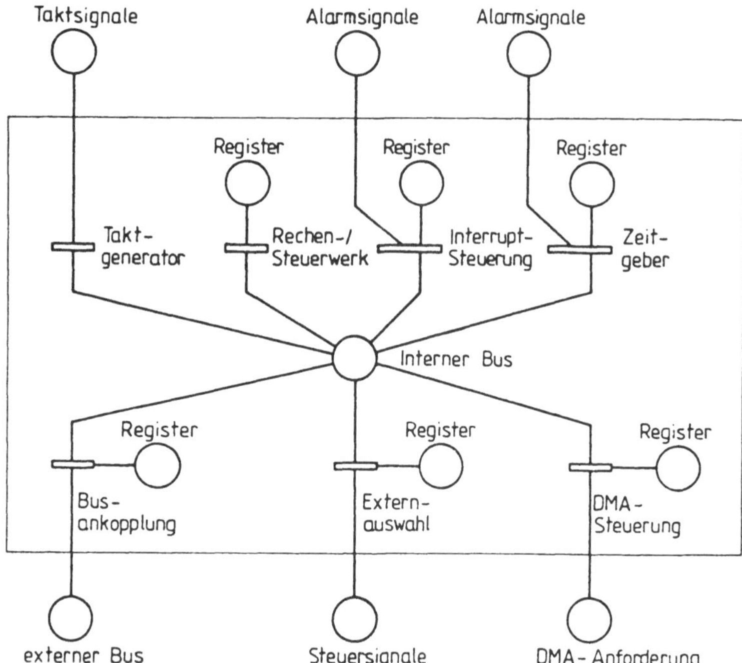

Bild 6-5 Instanzennetze eines Mikroprozessors

Bearbeitung immer ähnlich. Er setzt sich aus immer wiederkehrenden Operationszyklen zusammen, die grundsätzlich aus folgenden Schritten bestehen: Abruf des nächsten aktuellen Befehls aus dem Speicher, seine Überführung ins Befehlsregister, Interpretation des Befehls durch den Befehlsdekodierer und Ausführung des entschlüsselten Befehls.

Innerhalb der Operationszyklen werden der jeweilige im Befehlsregister des Steuerwerks befindliche Befehl interpretiert und seiner Codierung entsprechend Steuersignale zu internen und externen Instanzen ausgesendet. Je nach Art des Befehls werden für die Ausführung mehr oder weniger Schritte benötigt. Durch die auf einen starren quarzstabilen Zeittakt bezogenen Arbeitsschritte wird auch gewährleistet, daß die richtige Information zum richtigen Zeitpunkt an der richtigen Stelle verarbeitet oder dorthin übermittelt wird, ohne daß ein Quittungsbetrieb erforderlich ist. Damit läßt sich auch für jede Befehlsfolge eine bestimmte – von der Taktfrequenz festgelegte – feste Bearbeitungszeit angeben. Je nach Typ des verwendeten Rechners und nach Befehlstyp variiert die Ausführungsdauer derzeit im Bereich zwischen einigen hundert Nano- und einigen zehn Mikrosekunden, wobei die untere Grenze ständig fällt.

Eine Möglichkeit, die Arbeitsgeschwindigkeit des Zentralprozessors zu erhöhen, besteht darin, in einer Befehlsfolge die vier einzelnen Standardschritte, die jeweils in unabhängigen Instanzen bearbeitet werden, zeitlich überlappend auszuführen [6-3]. Diese Art der fließenden Bearbeitung (pipelining) enthält das Petrinetz Bild 6-6 im Ansatz, wenn man von der Taktung absieht.

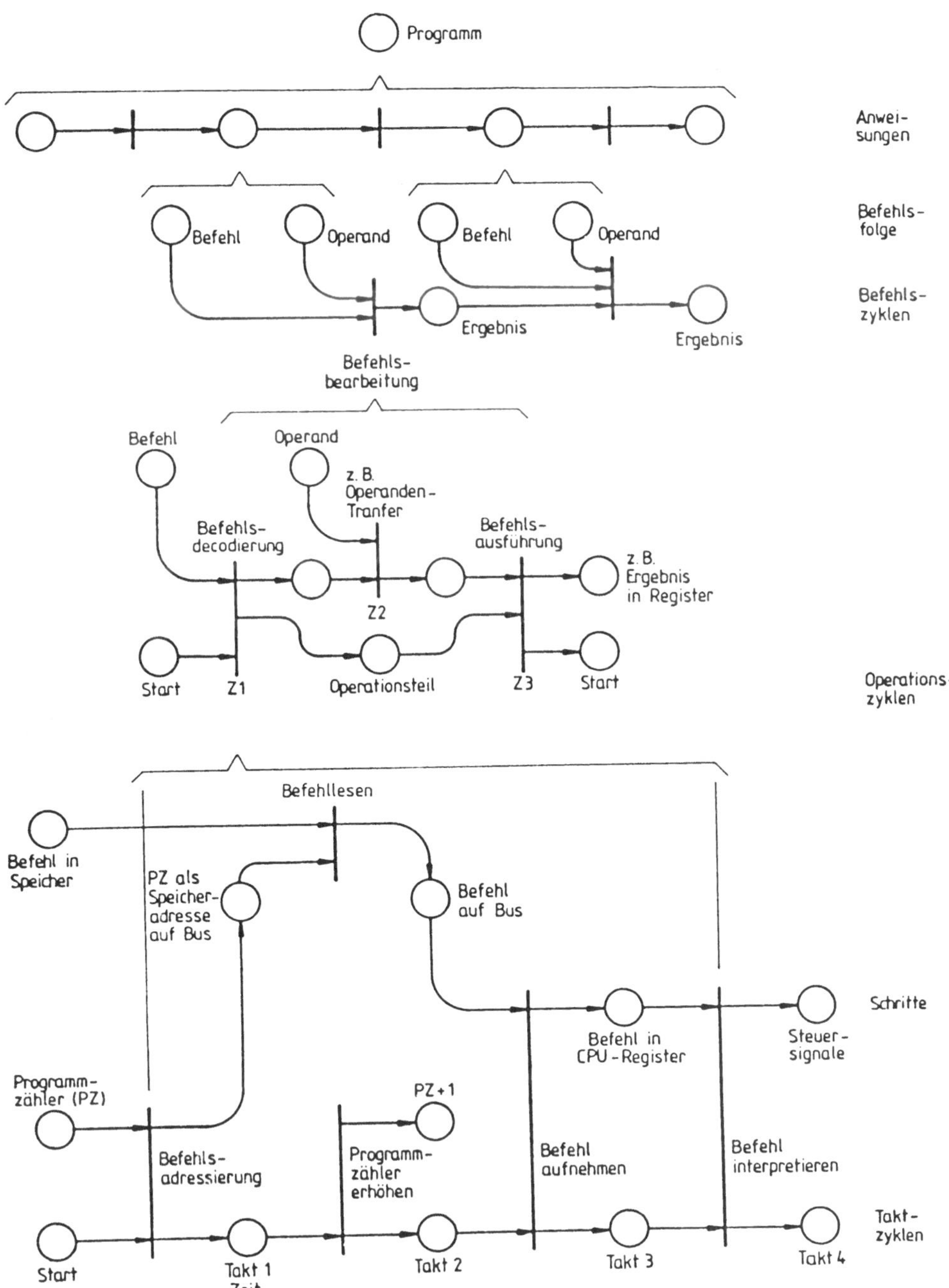

Bild 6-6 Ablauf der Programmbearbeitung als Petrinetz

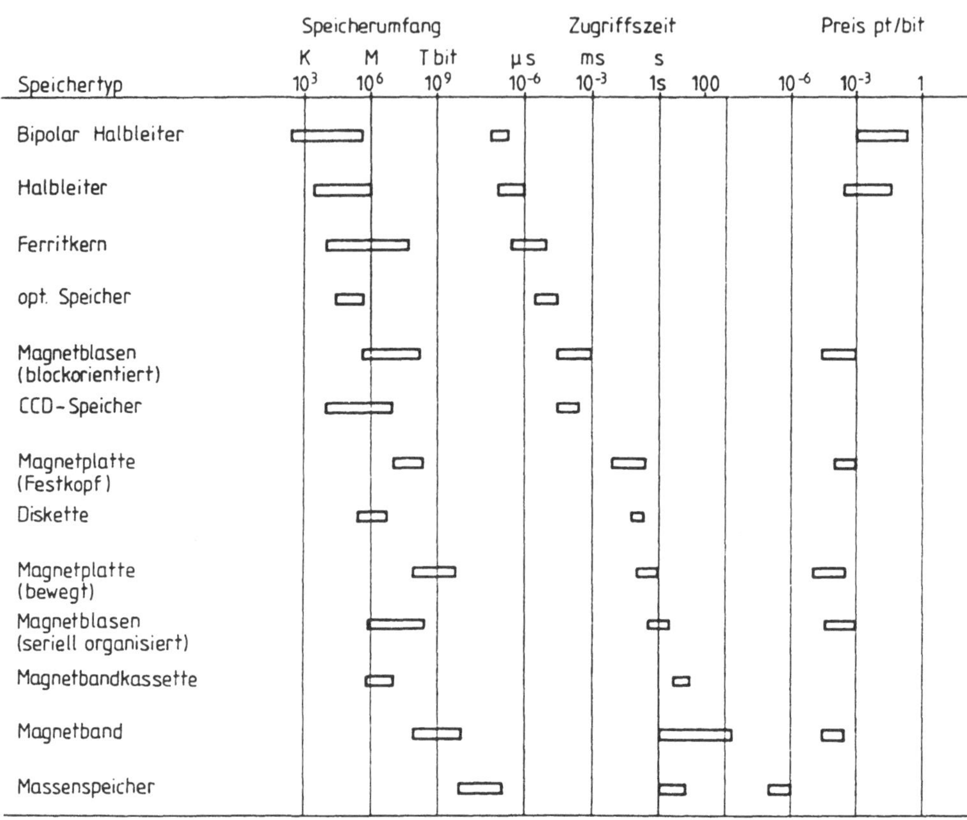

Bild 6-7 Merkmale verschiedener Speichermedien

6.2.2 Speicher- und Versorgungseinrichtungen

Außer der relativ geringen Zahl von Speicherplätzen innerhalb der Zentraleinheit ist zur kurz- oder längerfristigen Speicherung des Programms, das der Rechner ausführen soll, sowie zum Speichern von Daten, die bei der Programmbearbeitung als Rechenergebnisse entstehen oder von externen Eingabekanälen gemeldet werden, zusätzlicher Speicherplatz größeren Umfangs notwendig. Dafür stehen eine Vielzahl unterschiedlicher Geräte zur Verfügung, die sich aufgrund ihres Speichermediums und physikalischen Prinzips, ihres konstruktiven Aufbaus und ihres technischen Reifegrades in der Speicherkapazität je Einheit, der Zugriffszeit auf eine abgespeicherte Information, der Übertragungsgeschwindigkeit und daher dem Preis je Speicherbit in charakteristischer Weise unterscheiden, wie Bild 6-7 veranschaulicht. Daraus läßt sich die Tendenz ablesen, daß eine Vergrößerung der Speicherkapazität linear mit einer Verlängerung der Zugriffszeit einhergeht, während dabei die bitbezogenen Preise auch annähernd linear fallen [6-2, 6-7].

Wegen der inzwischen auch bei monolithischen Halbleiterspeichern sehr hohen Speicherdichten und der konkurrenzlos kleinen Zugriffszeit kommt diesem Speichertyp bei Informationssystemen zur Prozeßsteuerung, insbesondere mit Mikrorechnern, aufgrund der hohen zeitlichen Anforderungen eine große Bedeutung zu.

Mit einer Speicherhierarchie aus Speichern unterschiedlicher Preis-Leistungs-Verhältnisse läßt sich durch geschickte Zuordnung und Transfermechanismen die effektive Zugriffsgeschwindigkeit steigern. Die Anordnung umfaßt dabei einen langsameren, aber umfangreicheren Sekundär- bzw. Hintergrundspeicher, einen schnelleren Haupt- bzw. Arbeitsspeicher und einen sehr schnellen, aber kleinen Speicher zwischen Arbeitsspeicher und Zentralprozessor, den Cache-Speicher. Der Cache wird blockweise mit den für die nächsten Arbeitsschritte des Zentralprozessors erwarteten Informationen geladen. Durch den blockweisen Informationstransfer erreicht man eine Anpassung der Laderate an die schrittweise „Entladung" des Cache mit der Bearbeitungsgeschwindigkeit des Zentralprozessors.

Für eine funktionstüchtige Arbeitsweise des Rechners müssen die vom Hersteller spezifizierten klimatischen, räumlichen und elektrischen Umgebungsbedingungen eingehalten werden und eine ausreichende elektrische Energieversorgung gewährleistet sein.

6.3 Architekturkonzepte verteilter Systeme

Eine naheliegende Möglichkeit, die Leistungsfähigkeit eines Rechners entscheidend zu verbessern, besteht neben der Beschleunigung des internen Funktionsablaufs durch Pipelining oder Cache-Speicher durch parallele Informationsverarbeitung in mehreren Einheiten. Diese wird durch rasche Entwicklung der Bauelemente und Verfall der Kosten begünstigt. Zur Erhöhung der Verarbeitungsgeschwindigkeit durch Vervielfachung der Verarbeitungseinheiten kommen weitere Vorteile hinzu, wie modulare Erweiterbarkeit, Verbesserung der Zuverlässigkeit und Überschaubarkeit der Programme, d. h. eine höhere Transparenz des Systems. Diese Entwicklung deckt sich mit dem Bestreben, in der Steuerungsstruktur des Prozeßsteuersystems die Funktionsstruktur des zu steuernden Objektsystems widerzuspiegeln, dem sogenannten „Funktionsrechnerkonzept" (vgl. 9.3.2).

Der in solchen Systemen erforderliche gegenseitige Informationsaustausch, d. h. die Kommunikation zwischen den verteilten Recheneinheiten, verlangt ein geeignetes technisches Verbindungssystem.

Das Verbindungssystem kann über individuelle Kanäle zwischen den einzelnen Verarbeitungseinheiten oder einen gemeinsamen Kanal (Kanalkopplung) realisiert werden, wobei die Kanäle auch Speicher beinhalten können (Speicherkopplung). Fragestellungen zum Betrieb und zur Konfiguration von verteilten Rechnersystemen werden in 8.2 bzw. Kap. 9 erörtert.

Vier verschiedene Strukturen lassen sich bei verteilten Rechnersystemen herauslösen, die im folgenden näher beschrieben werden, wobei in der Praxis selbstverständlich Mischformen auftreten.

6.3.1 Mehrprozessorsysteme

Eine erste vom Konzept des klassischen Universalrechenautomaten abweichende und darüber hinausgehende Lösung besteht in der Unterstützung des aufgrund seiner Universalität schwerfälligen Zentralprozessors durch zusätzliche, auf bestimmte Aufgaben spezialisierte und dafür leistungsfähigere *Co-Prozessoren*, die in ihrer singulären Architektur durchaus der von Neumann-Struktur entsprechen können. So werden in vielen Mikro- und Prozeßrechnersystemen beispielsweise arithmetische Funktionen, Ein- und Ausgabeverkehr, unmittelbarer Speicherzugriff (direct-memory-access, DMA) und der Busverkehr selbst von dezentralen Spezialprozessoren abgewickelt. Dabei werden die einzelnen Prozessoren an einem gemeinsamen Speicher betrieben und stehen damit in fester Kopplung. Bild 6-8 zeigt als Beispiel das Instanzennetz eines derart erweiterten Mikrorechnersystems [6-4, 6-5]. Den Anstoß zur Nutzung der Spezialprozessoren gibt der Hauptprozessor, der zentral den Ablauf der Prozeßsteuerung leitet und koordiniert.

Eine andere Möglichkeit, die Leistungsfähigkeit zu erhöhen, besteht darin, zusätzlich mehrere unabhängige Pfade zur Informationsverteilung vorzusehen, wie es das Instanzennetz Bild 6-9 schematisch darstellt. Ist in dieser Struktur der Speicher modular und der Zugriff dezentral organisiert, können z. B. Ein- und Ausgabeoperationen parallel zu

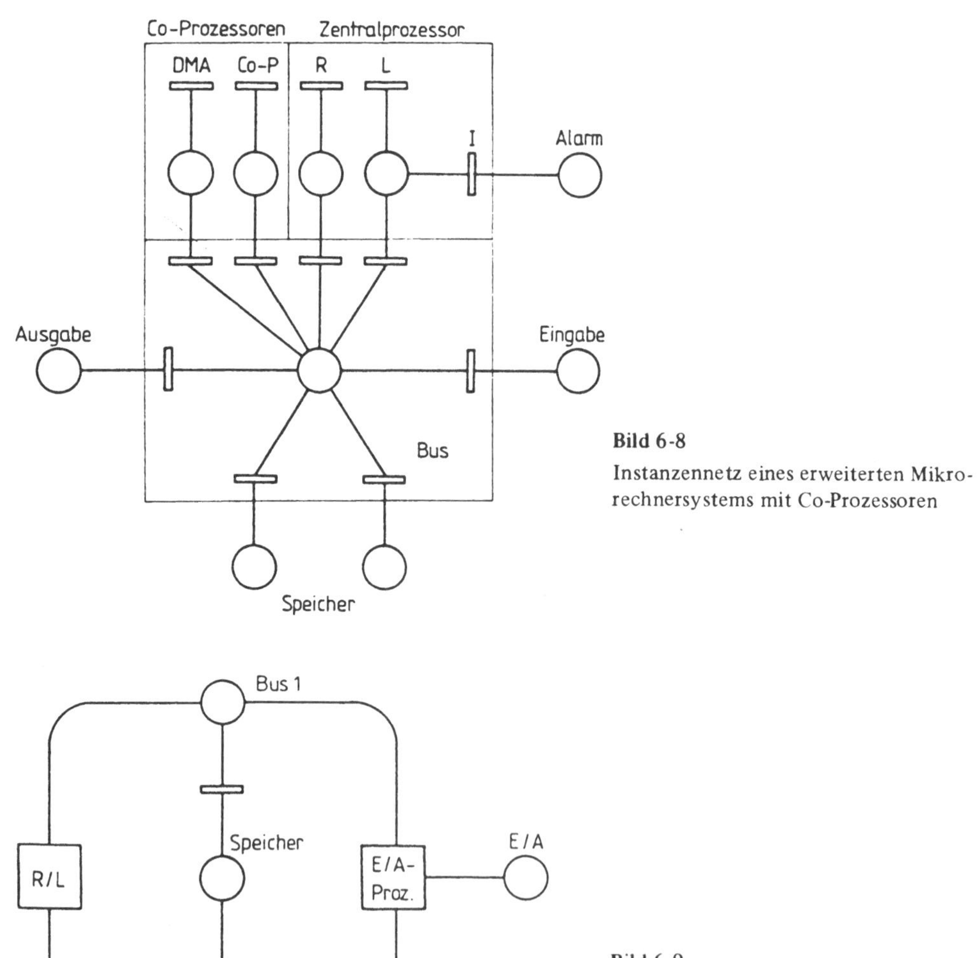

Bild 6-8
Instanzennetz eines erweiterten Mikrorechnersystems mit Co-Prozessoren

Bild 6-9
Instanzennetz eines erweiterten Mikrorechnersystems mit dezentraler Informationsübertragung (Mehr-Bus)

Zentralprozessoroperationen ausgeführt werden, ohne sich gegenseitig zu stören [6-6]. Verbindet man mehrere gleichartige Prozessoren mit gemeinsamen Speicher- und Peripherieeinheiten, liegt ein speichergekoppeltes *Multiprozessorsystem* vor. Aufgrund der festen Kopplung über das ausschließlich zentrale Verbindungsmittel gemeinsamer Speicher ist es zweckmäßig, den Betrieb eines derartigen Systems zentral von einer Instanz, z. B. von einem Prozessor, zu kontrollieren.

6.3.2 Mehrrechnersysteme

Ein System aus gleichartigen selbständigen Rechnern (Prozessoren mit Speicher und Peripherie) bilden zusammen ein *Multicomputersystem*. Das Verbindungssystem für den in einer gemeinsamen Prozeßsteuerung erforderlichen Informationsaustausch zwischen den verteilten Einheiten kann entweder über einen gemeinsamen Speicher (feste Kopplung) oder über jeweils zweiseitige Gerätekopplungen (lose Kopplung) realisiert werden.

Wegen der hier möglichen Autonomie der einzelnen Einheiten ist es nicht erforderlich, daß eine Instanz noch den Überblick über den gesamten Systemzustand hat. So können die einzelnen Einheiten ihren Betrieb dezentral abwickeln, lediglich die Kommunikation hat kooperativ zu erfolgen. Die feste Kopplung über den gemeinsamen Speicherraum verlangt dabei befehlssynchrone Datenübertragungen, was gerätetechnisch einfach zu bewerkstelligen ist. Die Datenübertragung per Gerätekopplung ist i. allg. aufwendiger. Sie verlangt wegen der Unterschiede zwischen interner Verarbeitung und E/A-Operationen eine Entkopplung beider Vorgänge.

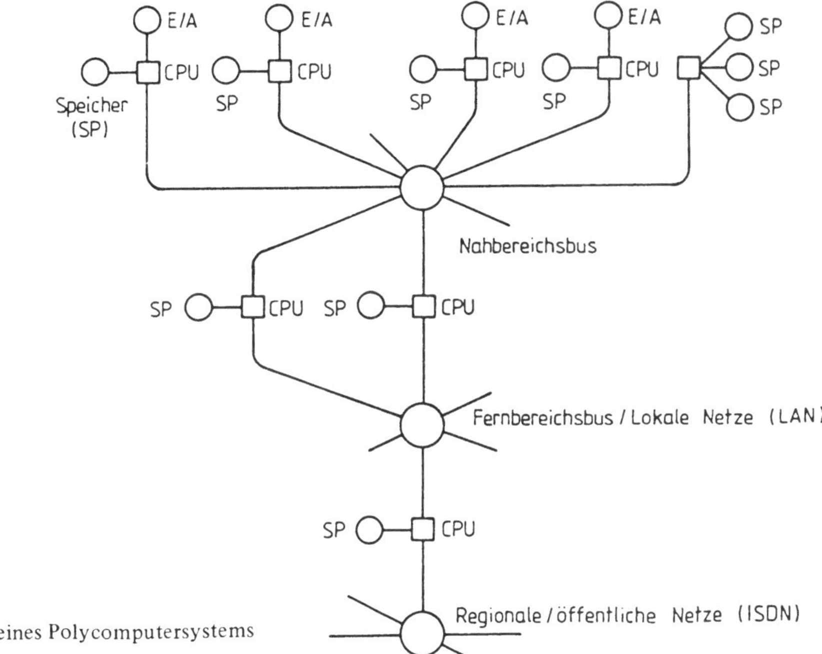

Bild 6-10
Instanzennetz eines Polycomputersystems

Da bei der Speicherkopplung alle Rechner zum gemeinsamen Speicher zugreifen können, ist es möglich, Speicherzustände unbeabsichtigt zu verändern. Das kann durch eine Zuweisung und strenge Überprüfung von Zugriffsrechten vermieden werden, was teilweise von speziellen Schaltkreisen unterstützt wird. Um Operationen auf gemeinsamen Variablen auszuführen, sind geeignete Kooperationsmechanismen gerätetechnisch oder informationell zu realisieren (vgl. 8.2).

Mehrrechnersysteme, bei denen die einzelnen Verarbeitungseinheiten eigenständige, aber unterschiedliche Rechner sind, bezeichnet man als *Polycomputersysteme* (Bild 6-10). In ihren Verbindungssystemen tritt die Speicherkopplung hinter die nicht mehr speicherfähigen Kanalkopplungen über gemeinsame Signalleitungen, die Busse, zurück, worauf in Kap. 9.4 eingegangen wird.

7 Information in Prozeßrechnern

Die Steuerung von technischen Prozessen mit Rechnern beruht auf Änderungen von Informationszuständen. Wie die Informationszustände zu ändern sind, ist in einem Programm gespeicherter Information enthalten. Implizit enthält das Programm die Menge aller Informationszustände und ihrer Verknüpfungen als Struktur eines komplexen Systems; die dynamische Folge einzelner Zustände wird durch die Bearbeitung des Programms veranlaßt und hauptsächlich durch die aktuellen Zustände des angekoppelten technischen Prozesses, durch die Gültigkeitsgrenzen von Zuständen und durch äußere Einflüsse seitens des Bedieners bestimmt. Formal läßt sich das Geschehen in einem Prozeßrechner damit wieder als zielgerichtet gesteuerter Prozeß interpretieren, bei dem es vorrangig um die Transformation von Informationszuständen in einem Informationssystem geht. Es gibt hier demnach ebenfalls duale Informationskategorien (Bild 7-1):

- Zustandsinformationen beschreiben den momentanen Zustand in diesem Informationssystem.
- Strukturinformationen beschreiben die Relationen zwischen den Zustandsinformationen, d. h. die Steuerung und den Ablauf der Übergänge zwischen den Zuständen und damit letztlich das Programm.

Semantisch gesehen können demnach die unterscheidbaren Zustände als Zeichen oder Zahlen, z. B. zur Kennzeichnung bestimmter Prozeßzustände, interpretiert werden. Sie

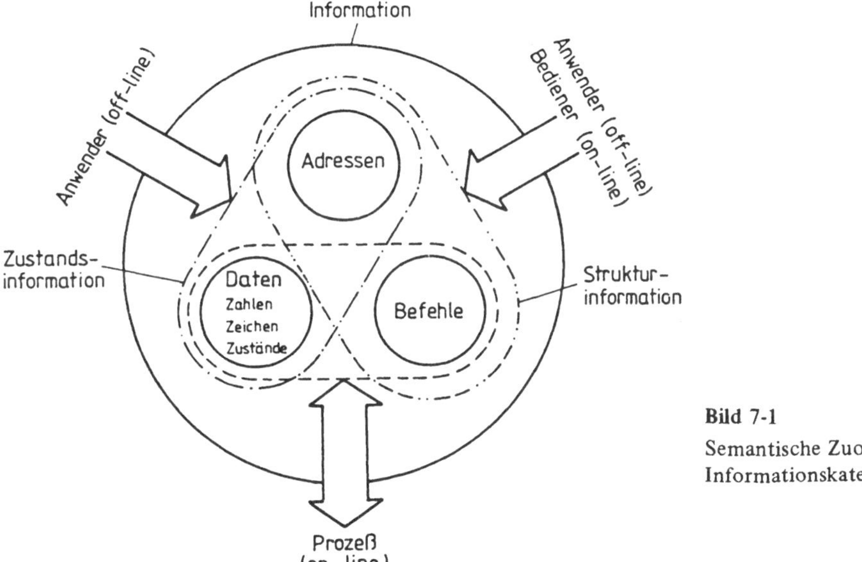

Bild 7-1
Semantische Zuordnung der Informationskategorien

werden im Steuerungssystem des Rechners den Daten unmittelbar oder mittelbar über Adressen zugeordnet. Die Relationen zwischen Zustandsinformationen, d. h. Zeichen oder Zahlen, werden im Sinne von Zuordnungen über Adressen erfaßt, im Sinne von funktionalen Veränderungen über Befehle.

Für das Programm selbst sind folgende Punkte des von Neumannschen Konzepts maßgebend [7-1]:

- Informationen werden als Dualzahlen abgebildet.
- Informationen müssen erreichbar sein, d. h. es wird eine eindeutige Adressierung von Speicherplätzen verlangt.
- Das Programm besteht aus einer geordneten Folge von Informationen, die in aufeinanderfolgenden Speicherplätzen stehen.

7.1 Informationsdarstellung

Aufgrund einfacher technischer Verwirklichung und sicher beherrschbarer Unterscheidung zweier signifikanter physikalischer Zustände werden die Informationen des Steuerungssystems aus einzelnen Binärsignalen zusammengesetzt. Semantisch gesehen können diese Binärmuster dann, wie das Mengendiagramm Bild 7-1 zeigt, als Daten, Adressen und Befehle gedeutet werden.

Bei den handelsüblichen Rechnern werden binär codierte Informationen in einem bestimmten Format dargestellt. Das Format hängt davon ab, wie viele Binärsignale, nämlich die Zahl der Stellen einer als Binärzahl codierten Information, parallel und unabhängig voneinander (intern) übermittelt und verarbeitet werden können. Üblich sind 8 oder 16 Stellen, weniger häufig in der Prozeßrechnertechnik 4-, 10-, 12-, 24- oder noch 32-stellige Formate. Die Kombinationsinformation mehrerer Formate wird als Wort bezeichnet, wenn sie direkt angesprochen werden kann.

7.1.1 Zahlen

Alle *natürlichen Zahlen* (ordinär, kardinal) sind grundsätzlich in dualer Codierung als Binärzahl darstellbar. Mit der vom Rechnertyp abhängigen Stellenzahl d der Binärzahl B können entsprechend dem Entscheidungsgehalt maximal 2^d unterscheidbare Zahlen dargestellt werden.

Damit läßt sich für bestimmte Anforderungen an Auflösung und Genauigkeit bei der Darstellung verschiedener Prozeßzustände die hinreichende Stellenzahl abschätzen. Empfehlenswert ist, das im Rechner vorgesehene Standardformat voll auszunutzen, da eine Beschränkung selten die Rechenzeit verkürzt oder Speicherplatz verringert.

Bei der Darstellung von Zahlen müssen neben den positiven, natürlichen auch negative Zahlen, d. h. die *ganzen Zahlen* (Integer), berücksichtigt werden können. Das macht man aus technischen Gründen oft, indem eine negative Zahl im sogenannten *Zweierkomplement* codiert wird.

Eine auch bei DA- und AD-Umsetzern gebräuchliche Möglichkeit, negative Zahlen zu berücksichtigen, ist die Addition einer Konstanten vom halben Wert aller darstellbaren Zahlen zur darzustellenden Zahl. Der konstante Anteil 2^{d-1} entspricht einer Verschiebung des Zahlenbereiches um den sogenannten *Binär-Offset*.

Noch anders ist die Darstellung nach *Betrag und Vorzeichen*. In d-1 Stellen wird der Betrag als binäre Ganzzahl dargestellt, das oberste Bit zeigt das Vorzeichen an. Anwendung findet diese Darstellungsart bei Analog-Digital-Umsetzern.

Reicht das rechnerinterne Format zur Darstellung der Maximalwerte oder für die zu erzielende Auflösung oder zum Auffangen der insbesondere nach numerischen Operationen auftretenden Über- oder Unterläufe nicht aus, muß man den darstellbaren Zahlenbereich ausdehnen. Das kann man einmal durch Aneinanderreihen mehrerer Einzelformate, indem man d-stellige Formate zu einer $m \cdot d$-stelligen Binärzahl als Datenwort kombiniert.

Für die getrennte Behandlung der Zahlen in den Einzelformaten ist allerdings oft zusätzlicher Programmieraufwand erforderlich. Zahlenbereich und Auflösung lassen sich damit entsprechend dem Entscheidungsgehalt exponentiell steigern, indem jetzt maximal $(2^d)^m$ unterscheidbare Zahlen dargestellt werden können. Für die Auflösung gilt entsprechend (5.2)

$$a = \frac{1}{(2^d)^m - 1} . \tag{7-1}$$

Eine andere Möglichkeit besteht darin, die darzustellende Zahl nicht mehr als ganze Zahl, sondern als *Gleitkommazahl* abzubilden. Dafür wird das Binärwort so aufgeteilt oder mehrere Worte werden so kombiniert, daß in einer Stelle das Vorzeichen, in m Stellen die Mantisse und in weiteren e Stellen der vorzeichenbehaftete ganzzahlige Exponent E der Zahl zur Basis 2 in dualer Codierung stehen. In dieser Darstellung wird die Dualzahl oft mit normalisierter Mantisse geschrieben, d.h. bei Gleitkommazahl in Binärdarstellung steht nur eine 1 oder eine 0 vor dem Komma. Der Exponent gibt dabei an, wie oft man die Zahl mit 2 multiplizieren bzw. bei negativem Exponent durch 2 dividieren muß, damit nur noch eine 1 bzw. 0 vor dem Komma steht. Wegen der begrenzten Stellenzahl kann bei der Mantisse ein möglicher Rest unberücksichtigt bleiben.

Der Maximal- bzw. Minimalbetrag einer so darstellbaren Zahl übertrifft wegen der überexponentiellen Abhängigkeit weit die Ganzzahldarstellung. Allerdings ist die Anzahl darstellbarer und unterscheidbarer Zahlen bei gleicher Stellensumme genauso hoch, was am selben Entscheidungsgehalt liegt. Dies kommt auch in Genauigkeit und Auflösung zum Ausdruck, da beide Größen im gesamten Darstellungsbereich nicht mehr – absolut gesehen – konstant sind, sondern nur noch relativ, d.h. auf den momentanen Zahlenwert bezogen. Dieser Sachverhalt führt dazu, daß bei arithmetischen Operationen von Zahlen unterschiedlicher Größenordnungen, insbesondere Addition und Subtraktion, kleine Zahlen nicht mehr berücksichtigt werden können und fehlerhafte Ergebnisse entstehen (vgl. 10.3.2). Durch Umstellung der Reihenfolge bei den Einzelberechnungen lassen sich diese Fehler manchmal erträglich vermindern.

7.1.2 Zeichen und Bitmuster

Sollen im Rechner neben den Dualzahlen als Informationstyp auch andere Bitmuster zur Informationsdarstellung benutzt werden, sind andere Codierungen erforderlich, um aus der Gesamtmenge darstellbarer Informationen eine bestimmte zu identifizieren.

Zu den Bitmustern gehören alle speziellen Zeichencodierungen. Hierzu zählen z. B. binärcodierte Dezimalzahlen (BCD), die zehn Dezimalziffern mit vier Bit darstellen. Eine andere wichtige Codierung nach Gray unterscheidet aufeinanderfolgende Zustände nur durch ein Bit, um Übergangsfehler aufzudecken oder Folgeabhängigkeiten zu sichern. Für die Kommunikation zwischen Mensch und Rechner durch Text- oder Zeichenfolgen (String) sind die alphanumerischen Zeichen von großer Bedeutung. Für diese und einige Sonderzeichen sind verschiedene Standardcodierungen, z. B. ASCII bzw. ISO 7-Bit gebräuchlich.

Manchmal ist es auch erforderlich, spezielle Bitmuster im Rechner zu erzeugen, z. B. für die effektive parallele Ansteuerung mehrerer Einzelschaltglieder über die Ausgabe eines Binärformats. Dieser Fall kommt bei der Ankopplung an elektromechanische Relaissteuerungen oder Thyristor- oder Transistorschaltungen in Stelleinrichtungen vor. Umgekehrt bringt die konzentrierte parallele Erfassung einzelner Binärzustände aus dem Prozeß bestimmte Bitkombinationen hervor, die im Rechner auszuwerten sind. Ein Beispiel dafür ist die Erfassung des Betriebszustands bei Verkehrsmitteln über Digitalsensoren für die Belegung einzelner Fahrwegabschnitte.

Die bei fast all diesen Codierungen anzutreffende Redundanz – d. h. zur Darstellung verschiedener Zeichen oder Zustände sind mehr Binärstellen vorhanden als der Entscheidungsgehalt verlangt – ist zur Störungserkennung oder sogar zur -beseitigung nutzbar.

7.2 Informationszuordnung (Adressierung)

Nach dem von Neumannschen Konzept muß Information im Rechner eindeutig erreichbar sein. Zur Lokalisierung der Information in den einzelnen Formaten dienen Adressen, die ihren Ort im Rechensystem, z. B. als Quelle oder Senke von Information, angeben. Informationen des Speichers sind durch Speicheradressen ansprechbar; Informationen, die über Eingabe- oder Ausgabegeräte in das Rechensystem ein- oder austreten, werden durch Endadressen lokalisiert.

Die Adressen werden als Dualzahlen dargestellt – oft in Kombination mehrerer Formate –, so daß eine ausreichende Anzahl unterschiedlicher Informationen, auch als einzelne Bits, einzelne Bitgruppen (z. B. Bytes) oder ganze Worte, angesprochen werden kann. Die mögliche Adressierkapazität und die tatsächlich zur Verfügung stehende Speicherkapazität sind normalerweise nicht identisch; das setzt eine sorgfältige Speicherverwaltung voraus. Um Programme schnell auszuführen und für ihre Speicherung wenig Platz zu beanspruchen, sind ein schneller Informationszugriff und eine geschickte Speicherplatzanordnung wie -ausnutzung erforderlich. Beides kann man nicht immer gleichzeitig erfüllen; mit verringerten Speicherkosten verliert aber die letzte Bedingung an Gewicht. Für eine effektive Befehlsausführung stehen verschiedene Adressierungsarten zur Verfügung.

Bei der unmittelbaren Adressierung sind der Operand oder seine Adresse unmittelbar im Befehl enthalten. Hierzu zählen die implizite, Konstanten-, direkte Register- und direkte Adressierung. Bei der mittelbaren Adressierung wird die effektive Operandenadresse aus zwei Adreßteilen berechnet, einer im Operationsobjekt des Befehls angegebenen Distanzadresse (displacement oder off-set) und einer durch den Operationsteil implizit lokalisierten Grundadresse. Hierzu gehören die relative, indizierte, indirekte und Keller-(Stack-) Adressierung.

7.3 Befehle

Befehle sind kleinste Einheiten der Steuerinformation für die Änderung von Informationszuständen im Rechner. Sie enthalten immer einen Operationsteil, der besagt, was für eine Instruktion ausgeführt werden soll. Ihm kann ein Operationsobjekt folgen. Es drückt aus, wer oder was Gegenstand der Operation ist. Meistens enthält das Objekt eine Adresse eines weiteren Operanden, eines Programmschritts oder eines Eingabe-Ausgabe-Kanals, sie kann aber auch wegfallen. Es handelt sich dann um Nulladreß-, d. h. objektlose, um Einadreß- oder Mehradreßbefehle bei mehreren Operationsobjekten. Andere Varianten sind die Belegung des Objektteils mit einer Ergänzung oder Spezifizierung des Operationsteils oder mit einer Zahl oder einem Zeichen. In der Regel beansprucht der Operationsteil ein Format, der Objektteil eines oder mehrere. Manchmal beinhaltet ein Format bereits Operationsteil und -objekt, was zu kurzen Ausführungszeiten führt, z. B. bei Register-Register-Transfer innerhalb des Zentralprozessors. Die Anzahl der Operationsteile, d. h. grundsätzlich verschiedener Befehle, ist durch das Befehlsformat nach oben begrenzt.

Trotz zahlreicher individueller Unterschiede zwischen den Befehlsvorräten verschiedener Rechner können einzelne Befehlstypen im Sinne von Elementaroperationen folgendermaßen klassifiziert werden: Transfer-, arithmetische, Verschiebe-, logische, Vergleichs-Sprung-, Zeichenbearbeitungs-, Eingabe-Ausgabe-, Organisations-, Steuerungs- und Spezialbefehle.

Die Entwicklung einer Vielzahl unterschiedlicher Einzelbefehle aus dieser überschaubaren Anzahl von Elementaroperationen vollzieht sich in einer zweistufigen Auffächerung, wie es schematisch in Bild 7-2 angedeutet ist. Durch algorithmische und kombinatorische Variationen der Elementaroperationen in der ersten Stufe entstehen die Grundbefehle, z. B. durch Variation boolescher oder arithmetischer Verknüpfungen, durch Zusatz von Inkrementieren und Dekrementieren oder durch Interpretation verschiedener Bedingungen.

Der rechnerspezifische Befehlssatz ergibt sich in der zweiten Stufe aus den Grundbefehlen durch Modifikation ihres Ablaufs, d. h. in den meisten Fällen dadurch, wie auf die Opera-

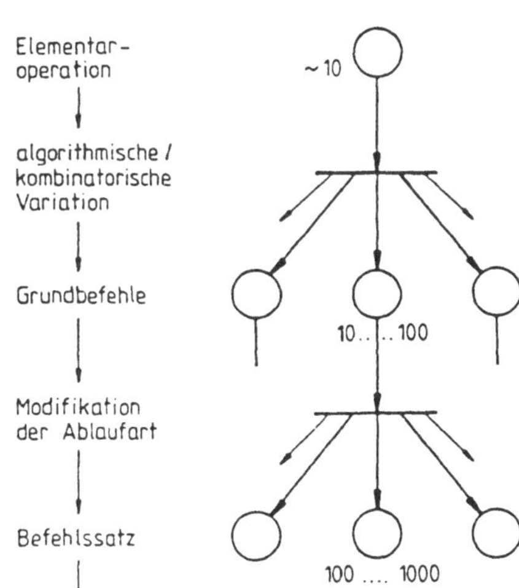

Bild 7-2
Schema zur Strukturierung eines Befehlssatzes

tionsobjekte zugegriffen wird bzw. wie sie adressiert sind. Man kommt somit zu einem Befehlsvorrat in der Größenordnung einiger hundert Instruktionen. Die Binärcodierung der einzelnen Befehle spiegelt dieses Prinzip der Organisationsstruktur wieder.

Mit der immer höheren Integrationsdichte von Mikroprozessoren wurden auch ihre Befehlssätze immer komplexer (complex instruction set computer, CISC). Jüngere Entwicklungen zeigen dagegen die umgekehrte Tendenz, durch wenige, aber extrem schnelle Elementarbefehle die Leistungsfähigkeit zu steigern (reduced instruction set computer, RISC), z. B. der Transputer von INMOS, der mit seinen 48 Befehlen 10^7 Instruktionen pro Sekunde (10 MIPS) leistet [7-7].

Für den Einsatz von Prozeßrechnern sind vor allem Eingabe- und Ausgabebefehle sowie Organisations-, Steuerungs- und Spezialbefehle wichtig, weil erst sie den Kontakt vom und zum externen Objektprozeß ermöglichen. Eingabe- und Ausgabebefehle sind erforderlich, wenn die Prozeßzustandserfassung oder -beeinflussung unmittelbar von der Informationsverarbeitung gesteuert wird. Soll die Initiative zur Steuerung vom Prozeß ausgehen, sind Befehle der letzten Kategorie zuständig. Diese Befehle behandeln die externen Alarmsignale, sie werden oft durch eine eigenständige oder prozessorinterne Interrupt-Steuerung unterstützt. Ihre unterschiedlichen Wirkungsweisen veranschaulichen die Petrinetze von Bild 7-3.

7.4 Strukturierung von Befehlsfolgen (Unterprogramme)

In seinen einzelnen Befehlsschritten wird der Ablauf eines Programms vom Steuerwerk abgewickelt. Er richtet sich nach den Steueranweisungen, die als Ergebnis des Entwurfs einer Prozeßsteuerung ohne unmittelbaren zeitlichen Zusammenhang zum Prozeßgeschehen vorab in fester Reihenfolge programmiert sind und während des Betriebs der Steuerung in ihrem Arbeitsspeicher stehen.

Zur besseren Übersicht faßt man funktional zusammenhängende Anweisungsfolgen für überschaubare Teilaufgaben zusammen. Innerhalb der Anweisungsfolgen können zwar viele Informationsobjekte erforderlich sein, die jedoch außerhalb dieser Befehlsgruppen nicht erscheinen. Wenn sich dadurch eine geringe Zahl von Informationskanälen ergibt, über die der Kontakt zu anderen Programmteilen oder zum Objektprozeß stattfindet, kann man so die Befehlsgruppen als Instanzen definieren und diese in Form von Unterprogrammen oder Prozeduren abgrenzen. Diese Betrachtung kommt blockorientierten Programmiermethoden und -sprachen entgegen und ist beim modularen Systementwurf mit z. T. mehreren Bearbeitern wegen des zwangsläufig begrenzten Informationsaustauschs von Vorteil.

Die einzelnen Unterprogramme (das gleiche gilt für Prozeduren) können dann z. B. von einem übergeordneten Programm, wenn erforderlich, oder von anderer Stelle aufgerufen werden. Den grundsätzlichen Mechanismus zum Einbinden von Unterprogrammen durch ein übergeordnetes Programm zeigt das Petrinetz Bild 7-4. Fügt man einen zusätzlichen Zustand für den inaktiven Zustand des Unterprogramms vor seinem Start bzw. nach seinem Durchlauf ein (schraffierter Bereich in Bild 7-4), so offenbart schon hier die Einbindung von Unterprogrammen das Prinzip zur Synchronisation von (zwei) Informationsprozessen.

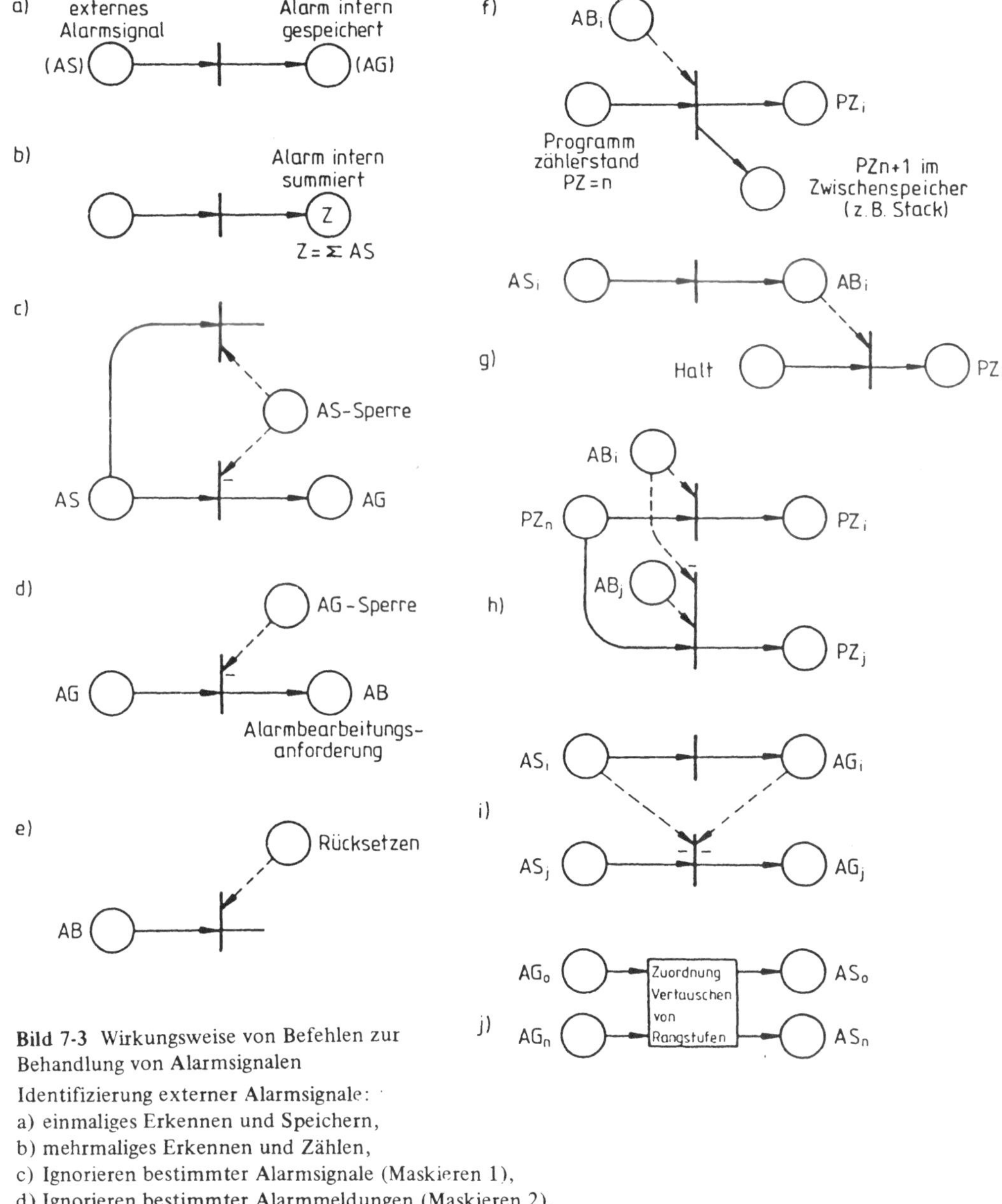

Bild 7-3 Wirkungsweise von Befehlen zur Behandlung von Alarmsignalen

Identifizierung externer Alarmsignale:
a) einmaliges Erkennen und Speichern,
b) mehrmaliges Erkennen und Zählen,
c) Ignorieren bestimmter Alarmsignale (Maskieren 1),
d) Ignorieren bestimmter Alarmmeldungen (Maskieren 2),
d) Rücksetzen gespeicherter Alarmmeldungen.

Durch externe Alarmsignale bedingte Sprungbefehle:
f) Sprung sofort nach Alarmmeldung,
g) Warten auf externe Alarmsignale.

Wirkung von Vorrangstufen (Prioritäten) für externe Alarmsignale:
h) alarmbedingter Sprung erst wenn keine Alarmmeldung höherer Priorität ansteht,
i) Vermeidung von Konflikten bei konkurrierenden Alarmsignalen,
j) Zuteilung und Verändern von Vorrangstufen

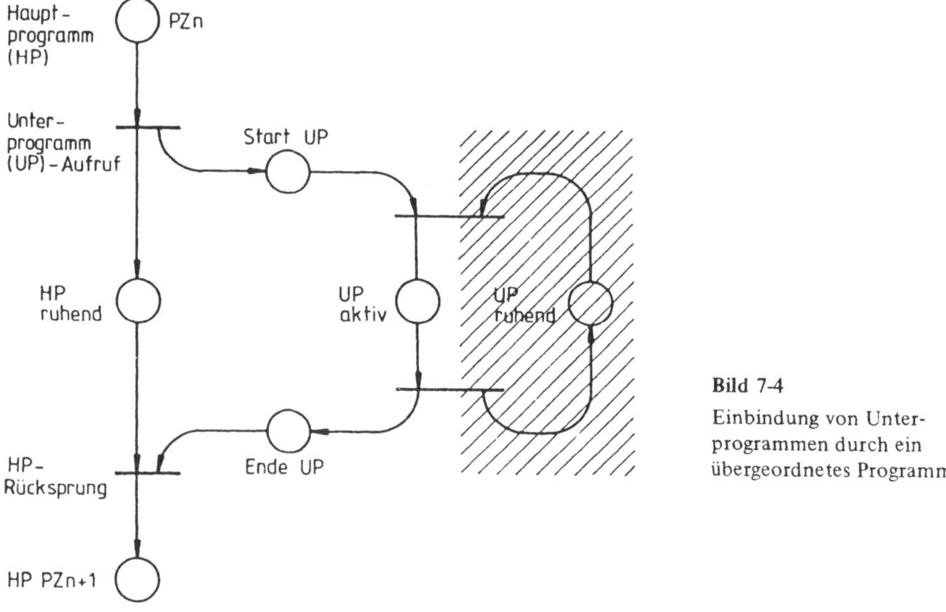

Bild 7-4
Einbindung von Unterprogrammen durch ein übergeordnetes Programm

Die Symmetrie der Befehlsausführung bei Aufruf bzw. Rücksprung, wofür prinzipiell ein Grundbefehl ausreicht, zeigt eine ausführlichere Darstellung der Unterprogrammeinbindung im Petrinetz Bild 7-5.

Unterprogramme lassen sich nach diesem Prinzip mit geeigneter Organisation der Ziel- oder Rücksprungregister, z. B. der Stackadressierung, in beliebiger Tiefe schachteln. Von jeder Stelle des Hauptprogramms oder eines Unterprogramms ist die Einbindung anderer Unterprogramme möglich. Lediglich ein rekursiver Aufruf führt wegen der i. allg. nicht gesondert behandelten Unterprogramm-internen Informationsparameter zu Fehlern. Ein Wiedereintritt in dieselbe Programmstruktur ist mit getrennt behandelten Parametern (reentrant) möglich, z. B. mit dem Prozeduraufruf bei Verwendung höherer Programmiersprachen.

7.5 Koordination der Informationsverarbeitung

Der Realisierung bestimmter Prozeßsteuerungsaufgaben durch den Rechner müssen Algorithmen zugrunde liegen, aus denen aufgrund formaler Verknüpfung von Informationen physikalischer Größen, z. B. bekannter Prozeß- und Zielzustände, aktueller wie vorhergehender, die Stellsignale zur Prozeßbeeinflussung hervorgehen. Die einzelnen Algorithmen können dabei durch allmählich konkreter werdende Modellbildung des Steuerungssystems (vgl. Bilder 2-5, 4-5 und Kap. 11) beim Entwurf aufgrund von Aufgaben und Verfahren der Sicherungs-, Schutz- und Überwachungstechnik, der Meß-, Steuerungs- und Regelungstechnik oder der Optimierungsrechnung, des Operations Research oder des allgemeinen Managements gewonnen werden. Zur Ausführung der Algorithmen durch den Rechner müssen diese in Form von Teilprogrammen vorliegen,

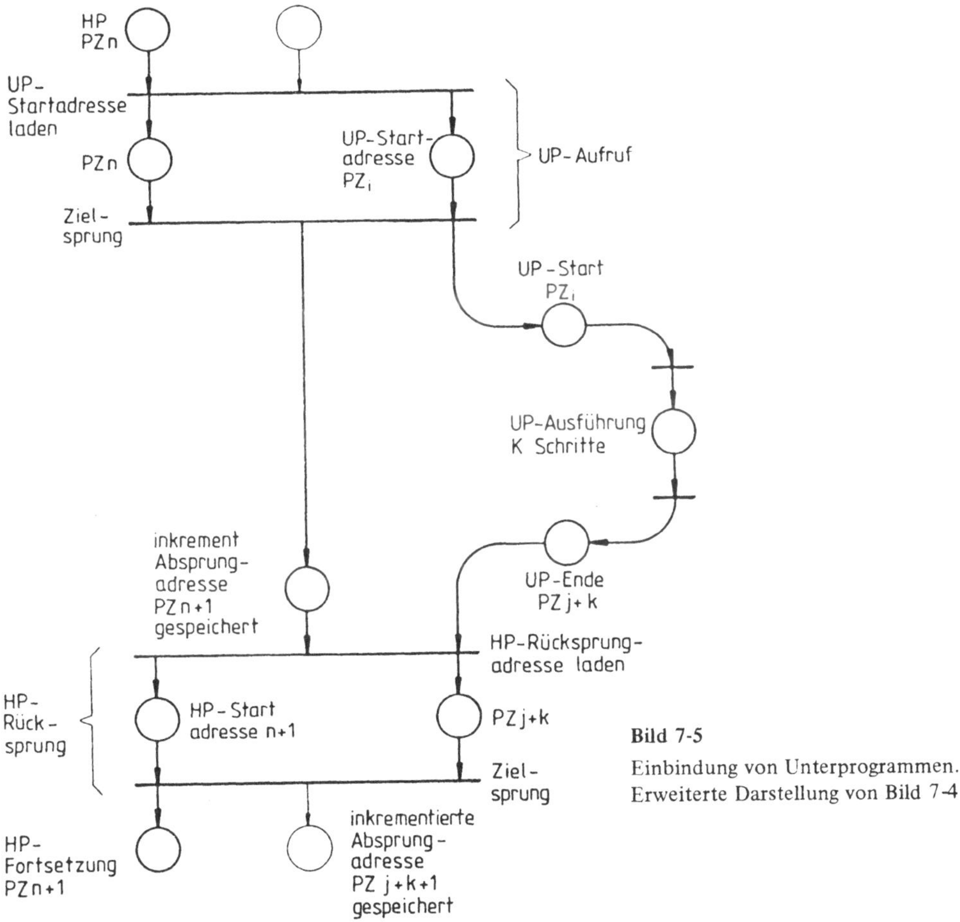

Bild 7-5
Einbindung von Unterprogrammen. Erweiterte Darstellung von Bild 7-4

d. h. letztlich in einer geordneten Struktur von Befehlen, Adressen, Daten. Bei der dahin führenden Programmierung, die auch ein – kreativer – Prozeß ist, wird – abstrakt gesehen – eine nach anderen Strukturkonzepten geordnete Menge von Informationselementen jetzt in eine nach Maßgabe der äußeren Zielvorstellung strukturierte Menge ausgewählter Elemente überführt. Mit seinen Programmen stellt der Rechner dann ein für diese spezielle Aufgabe konzipiertes Teilsystem dar. In ihm läuft bei der Ausführung der Algorithmen später mit der informationsgesteuerten Veränderung von Informationszuständen der eigentliche Steuerungsprozeß ab, der zeitlich parallel und wirkungsmäßig nebenläufig zum Objektprozeß geschehen muß [7-2, 7-3].

Beim Entwurf des Informationssystems einer Prozeßsteuerung, die normalerweise mehrere Aufgabenteile, damit mehrere Algorithmen und somit mehrere Teilprogramme umfaßt, muß man beachten, daß im Rechner jede Information quantisiert ist und jede Informationsveränderung Zeit beansprucht. Ein Preis der Verwirklichung beliebiger Aufgaben durch digitale Datenverarbeitung ist die Quantisierung und Diskretisierung der Steuerungsprozesse.

Die Folge ist, daß eine Prozeßsteuerungsaufgabe nur endlich genau und in endlicher Dauer bearbeitet werden kann und streng genommen auch nur eine zur Zeit. Damit kann die gesamte Prozeßsteuerung in „mikroskopischer" Betrachtung nur als Folgeprozeß ablaufen; allerdings läßt sich die Sequenz der Teilprozesse freizügig gestalten und sogar die Dynamik der Teilprozesse in gewissem Umfang voraussehen.

Die übergeordnete Steuerung der einzelnen Teilprogramme, d.h. ihre von gegenseitigen oder objektprozeßabhängigen Ereignissen oder ihre von zeitlichen Bedingungen abhängige Ausführung und Koordinierung muß deshalb zumindest in ihrer Struktur von vornherein geplant werden. Wie bei der Prozeßsignalerfassung gibt es auch hier verschiedene Möglichkeiten zur Koordinierung der zweckmäßigerweise in separaten oder Unterprogrammen fixierten Teilaufgaben der Prozeßsteuerung.

7.5.1 Statische Koordinierung

Wenn keine gezielte oder sofortige Reaktion auf bestimmte Zustände im Objektprozeß erforderlich ist, werden die jeweiligen Steuerungsaufgaben nacheinander abgearbeitet. Das ist bei linearen Steuerungsstrukturen der Fall, wo bei keinem externen Prozeßzustand von einer festen Programmfolge abgewichen zu werden braucht.

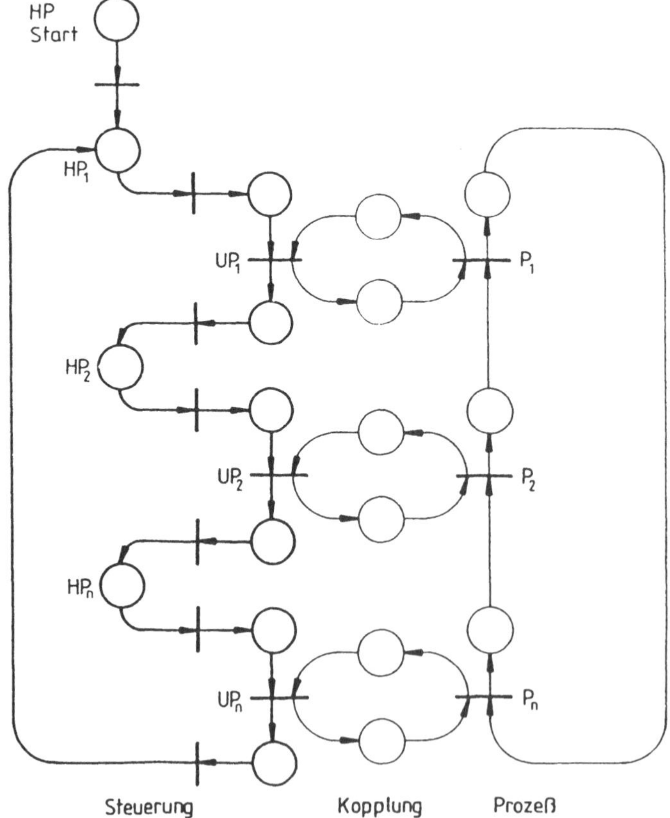

Bild 7-6
Statische Koordinierung von Teilaufgaben

Die Koordinierung der Teilprogramme wird hier von vornherein durch das Hauptprogramm meist zyklischer Struktur festgelegt (Bild 7-6). Die Reihenfolge der einzelnen Steuerungsalgorithmen orientiert sich dabei in der Art eines Gegenstromprinzips an der Kausalfolge oder der Dynamik der Prozeßereignisse, damit möglichst rasch fortgeschrittene Prozeßzustände berücksichtigt werden können.

7.5.2 Dynamische Koordinierung

Einen Einfluß der Prozeßzustände auf die Folge der Programmbearbeitung berücksichtigen verzweigte Steuerungsstrukturen. Sie sind zwar durch das Hauptprogramm vorgegeben, die Koordinierung der einzelnen Teilprogramme ist jedoch von momentanen Prozeßzuständen abhängig (Bild 7-7).

Eine spezielle Form liegt vor, wenn die Prozeßsteuerung zuerst alle abzufragenden Prozeßsignale erfaßt und danach aus dem jetzt vorliegenden Überblick über den momentanen

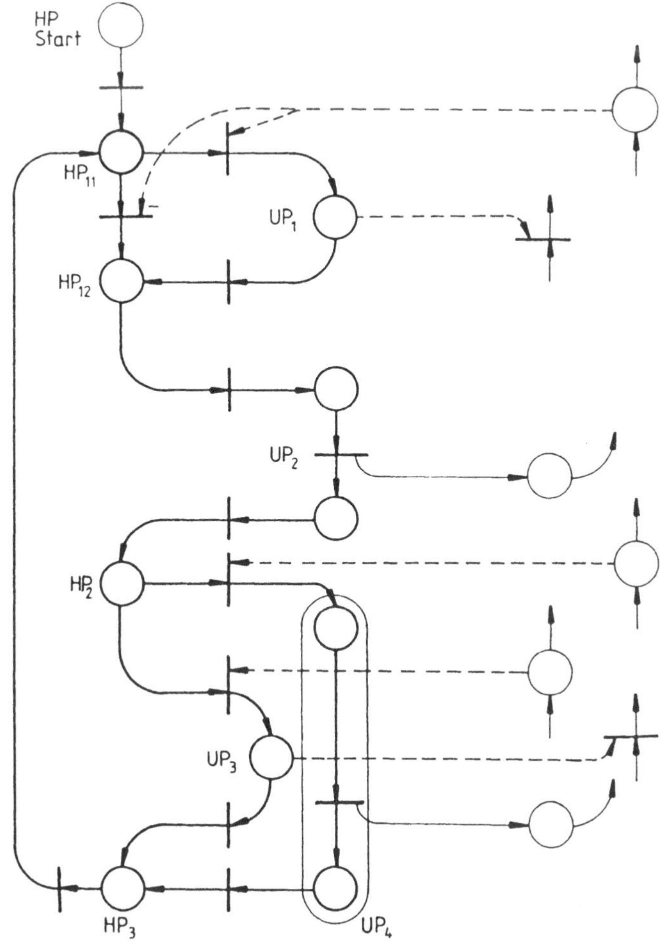

Bild 7-7
Dynamische Koordinierung von Teilaufgaben

Gesamtzustand des Objektprozesses den Ablauf der Prozeßsteuerung bestimmt. Mit dieser als *Polling* bezeichneten Variante ist eine der augenblicklichen Prozeßsituation angepaßte Rangordnung der Steuerungsfolge von übergeordneter Stelle aus möglich [7-4].

Die dynamische Koordinierung ist damit eine allgemeine Form der von der Prozeßsteuerung selbst initiierten Koordinierung der Teilprogramme. Diese Strategien werden in der Praxis bei unkritischen und in ihrem Verhalten überschaubaren Objektprozessen eingesetzt. Ihre einfache Organisation ist robust, d.h. sie bietet wenig Möglichkeiten, daß bei Änderungen des Prozeßverhaltens (im Prinzip stimmt das Modell ja nie ganz mit der Wirklichkeit überein), bei Störungen z.B. der Erfassung von Prozeßzuständen oder deren Übertragung sich die Prozeßsteuerung in einem Zustand festläuft oder in lokalen Teilfolgen verrennt, so daß nicht alle erforderlichen Teilprogramme mehr bearbeitet werden können. Kritische Situationen können beim rekursiven Aufruf von Teilprogrammen oder iterativen Bearbeitungen entstehen.

7.5.3 Prozeßgesteuerte Koordinierung

Treten kritische Zustände im Objektprozeß ein, muß die Prozeßsteuerung rechtzeitig reagieren, um z.B. entgegenzuwirken oder einen unkritischen Zustand zu erreichen. In diesen Fällen darf die Prozeßsteuerung nicht mehr im vorprogrammierten Schema weiterlaufen, sondern muß ein bestimmtes Reaktionsprogramm zügig bearbeiten. Hierbei aktiviert der Prozeß jetzt per Alarmzustand die Steuerung der Informationsbearbeitung. Ihr Ablauf orientiert sich damit unmittelbar am Prozeßgeschehen, womit *Ereignissen* ein absoluter Vorrang eingeräumt wird.

Die gleiche, wenn auch durch nicht so spektakuläre Bedingungen verlangte Forderung, die Steuerung mit dem Prozeß schritthaltend auszuführen, kommt vor, wenn eine Prozeßsteuerungsaufgabe nur zu bestimmten Zeitpunkten einmalig oder in festen Zeitabständen regelmäßig ausgeführt werden muß, z.B. zur Regelung oder Meßwerterfassung. Die Bindung des Prozesses an die Steuerung wird dann nicht direkt über Zustände, sondern implizit über die *Zeit* hergestellt. Für einen Anstoß der Bearbeitung sind besondere Alarme zuständig, die nicht aus dem Objektprozeß kommen, sondern von speziell dafür im Rechnersystem eingerichteten Zeitgebern ausgelöst werden.

Neben diesen wichtigen Ursachen, durch Alarme mit dem Prozeßgeschehen Schritt zu halten, gibt es noch weitere Anlässe, von der ursprünglichen Programmfolge abzuweichen. Ihr Grund ist in der Bedienung, der rechentechnischen Ausführung oder den Betriebszuständen der Geräte des Rechnersystems zu finden. Die Tabelle 7-1 hält exemplarisch mögliche Ursachen für Alarme fest.

Grundsätzliche Voraussetzung für jede mit dem Prozeß schritthaltende Bearbeitung ist neben einer ausreichenden Rechengeschwindigkeit eine leistungsfähige Programmwechselsteuerung, die im Zusammenspiel von Hardware und Software verwirklicht wird [7-6].

Die prinzipielle Funktion eines derartigen Programmwechsels, bei dem das laufende Programm für die Dauer des speziellen Reaktionsprogramms unterbrochen wird, erläutern die folgenden Petrinetze.

Das erste Netz Bild 7-8 zeigt unter Verwendung der Elementarbefehle nach Bild 7-3 in vereinfachter Darstellung den alarmgesteuerten Aufruf eines Reaktionsprogramms von beliebigen Zuständen des Steuerungsprogramms aus. Darin sind auch die Mechanismen

Tabelle 7-1 Ursachen und Anlässe für Alarmmeldungen

Alarmmeldungen				
extern		intern		
Bediener	Prozeß	Peripheriegeräte	Prozeßrechner Gerätetechnik	Informationssystem
Tastatur	Gerätedefekte	Gerätedefekte	Stromversorgung	Codeprüfung
Bedien- feld	Prozeßzustände	Quittungsverzug (Watchdog)	Klimaversorgung Gerätedefekte	Verzögerungen
Start/ Stop	Grenzwerte	Übertragungsfehler	Ausführungsfehler (Bereichsüber- schreitung	Übertragungsfehler
	Endkontakte	Standardperipherie	Über- und Unterläufe falsche Adressen	programmierte Anforderungen im Anwender- programm
	Bereichsüber- schreitung		Divisionsfehler nicht interpretier- barer Befehlscode	
	Umweltbedingung (Temperatur, Feuchte, Gas)		Schreibverbots- verstoß, Speicher- schutz)	Aufrufe des Betriebs- systems (Start, Ende, Zeit, Warten)

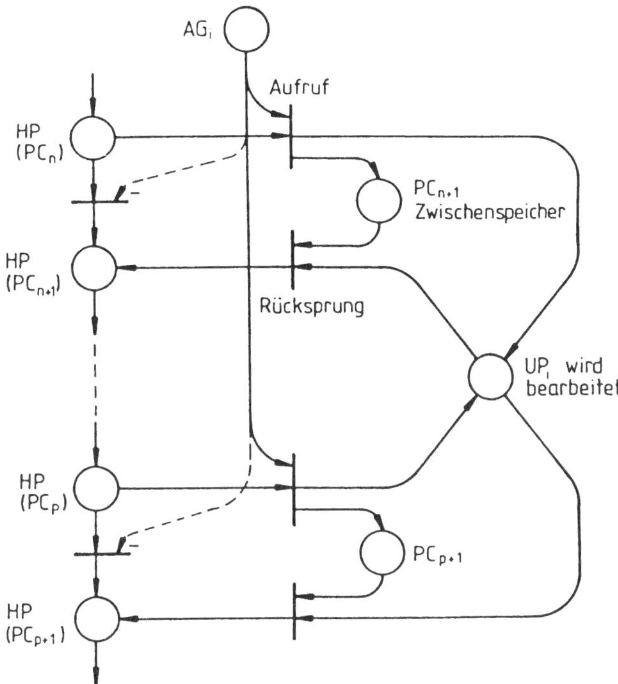

Bild 7-8
Alarmgesteuerter Aufruf eines Reaktionsprogramms von beliebigen Stellen des Hauptprogramms

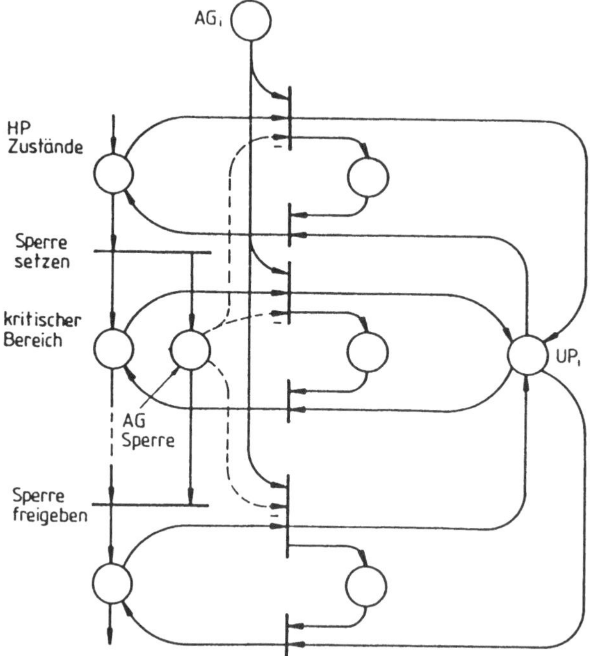

Bild 7-9
Aufruf von Reaktionsprogrammen mit bereichsweiser Alarmunterdrückung

zum Aufruf und Rücksprung bei Unterprogrammen in konzentrierter Form wiederzuerkennen.

Die Möglichkeit, die Wirkung von Alarmzuständen temporär von der übergeordneten Steuerung zu unterdrücken und wieder zuzulassen (Maskierung), kann ebenfalls mit den Grundbefehlen einfach dargestellt werden (Bild 7-9). Den Alarm durch sein Reaktionsprogramm selbst zu sperren ist wenig sinnvoll, es sei denn, daß ein Wiederaufruf bei nochmaligem Alarm verhindert werden soll. Das übernimmt aber meist die Hardware der Zustandswechselsteuerung; dann muß evtl. nur die Alarmsperre vorzeitig aufgehoben werden (Bild 7-3c). Die ersten bzw. letzten Aktivitäten beim Aufruf bzw. Verlassen eines Reaktionsprogramms sind Vorbereitungen, um den Prozessorzustand hinterher so vorzufinden, wie man ihn verlassen hat. Möglichkeiten dazu sind z.B. das Retten und Laden der Registerzustände in Stackbereichen.

In der Praxis wird ein Reaktionsprogramm in zwei Stufen aufgerufen, im Rücksprung über eine verlassen. Beim Alarm wird per Hardware ähnlich einem Unterprogrammaufruf zuerst der momentane Programmzustand als Rücksprungadresse gespeichert und dann zu einer dem jeweiligen Alarm fest zugeordneten Adresse in einem Adreßbereich meist geringen Umfangs gesprungen; von diesem Adreßverteiler wird per Software die weitere Reaktion koordiniert. Dadurch ergeben sich verschiedene Varianten, Reaktionsprogramme in den Steuerungsablauf einzubinden:

1. Alarmbedingter Sprung in den Verteiler, Löschen der Rücksprungadresse, Bearbeitung, Sprung an neue definierte Stelle der übergeordneten Steuerung (z. B. Start aus Warteschleife), (Bild 7-10a).
2. Alarmbedingter Sprung in den Verteiler, unbedingter Sprung und Bearbeitung des Reaktionsprogramms, direkter Unterprogramm-Rücksprung und Fortsetzung in der übergeordneten Steuerung (Bild 7-10b).
3. Alarmbedingter Sprung in den Verteiler, Unterprogrammsprung und Bearbeitung des Reaktionsprogramms, indirekt über Unterprogramm-Rücksprung in Adreßverteiler und Unterprogramm-Rücksprung und Fortsetzung in der übergeordneten Steuerung (Bild 7-10c).

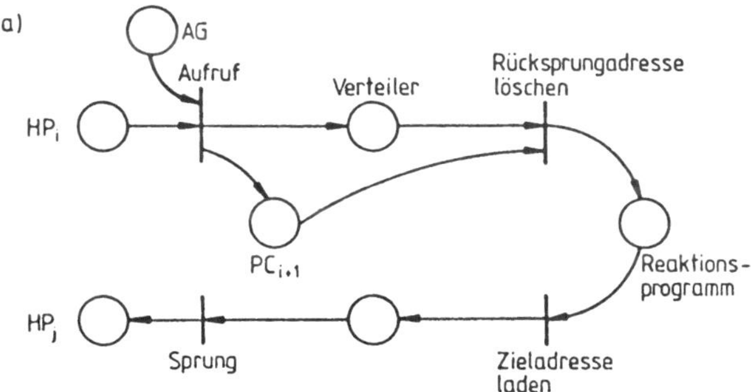

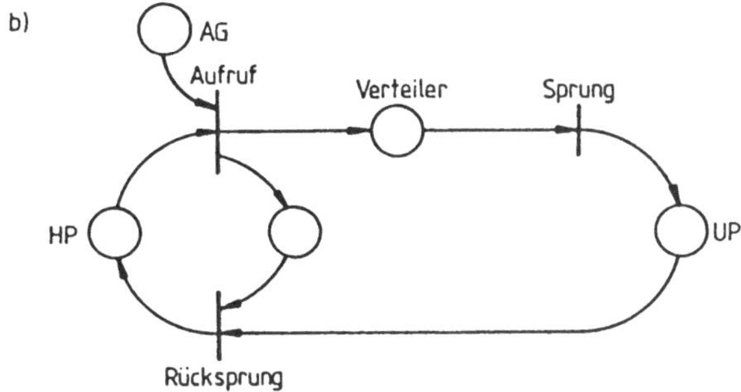

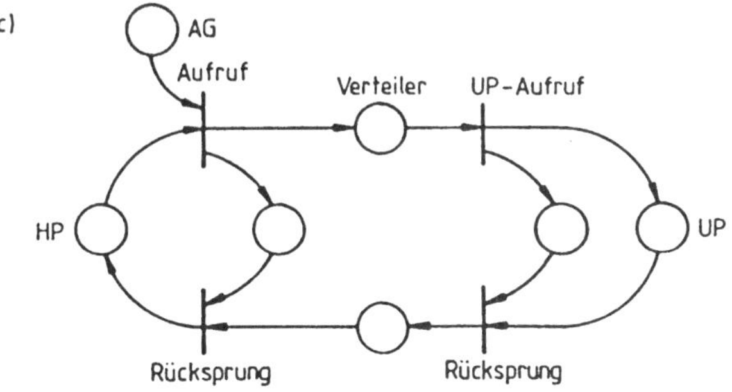

Bild 7-10
Varianten beim Aufruf von Reaktionsprogrammen:
a) Alarmbedingter Programmsprung.
b) Alarmbedingter direkter Unterprogrammaufruf.
c) Alarmbedingter indirekter Unterprogrammaufruf

Die Strategie, verschiedenen Alarmen individuelle Reaktionsprogramme zuzuordnen, führt in der Regel zu Konflikten, wenn

- mehrere verschiedene Alarme gleichzeitig auftreten,
- ein weiterer Alarm eintrifft, während schon ein Reaktionsprogramm bearbeitet wird,
- wiederholt Alarme für ein Reaktionsprogramm eintreffen, ohne daß seine Bearbeitung schon abgeschlossen ist,
- so viele verschiedene Alarme eintreffen, daß gar nicht alle Reaktionsprogramme in ausreichender Zeit bearbeitet werden können.

Die beiden letzten Konflitsituationen erfordern komplizierte aufwendigere Lösungsmechanismen, die später behandelt werden (Kap. 8.2). Die ersten Entscheidungskonflikte lassen sich leicht durch Vergabe von Rangstufen für die einzelnen Reaktionsprogramme bewältigen, indem bestimmten Alarmen unterschiedliche Prioritäten zugeordnet werden. Im Konfliktfall wird das Reaktionsprogramm mit der höchsten Priorität vorgezogen. Das Petrinetz Bild 7-11 zeigt die Funktionsstruktur zur Lösung eines Entscheidungskonflikts durch eine Prioritätssteuerung.

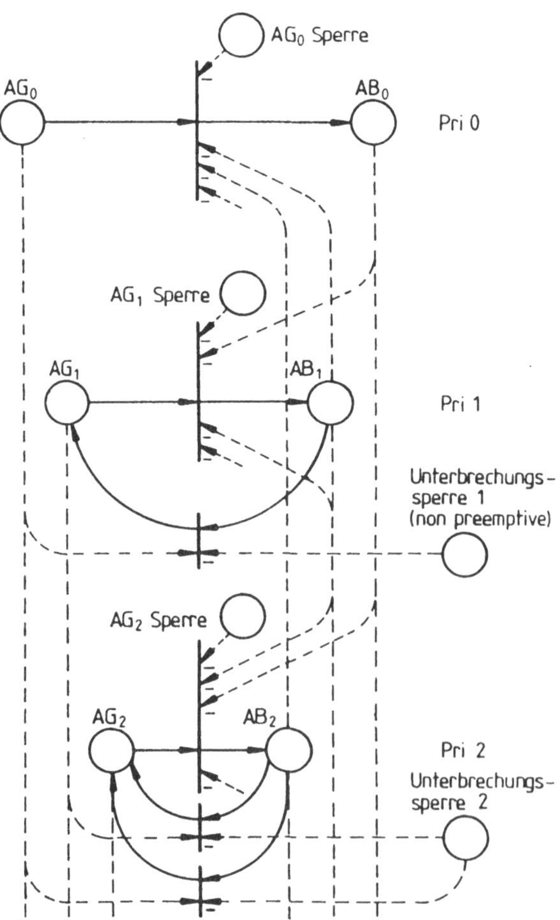

Bild 7-11
Lösung von Konflikten beim Eintreffen mehrerer Alarme durch Prioritätensteuerung

Verbindet man die Prioritätssteuerung mit entsprechenden (gedachten) Zuständen der Reaktionsprogramme wie im Petrinetz Bild 7-12, kann ein Reaktionsprogramm im Prinzip drei verschiedene Zustände einnehmen: ruhend, aktiv, wartend. Aus den beiden Netzen geht auch hervor, wie sich unterschiedliche Prioritäten auswirken. Trifft ein Alarm höherer Priorität ein, dann wird das gerade laufende Programm niedriger Priorität als wartend zurückgestellt. Es muß solange warten, bis es nach Beendigung des höher prioren Programms an der Stelle seiner Unterbrechung fortgesetzt wird (preemptive). Soll ein Reaktionsprogramm während seiner Bearbeitung auch von keiner höheren Priorität unterbrochen werden (non-preemptive), aber trotzdem seine Rangstufe behalten, muß es jetzt selbst gleich nach seinem Aufruf eine maskierende Sperre setzen und vor dem Ende wieder aufheben. Bei all diesen Vorgängen sind (im einzelnen) wieder die Aufruf- und Rücksprungtechniken von Unterprogrammen zweckmäßig.

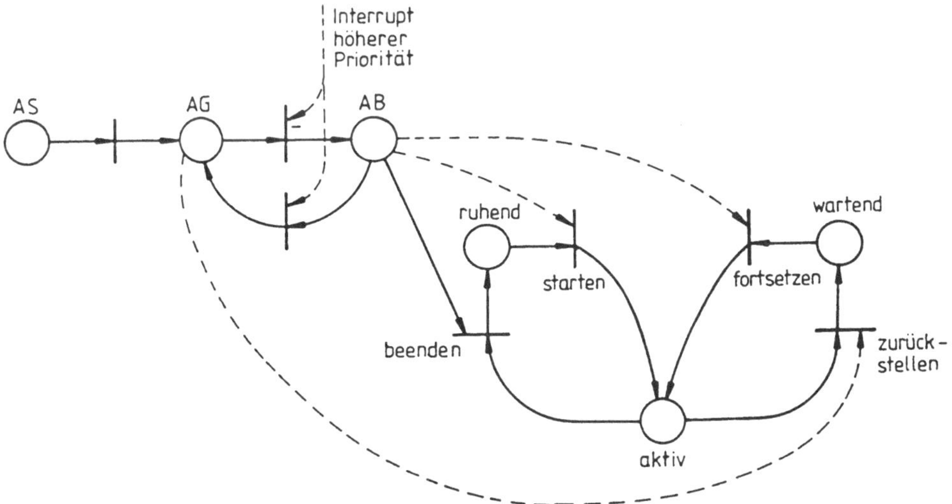

Bild 7-12 Zustände der Reaktionsprogramme bei der Alarmbehandlung

8 Informationssysteme - Betrieb und Strukturen

Die Veränderung von Information im Steuerungssystem aufgrund eigenständiger Initiative oder in gegenseitiger Wechselwirkung mit dem Objektprozeß ist eine notwendige Voraussetzung, damit der Gesamtprozeß überhaupt abläuft. Der übergeordneten Zielsetzung gemäß, den Objektprozeß zielgerichtet zu beeinflussen, muß das zugehörige Informationssystem der Prozeßsteuerung von vornherein geplant werden (vgl. Kap. 11).

Von besonderer Bedeutung ist hier die Loslösung der inhaltlichen Funktion des Steuerungssystems von der eigentlichen Ausführung der Funktion. So wird hier auf die individuelle algorithmische Lösung der Prozeßsteuerung nicht eingegangen; sie ist aber in ihrer Struktur und ihren Zuständen ein Bestandteil des Informationssystems. Dieses enthält daneben allgemeingültige Mechanismen zum Betrieb der Prozeßsteuerung, die von einer speziellen Aufgabe wie einer bestimmten Gerätetechnik unabhängig sind. Entweder werden diese Mechanismen von einem Betriebssystem bereitgestellt, oder sie können mehr oder minder kompakt in einer Programmiersprache formuliert werden.

8.1 Anforderungen an die Bedienung von Steuerungsprozessen

Von essentieller Bedeutung bei der Anwendung von Rechnern zur Steuerung technischer Prozesse ist, daß die Informationsprozesse des Steuerungssystems mit den energetisch-stofflichen Prozessen des Objektsystems Schritt halten. Diese Forderung wird in der Praxis durch verschiedene Prinzipien bei der Bearbeitung von speziellen Anwendungsprogrammen erfüllt.

Die Einbindung eines speziellen Anwendungsprogramms in den Lauf der Informationsverarbeitung bezeichnet man als seine Bedienung. Eine Bedienungsanforderung ist der Wunsch, ein bestimmtes Anwendungsprogramm abarbeiten zu lassen, das spätestens nach seiner Beendigung bestimmte Informationszustände (und damit auch Ausgangszustände) beeinflußt und erreicht hat. Bedienungsanforderungen sind entweder Folgeaufträge vorausgehender Programme, zeitgesteuerte oder ereignisgesteuerte Aufträge. Wann Bedienungsanforderungen auftreten, ist nicht immer vorhersehbar. Entsprechend unterscheidet man determinierte oder stochastische Bedienungsanforderungen, wobei im ersten Fall ein-, mehrmalige und als Sonderfall periodische Anforderungen, im zweiten Fall ein- und mehrmalige Anforderungen möglich sind. Daraus ergeben sich charakteristische Anforderungsströme, die sich durch die Häufigkeit ihrer Anforderungen auszeichnen.

Damit die angeforderten Programmbearbeitungen als informationelle Steuerungsprozesse auch insgesamt mit dem Objektprozeß Schritt halten, d.h. in ihrem gegenseitigen zeitlichen Ablauf aufeinander abgestimmt sind, ist es notwendig, daß nach einer bestimmten Bedienungsanforderung der Ablauf des zugehörigen Steuerungsprozesses eine vorgegebene, festgesetzte Zeit nicht überschreitet.

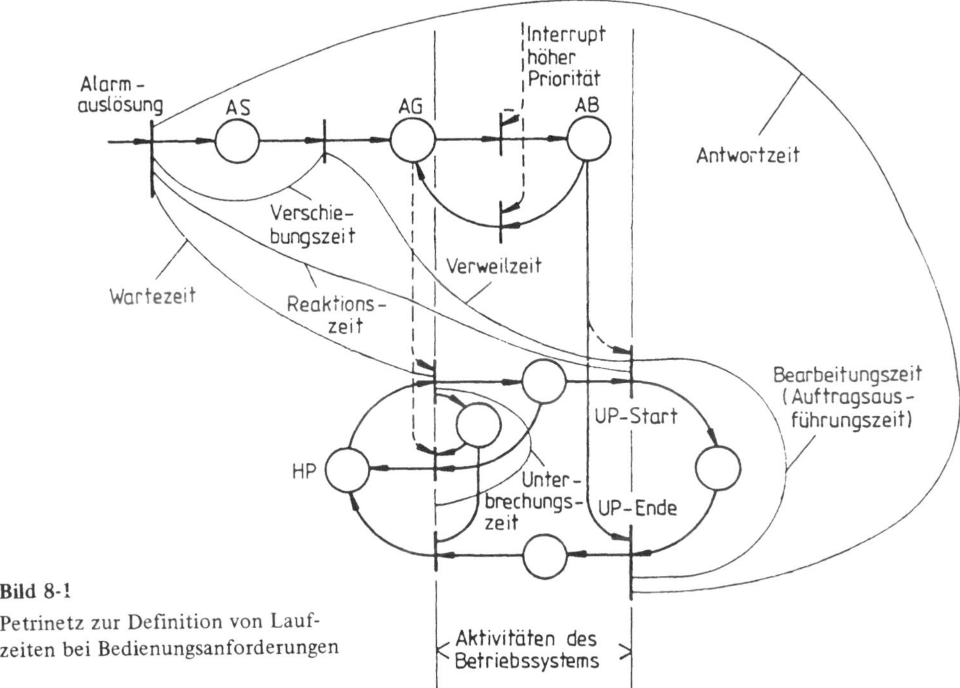

Bild 8-1
Petrinetz zur Definition von Laufzeiten bei Bedienungsanforderungen

Die Zeit vom Auftreten einer Bedienungsanforderung, z. B. von einem externen Prozeßalarm oder einer periodischen Terminanforderung bis zum Beginn des zugehörigen Reaktionsprogramms, z. B. zur Beseitigung der Alarmursache oder zur Ausführung eines Regelalgorithmus, wird als *Reaktionszeit* bezeichnet (Bild 8-1). Um die Dauer bis zur vollständigen Bearbeitung des angeforderten Programms, an dessen Schluß z. B. die Ausgabe von Stellbefehlen für den Eingriff in den Prozeß oder ähnliche Aktivitäten kommen, verlängert sich noch die *Antwortzeit.*

Da der Gesamtprozeß notwendigerweise von der zeitlichen Arbeitsweise des freizügig gestaltbaren Informationssystems abhängt, muß die informationelle Prozeßsteuerung die drei allgemeingültigen Forderungen nach Gleichzeitigkeit, Rechtzeitigkeit und Vollständigkeit erfüllen.

8.1.1 Gleichzeitigkeit

Im Objektprozeß können oft mehrere Teilprozesse zeitlich und wirkungsmäßig parallel ablaufen. Daher müssen auch die zugehörigen Steuerungsprozesse gleichzeitig ablaufen. Diese Forderung widerspricht zwar der Arbeitsweise von Rechnern in mikroskopischer Betrachtung von Folgeprozessen. Über größere Zeiträume gesehen läßt sich aber wegen der hohen Rechengeschwindigkeit durch versetzte oder verschachtelte Bearbeitung der einzelnen Informationsprozesse quasi auch Nebenläufigkeit bei Steuerungsprozessen erzielen (vgl. Bild 8-2). Dieser „Gewinn“ muß aber mit Verlust an Trennschärfe in den einzelnen Betrachtungsgrenzen erkauft werden, wie es aus der formal nicht korrekten Überführung im Petrinetz offenbar wird! Dieser Betrieb wird als quasi-simultan bezeichnet.

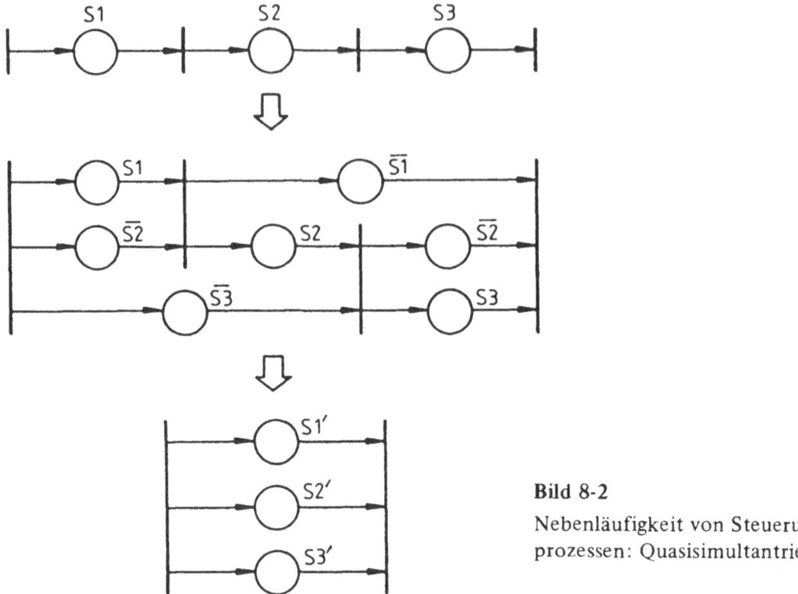

Bild 8-2
Nebenläufigkeit von Steuerungsprozessen: Quasisimultantrieb

8.1.2 Rechtzeitigkeit

Werden im Rechner mehrere Steuerungsprogramme simultan bearbeitet oder kommen mehrere (äußere) Bedienungsanforderungen so schnell hintereinander, daß einige Reaktionsprogramme zurückgestellt werden müssen, so verlängern sich die entsprechenden Reaktions- bzw. Antwortzeiten über das im Idealfall zutreffende Minimum hinaus. Die Folgen können schwerwiegend sein: Ergeben sich zu große Antwortzeiten, wird der erwartete Stelleingriff in den Objektprozeß zu spät aktiviert, so daß schlimmstenfalls der Prozeß inzwischen schon Zustände erreicht hat, die nicht mehr einzuholen sind, denen nicht mehr entgegengewirkt werden kann, aus denen keine Rückkehr mehr möglich ist oder die nicht mehr im Gleichgewicht zu halten sind.

Diese laufzeitbedingte Gefährdung der Stabilität kann nur – neben einer geringfügigen Kompensationsfähigkeit durch den Steuerungsalgorithmus – durch strikte Rechtzeitigkeit der Steuerungsprozesse beseitigt werden. Dazu gehören die relative Festlegung maximaler Antwortzeiten und die absolute Angabe von Fertigstellungsterminen für einzelne Steuerungsprozesse.

8.1.3 Vollständigkeit

Bei zu hoher Rate von Bedienungsanforderungen oder unzureichender Koordinierung kann es dazu kommen, daß niederpriore Programme überhaupt nicht mehr bearbeitet werden oder nur noch begonnen und nicht mehr beendet werden. Dann kann die Prozeßsteuerung ihre geplante Funktion nicht mehr umfassend ausführen. Wird ein Steuerungsprozeß vor Erreichen seines Endzustands abgebrochen, besteht die Gefahr, daß bei erneutem Beginn des Steuerungsprozesses noch vom vorigen Durchlauf bestehende Informationszustände den regulären Ablauf verhindern, der u. U. nur nach vorher definiertem

Endzustand möglich ist. Somit können möglicherweise kritische Stellsignale erzeugt werden. Genauso gefährlich ist, wenn bei vorzeitigem Abbruch von Steuerungsprozessen überhaupt keine Stellsignale mehr zum Objektprozeß ausgegeben werden können und somit die geschlossene Prozeßkopplung aufreißt. Deshalb ist der vollständige Ablauf von Steuerungsprozessen eine dritte wichtige Forderung.

Diese drei Forderungen stehen untereinander in enger Beziehung; Vollständigkeit ist eine hinreichende Bedingung für Rechtzeitigkeit und strenge Rechtzeitigkeit ist eine hinreichende Bedingung für Gleichzeitigkeit.

8.2 Echtzeitbetrieb

Aus den vorangehenden funktionalen und dynamischen Anforderungen an das Management von Informationsprozessen in einem Prozeßrechner zur Steuerung eines Objektprozesses resultieren folgende Konsequenzen für seinen Betrieb [8-1].

1. Aktive Rechtzeitigkeit: Der Prozeßrechner muß jederzeit – auch zu bestimmten Terminen – bei den Schnittstellen zum Objektprozeß und zur Peripherie anfragen können, ob diese zur Signalannahme oder -abgabe bereit sind, er muß die Signale transferieren und die zugehörigen Programme aktivieren können.
2. Passive Rechtzeitigkeit: Der Prozeßrechner muß jederzeit – auch unvorhersehbar – eine Alarmmeldung erkennen, auswerten und darauf, falls erforderlich, das zugehörige Reaktionsprogramm aktivieren können.
3. Simultanbedienung: Der Prozeßrechner muß bei gleichzeitigem Auftreten mehrerer Bedienungsanforderungen eine Bearbeitungsfolge festlegen und danach die Bedienung vornehmen können.

Da diese allgemeinen Fähigkeiten von einer speziellen Aufgabenstellung unabhängig sind, können sie zweckmäßigerweise vom Prozeßrechnerbetriebssystem übernommen werden, um dessen mikroskopischen Aufbau sich der Anwender nicht zu kümmern braucht [8-2 bis 8-6]. Aufgrund des dominierenden Merkmals, rechtzeitig auch mehrere Bedienungsanforderungen bearbeiten zu können, werden solche Betriebssysteme als Echtzeitbetriebssysteme bezeichnet.

Dabei geht es vor allem darum, die simultane Bearbeitung paralleler Prozesse und die logische Bearbeitungsfolge, d. h. Koordination und Synchronisation zu gewährleisten sowie semantisch bzw. technisch bedingte Konflikte konkurrenter Prozesse mit gemeinsamen Kopplungsbereichen, d. h. bei ihrer Kommunikation zu vermeiden.

Um als Objekte universeller Mechanismen des Betriebssystems behandelt zu werden, müssen die einzelnen Aufgaben zur Prozeßsteuerung mit einem Informationsverarbeitungssystem in bestimmte abgrenzbare Einheiten (Tasks) untergliedert und zerlegt worden sein (vgl. 7.4 und 7.5).

8.2.1 Echtzeitbetriebssysteme

Handelt es sich bei der Bearbeitung und Koordinierung von einzelnen Steuerungsprogrammen durch Unterprogrammtechnik und Interruptbearbeitung mit unmittelbarer Hardwareunterstützung (vgl. 7.5) noch um sogenannte Rechenprozesse 1. Art, so werden

Schichten der Betriebssystem-schale oder	Anwender-programme
	Kommunikation Initialisierung
Schichten des Echtzeit-betriebs-system-kerns	Zeitführung Tasksynchronisatition und -kommunikation
	Betriebsmittelverwaltung Taskverwaltung, -zuteilung und -umschaltung
	Fehlerbehandlung Peripheriekommunikation (E/A) Alarmbehandlung
	Gerätetechnik / Befehlssatz

Bild 8-3
Schichten eines Betriebssystemkerns

mit der Behandlung von Steuerungsprogrammen als Tasks, der Einführung von Taskzuständen und den Mechanismen zur Koordination und Synchronisation von Tasks (vgl. 8.2.2 bis 8.2.5) hingegen Voraussetzungen geschaffen, Steuerungsprozesse als Prozesse 2. Art unter Zuhilfenahme eines Echtzeitbetriebssystems ablaufen und überwachen zu lassen [8-9]. In dieser übergeordneten funktionsorientierten Betrachtung wird ein Betriebssystem zum Mittler zwischen dem Anwender und der Gerätetechnik des Rechners, was zugleich eine verständnismäßige, inhaltliche und arbeitsteilige Entkopplung mit sich bringt. Die elementaren Aufgaben der Taskverwaltung, Tasksynchronisation und -koordination sowie Ein- und Ausgabeabwicklung, Zeitdienste und ggf. Ausnahmebehandlungen, die auf direktem Hardwarezugriff aufbauen, werden als Kern eines Betriebssystems bezeichnet (Bild 8-3). Im einzelnen umfaßt der Betriebssystemkern mehrere in einzelnen Schichten hierarchisch strukturierte Funktionsgruppen, die ihrerseits wieder aus höchstens zehn Programmbausteinen bestehen [8-10].

In unmittelbarem Kontakt mit den Gerätefunktionen unter der hier erforderlichen Verwendung des rechnerspezifischen Befehlssatzes werden in der ersten Schicht die Hardware-Eigenschaften handhabbar gemacht. Dafür sind Interrupteingangs- und -rückkehrprogramme vorhanden. Weiter gibt es Programme, die bei Unterbrechung der linearen Steuerfolgen Informationen aus jetzt beanspruchten Speicherplätzen anderswo zwischenspeichern (retten) bzw. später rekonfigurieren können.

Gerätetreiberprogramme wickeln den Informationstransport zu Peripheriegeräten ab, sie generieren und quittieren dazu die erforderlichen Signale. Wichtig sind auch die Programme zur Fehlerbehandlung, da im hardwareseitig erkannten Fehlerfall, z. B. bei einer

Division durch Null, der Steuerungsprozeß in einen definierten Zustand gebracht werden muß, von wo aus eine unkritische Fortsetzung möglich ist.

Die nächste Schicht ist für die Taskverwaltung zuständig. Sie ist bereits zur Multiprogrammierung fähig, indem durch Einrichtung, Führung und Aktualisierung von Betriebsmittelzustandslisten der Prozessor den Tasks zugeteilt wird und somit die Übergänge der Taskzustände initiiert werden. Hier wird deutlich, daß die Implementierung der Listenführung das Reaktionsverhalten des Betriebssystems maßgeblich beeinflußt.

Eine weitere Schicht ist für die Kooperation von Tasks im Sinne eines Multitasking zuständig: Zeitdienste bestimmen mit Hilfe der Hardware verlangte Termine, z. B. Anstoßtermine für Tasks. Mit Hilfe spezieller Ereignisvariablen werden Tasks synchronisiert und koordiniert. Die Kommunikation zwischen Tasks zur Übergabe von Informationen wird über Botschaften in speziellen Speicherbereichen abgewickelt.

Die oberste Schicht des Kerns dient dem Kontakt zum Anwender. Von hier können durch bestimmte Anweisungen in Mnemocode die Funktionen des Betriebssystemkerns aktiviert werden. Die Programme dieser Schicht prüfen die zugeführten Parameter und übernehmen den Eintrag in die zugehörigen Listen. Die Initialisierung der Listen und die Herstellung eines definierten Grundzustands der Hardware vor Aufnehmen des Betriebs ist dafür eine notwendige Voraussetzung.

In dem üblicherweise als Schalen- oder Schichtenmodell strukturierten Betriebssystem, das in dieser schematischen Form in Bild 8-3 dargestellt ist, bildet der Kern im Anschluß an die Gerätetechnik die innerste Schale bzw. die unterste Schicht. Der Kern bearbeitet die vielen, trotz großer Anwendungsvielfalt immer ähnlichen Grundaufgaben. Nicht offensichtlich ist dabei, daß der Kern im Prinzip strategieunabhängig ist, d. h. nicht in der Lage ist, in bezug auf Speicherplatz und Ausführungszeit optimale Ergebnisse zu erzielen [8-6, 8-10]. Aufgrund dieses begrenzten Aufgabenumfangs bedarf es meistens nur relativ geringen Informationsumfangs für die Kernfunktionen (ca. 2–15 Kbyte); seine Leistungsfähigkeit bestimmt jedoch die Effektivität der Prozeßsteuerung. Daher wird es heute noch weitgehend im maschinennahen Befehlssatz geschrieben, wenngleich es auch schon Tendenzen gibt, das Betriebssystem in Mikroprogrammen zu implementieren oder gerätetechnische Verwirklichungen existieren, wo das Betriebssystem als Firmware in Speicherchips verfügbar ist [8-11]. Manchmal kann es auch zweckmäßig sein, ein Betriebssystem direkt für einen speziellen Anwendungsfall zu konzipieren, indem dazu geeignete Funktionsbausteine ausgewählt und zusammengestellt werden [8-12].

Die Tabelle 8-1 enthält eine Zusammenstellung von Funktionen eines typischen Betriebssystemkerns für Prozeßrechner auf der Basis von Mikroprozessoren [8-13]. Eine über den Kern des Betriebssystems hinausgehende Menge von komplexen Funktionen kann die sogenannte Schale des Betriebssystems bilden, die sich noch in einzelne Schichten gliedern läßt [8-9]. Wegen der Komplexität dieser höheren Betriebssystemstufen werden ihre Programme meist in höheren Programmiersprachen formuliert; dementsprechend groß ist der Informationsumfang [8-2, 8-4]. Von einer dieser übergeordneten und auf den Kernfunktionen aufbauenden Schicht der Schale können noch anwendungsunabhängig folgende Aufgaben bearbeitet werden, die das Management von Steuerungsprozessen um eine neue Qualitätsstufe bereichern:

Ablaufsteuerung/Scheduling

Durch Einführung verschiedener Taskzustände und Übergänge zwischen ihnen lassen sich die Steuerungsprozesse u. U. noch effektiver abwickeln, indem z. B. die Prioritätszuteilung von den starren Hardwarefunktionen abgekoppelt wird oder indem die Bearbeitung anstehender Aufträge von einer Auftragsverwaltung koordiniert wird, die bei Warteschlangen Rechtzeitigkeit gewährleistet (vgl. 10.1). Mit diesen Maßnahmen erhält die Schale strategischen Charakter.

Ein- und Ausgabekommunikation

Bei den vielfältigen Schnittstellen zum Objektprozeß, zur Standardperipherie und zum Bediener kann die individuelle Transformation der jeweiligen Information verlagert werden, indem standardisierte Schnittstellen bereitgestellt werden, die dem Anwender zu-

Tabelle 8-1 Grundfunktionen eines Betriebssystemkerns

Bezugsquellen / Aktivitäten	Task	Mailbox (Pufferbereich)	Semaphor	Segment (Speicherbereich)	Region	Interrupt
Create (Einrichten)	X	X	X	X	X	
Set (Einrichten/Ändern)	Priority					X
Delete (Löschen)	X	X	X	X	X	Reset (Rückname)
Get (Erhalten/Anfordern)	Priority					Level (aktuelle Priorität)
Suspend (Aussetzen)	X					
Resume (Fortsetzen)	X					Signal (Taskaktivierung)
Sleep (Ruhen, zeitlich)	X					Wait (Warten)
Enable (Zulassen)				Deletion (Löschung)		
Disable (Ausschließen)				Deletion (Löschung)		
Send (Abgabe)		Message (Botschaft)	Units (Zähler)		Control (Zugriff)	Exit (Abgabe)
Receive (Empfangen)		Message (Botschaft)	Units (Zähler)		Control (Zugriff)	
Accept (Erhalten)					Control (Zugriff)	

gänglich sind und über die er verfügen kann. Die die Schnittstelle passierenden Informationen werden dabei, z. B. mit Hilfe von Treiberprogrammen, einheitlich aufbereitet, formatiert, geprüft und ggf. einer Ausnahme- und Fehlerbehandlung unterworfen.

Informationsspeicherung

Aufgaben bei Verwaltung und Organisation zu speichernder Informationen im Arbeitsspeicher und im Hintergrundspeicher werden übernommen: Zwischenspeichern von Datenströmen in Einfach- und Mehrfachpuffern; Codierung und Decodierung; Einrichten und Verwalten sowie Öffnen und Schließen von Dateien.

8.2.2 Taskkonzept

Ein Gesamtauftrag (-aufgabe, -funktion, Job), d. h. die Bearbeitung aller Einzelaufgaben zur informationellen Prozeßsteuerung besteht aus mehreren abgrenzbaren Einzelfunktionen, den sogenannten Tasks. Eine Task (Einzelaufgabe, -auftrag, -funktion) ist ein Programmabschnitt, der inhaltlich (kausal-logisch) zusammenhängend und vollständig ausgeführt werden muß. So läßt sich z. B. ein Gesamtauftrag einer Prozeßregelung in die Einzelaufgaben Sollwertermittlung, Meßwerterfassung, Ausführung des Regelalgorithmus und Stellgrößenausgabe dekomponieren. Jeder Einzelauftrag besitzt dabei intern indi-

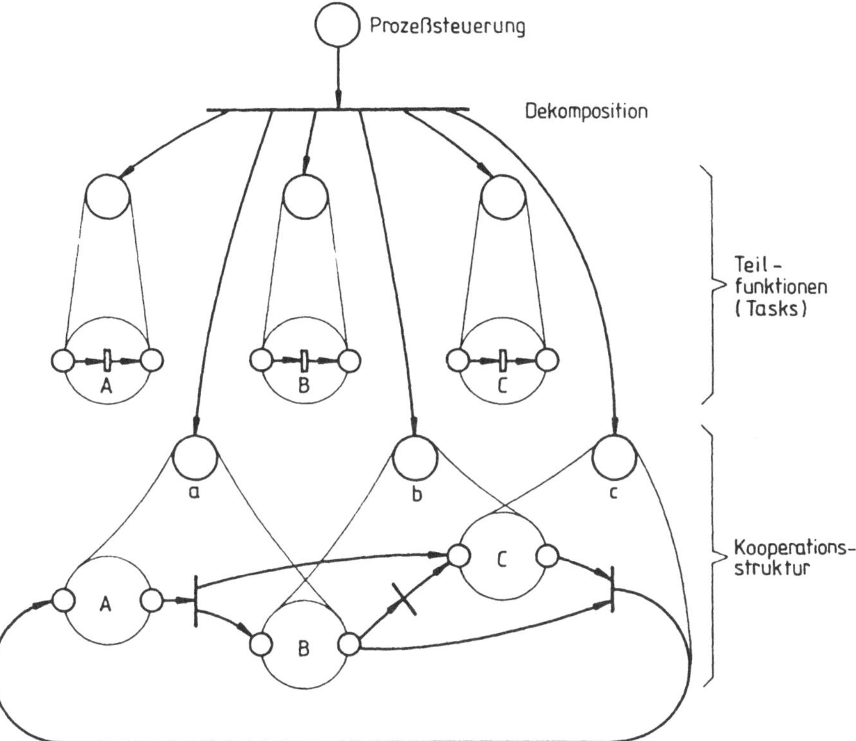

Bild 8-4 Funktionale, kausale und dynamische Dekomposition

viduelle Informationsparameter und erzeugt bzw. verlangt extern Übergabeinformationen an den Schnittstellen. Die innere Struktur der Prozeßsteuerung mit einer funktionalen Konzentration in einzelnen Aufgaben und den Beziehungen zwischen den einzelnen Funktionen wird am besten als Netz aus Instanzen und Kanälen dargestellt (Bild 8-4). Eine Dekomposition von Tasks liefert möglicherweise noch Unterprogramme oder Prozeduren.

Aus der Sicht der Prozeßsteuerung entstehen somit durch Verfeinerung in einer abgestuften Dekomposition der globalen Aufgaben unter Berücksichtigung funktionaler Strukturen die Einzelaufgaben, welche schließlich die Grundlage und den Rahmen für eine prozedurale Programmierung bilden. Neben der strukturellen Dekomposition der Einzelaufgaben muß man die informationelle Proßzeßsteuerung kausal und temporal analysieren, was auf der Basis eines bestehenden Instanzennetzes viel einfacher ist.

Als Elemente des Informationssystems zur Prozeßsteuerung stellen die einzelnen Tasks in ihrer Folge aktiver Bearbeitung kausal und dynamisch zusammenhängende Prozesse dar. Denn der Ablauf jeder eigenständigen Einzelaufgabe wird durch den nicht umkehrbaren Übergang von einem Anfangs- bzw. Vorinformationszustand in einen Nachinformationszustand gekennzeichnet und ist damit wieder ein Prozeß.

Der Anstoß von Tasks muß durch jede Art von Bedienungsanforderung initiiert werden können, sei es ein Folgeauftrag einer vorangehenden Task, sei es ein zeitgesteuerter oder ereignisgesteuerter Auftrag. Die Petrinetze von Bild 8-5 zeigen die einzelnen Möglichkeiten zum Anstoß von Tasks.

Die zeitliche und logische Verknüpfung aller Einzelaufgaben (Tasks) aufgrund ihres strukturellen Zusammenhangs liefert die dynamische und kausale Organisationsstruktur der

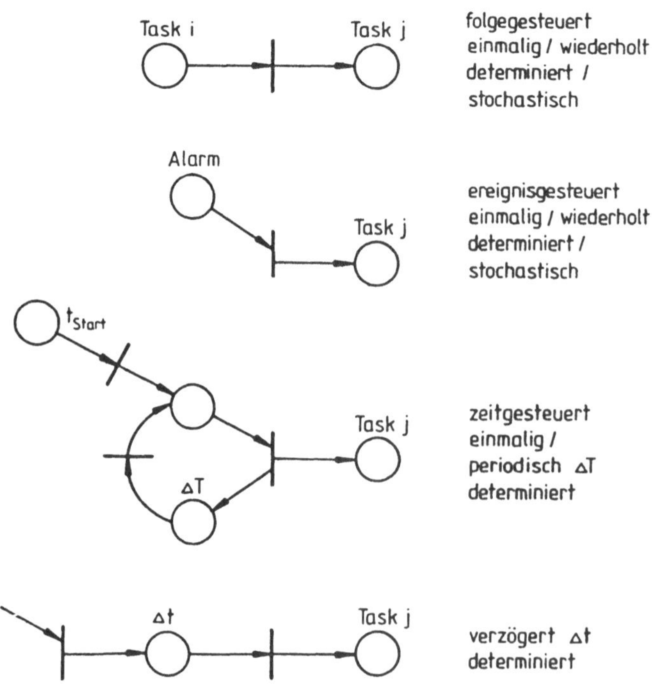

Bild 8-5
Möglichkeiten zum Anstoß von Tasks

gesamten Prozeßsteuerung. Sie kann dann zweckmäßig in Form eines Petrinetzes dargestellt werden. Diese Struktur bildet eine wesentliche Grundlage für den Entwurf einer Kooperationsstrategie für die Einzelaufgaben unter Verwendung von Mechanismen des Betriebssystems. Hierbei ist zu beachten, daß die Analyse der dynamischen und kausalen Organisationsstruktur nicht immer zu einer einzigen Lösung führt. Für einen störsicheren, robusten Betrieb sind deshalb einfache Strukturen, z. B. lineare, zyklische und unabhängige Strukturen ohne größere Vernetzungen vorzuziehen (vgl. 11.2.3).

Wenn die Aufgabenstellung die Bearbeitung mehrerer inhaltlich verknüpfter Tasks gleichzeitig verlangt, spricht man vom Multitasking-Betrieb. Sind dagegen mehrere unabhängige Aufgabenstellungen mit eigenständigen Tasks von einem Rechner zu bearbeiten, ist nur ein Multiprogramm-Betrieb erforderlich, wobei allein die formale Exklusivität bei der Zuteilung von Betriebsmitteln (das sind z. B. Zentralprozessor, Speicher-, Peripheriegeräte) gewährleistet sein muß.

8.2.3 Betriebszustände von Tasks und Tasksteuerung

Überträgt man dem Betriebssystem, die Kooperation der einzelnen Tasks nach anfallenden Bedienungsanforderungen im programmierten Rahmen auszuführen, muß es, wie schon in Kap. 7.5.3 anklang, die zahlreichen Konflikte meistern, die sich bei der Bedienung konkurrierender Tasks ergeben. Ein Fehlverhalten bei dadurch entstehenden Konfliktsituationen führt unweigerlich zur Verletzung von Vollständigkeit, Rechtzeitigkeit und Gleichzeitigkeit. Daher erfordern Probleme dieser Art eine leistungsfähige Synchronisation und Koordination der Steuerungsprozesse, die in gegenseitiger Unterstützung von der Software des Betriebssystems und der Hardware des Prozeßrechnersystems wahrgenommen wird.

Konflikte infolge konkurrierender Tasks können gelöst werden, indem einer Task verschiedene Betriebszustände zugeordnet werden, die das Betriebssystem verwaltet und verändern kann. Im Prinzip kommt man dabei mit drei Aktivitätszuständen – bereit, aktiv, wartend – und dem passiven Ruhezustand aus, die mit ihren gegenseitigen Relationen im Petrinetz Bild 8-6 zusammengefaßt sind. Die Tasks werden von einer zentralen Instanz des Betriebssystems, dem Scheduler, nach folge-, ereignis- oder zeitgesteuerten Bedienungsanforderungen zum Ablauf vorbereitet. Von einer weiteren zentralen Instanz, dem Dispatcher, werden dann in Abstimmung mit den Aktivitätszuständen anderer Tasks und möglicherweise nach übergeordneten Strategien die Taskaktivitäten umgeschaltet und verwaltet. Nach ihrer Aktivierung nimmt die bereite Task an der Prioritätsauswahl teil und beginnt an der programmierten Startadresse. Bei der Folge wartend – bereit – aktiv wird eine Task hingegen dort fortgesetzt, wo sie in den Wartezustand zurückgestellt wurde. Manchmal wird beim Warten noch unterschieden, ob die Task sich selbst angehalten hat, um auf einen erneuten Anstoß zu warten oder von außen unterbrochen wurde – in beiden Fällen bleiben Priorität und Rechte erhalten – oder ob die Task unter Aufgabe ihrer aktuellen Priorität gestoppt wurde.

Aus dem Petrinetz mit dem Zustandsgraphen einer Task lassen sich folgende Schlüsse ziehen:

1. Das Taskkonzept stellt mit seinen Start- und Umschaltbedingungen alle Möglichkeiten bereit, die zum Anstoß und Aufhalten einer Task gefordert werden.

2. Die formale Ähnlichkeit zum Petrinetz für die Alarmbehandlung (Bild 7-12) macht deutlich, daß das Taskzustandskonzept auch Konfliktfälle beim Auftreten weiterer Alarme oder Anstoßpunkte während einer Taskbedienung vermeidet. Durch Vergabe von Prioritäten an jede Task wird von der Tasksteuerung des Dispatchers nur das Programm mit der jeweils höchsten Priorität in den Zustand laufender Bearbeitung gebracht.

Mit der Einführung dieser Betriebszustände einer Task ist es möglich, daß – makroskopisch gesehen – mehrere Tasks gleichzeitig, d.h. simultan in Bearbeitung sein können, wenn sie es auch im Detail nicht sind. Somit wird die Forderung nach Gleichzeitigkeit konzeptuell gewährleistet. Für die Einhaltung von Rechtzeitigkeit und Vollständigkeit sind neben den anwendungsspezifischen Voraussetzungen geeignete Umschalt- und Verwaltungsstrategien des Dispatchers verantwortlich. Auf die anwendungsabhängige Tasksteuerung insbesondere unter dem Aspekt der Vollständigkeit wird in den folgenden Unterkapiteln eingegangen, in 10.1 werden allgemeine Strategien unter Berücksichtigung der Rechtzeitigkeit behandelt.

8.2.4 Kooperation von Tasks

Neben den rein formalen Konflikten bei der Bedienung konkurrierender Tasks, die mit der Einführung von Betriebszuständen von Taskverwaltung und Tasksteuerung aufgelöst werden konnten, gibt es noch weitere Konfliktsituationen. Zwischen den einzelnen Tasks

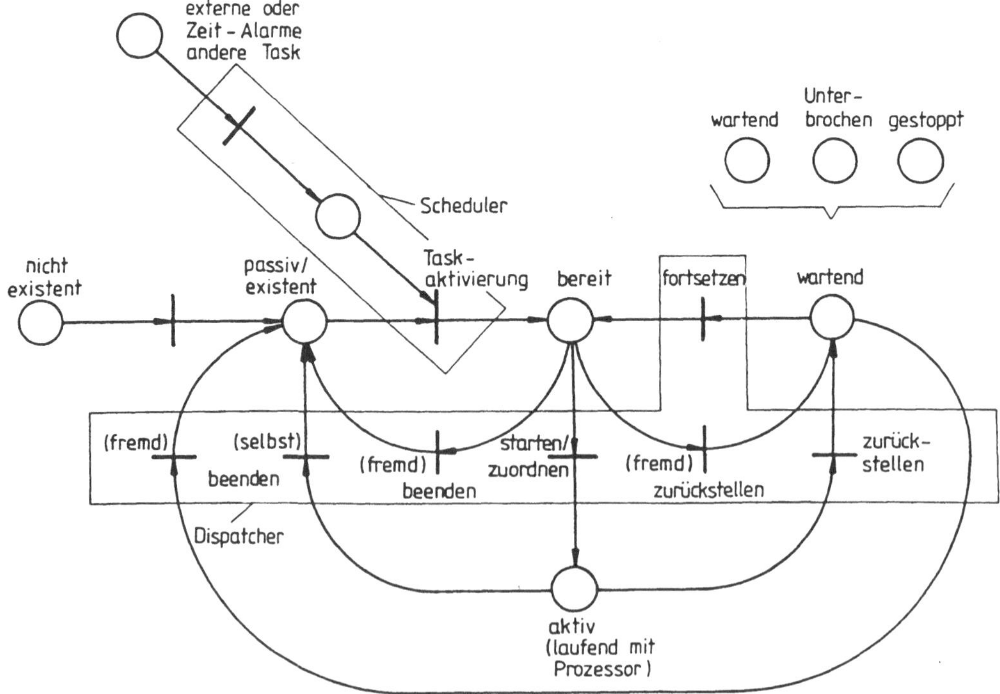

Bild 8-6 Zustandsgraph von Betriebszuständen einer Task

bestehen aus der Steuerungsaufgabe herrührende funktionale Zusammenhänge, woraus oft eine bestimmte Dynamik oder Kausalfolge der einzelnen Tasks resultieren muß. Diese semantischen Eigenschaften kann eine mechanistische Tasksteuerung nicht von vornherein übersehen und deshalb auch nicht gewähren. Abweichungen von einem korrekten Steuerungsprozeß sind deshalb möglich. Abhängig davon, in welchen momentanen Zuständen sich die Steuerungs- und Objektprozesse bei einer Entscheidung über die Taskfolge befinden, können unterschiedliche, u. U. folgenschwere Steuerungsaktivitäten verursacht werden. Einige Beispiele hierfür veranschaulichen typische Probleme.

1. Bei der Steuerung einer fremderregten Gleichstrommaschine darf der Ankerstrom nur bei erregter Maschine ein- bzw. ausgeschaltet werden, um einen Kurzschluß zu vermeiden. Bild 8-7a zeigt ein Petrinetz für die einzelnen Betriebszustände und ihre Abhängigkeiten. Bei der Prozeßsteuerung kommt es also auf die richtige *Reihenfolge* der Einzelfunktionen an.

2. Bei spurgeführten Fahrzeugen mit zwei aus Sicherheitsgründen unabhängigen Bremsstellgliedern gewährleistet jedes für sich eine Bremsung zum Halt. Werden beide Bremseinrichtungen zusammen betätigt, können die Räder u. U. blockieren und auf der Spur rutschen, so daß sich der Bremsweg unzulässig verlängert, wie das Petrinetz Bild 8-7b zeigt. Bei der Prozeßsteuerung kommt es also auf den *gegenseitigen Ausschluß* der Einzelfunktionen an.

3. Im Straßenverkehr signalisieren Ampeln das vorgeschriebene Fahrverhalten. Zeigt möglicherweise eine Ampel gleichzeitig rotes und grünes Licht, kommt es zur Konfusion, da der Fahrer gleichzeitig die Aufforderung zum Halt und Weiterfahren erhält, die Situation ist undefiniert (Bild 8-7c). Bei der Prozeßsteuerung kommt es also durch *Zugriff auf ein gemeinsames Betriebsmittel*, nämlich letztlich den Fahrer, zur Konfusion, so daß eine Lösung durch gegenseitigen Ausschluß die Zugriffsberechtigung regeln muß.

Diese drei Fälle sind exemplarisch für Probleme bei der (externen) Kooperation zwischen Steuerungs- und Objektprozeß. Darüber hinaus müssen aber auch die einzelnen Tasks untereinander kooperieren. Für die (interne) Kooperation sind ähnliche Beispiele typisch.

4. Beim Aufrüsten von Steuerungen müssen immer bestimmte Folgen einzelner Steuerungsprozesse durchlaufen werden (Bild 8-7d). Ist für jeden Steuerungsprozeß eine einzelne Task vorgesehen, kommt es also auf ihre richtige *Reihenfolge* an.

Bei einer Prozeßsteuerung, die von mehreren zusammenwirkenden Tasks wahrgenommen wird, ist der gegenseitige Informationsaustausch, d. h. die Kommunikation der Tasks untereinander, für die geplante Gesamtfunktion eine hinreichende Voraussetzung. Bei der Kommunikation zwischen Tasks lassen sich mehrere Arten unterscheiden.

5. Bei einer einfachen Art der Kommunikation wird eine produzierte Information einem Verbraucher signalisiert, unabhängig ob dieser sie gebraucht bzw. anfordert oder nicht (Bild 8-7e). Diese nicht synchronisierte Art eines *Anzeigedienstes* ist typisch, wenn z. B. der Produzent schneller ist als der Verbraucher. Hier darf der Lieferant möglicherweise schon neue Informationen produzieren, auch wenn die vorher erzeugte noch nicht gebraucht worden war. Das ist beispielsweise bei Prozeßsteuerungen wichtig, wo z. B. Regelungs- oder Optimierungstasks jeweils mit den jüngsten Daten einer Meßwerterfassungstask versorgt werden müssen, damit Rechtzeitigkeit gewahrt wird.

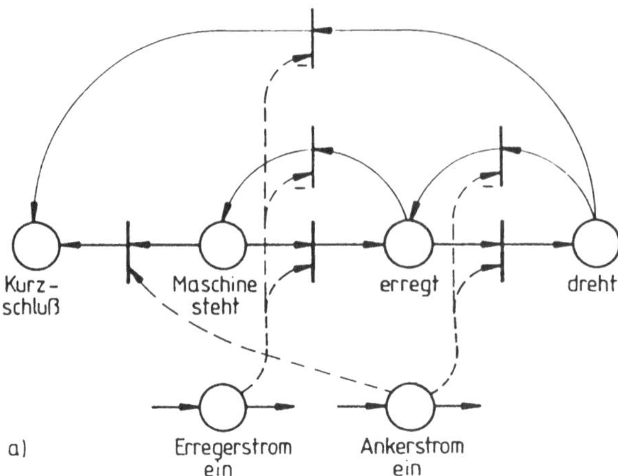

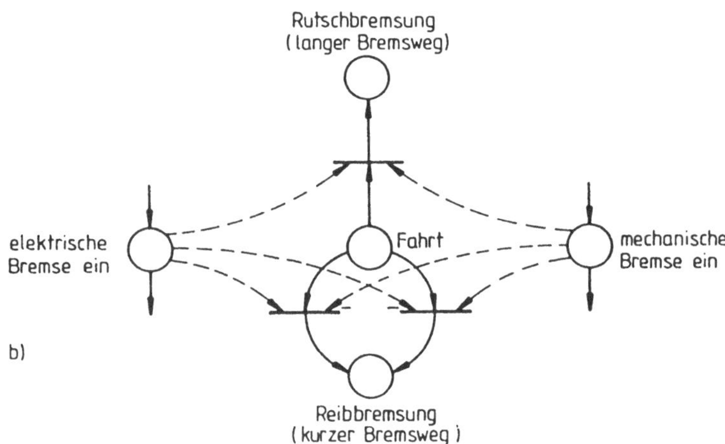

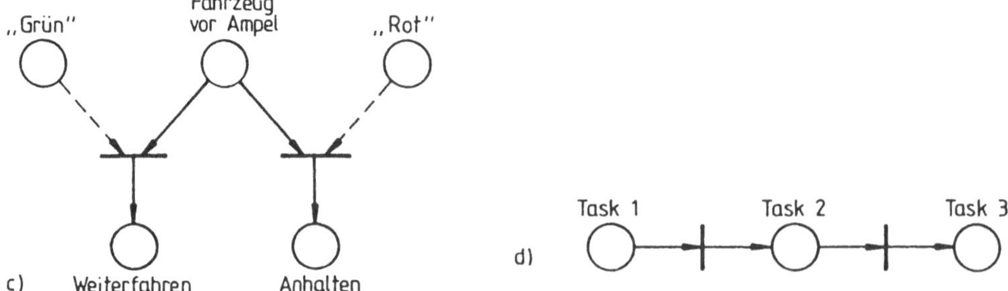

Bild 8-7 Probleme bei der Kooperation

a) Reihenfolge von Prozeßzuständen

b) Wechselseitiger Ausschluß von Prozeßzuständen

c) Koordinationsproblem bei Einwirkung auf gemeinsame Prozeßbetriebsmittel

d) Reihenfolge von Tasks

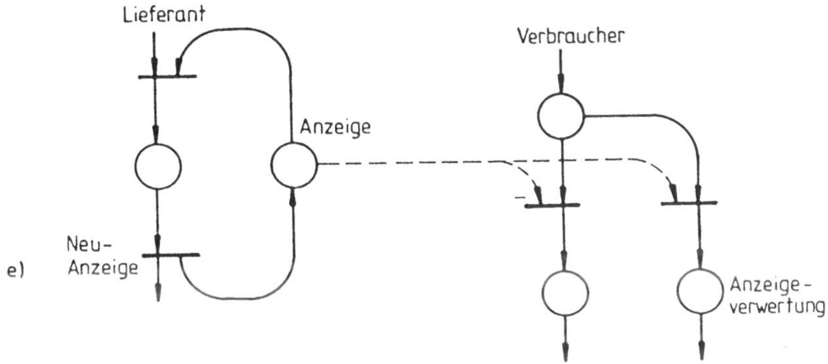

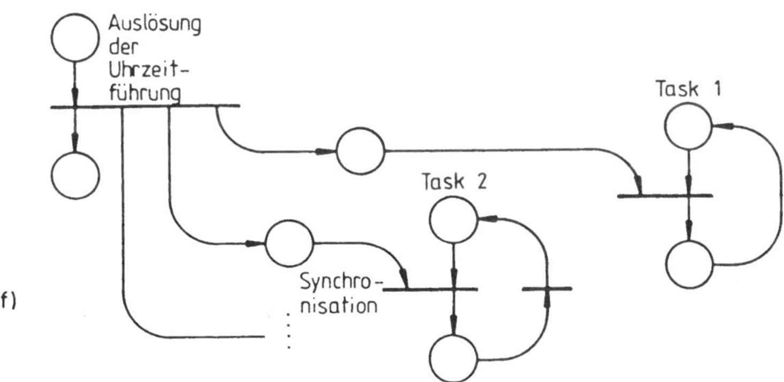

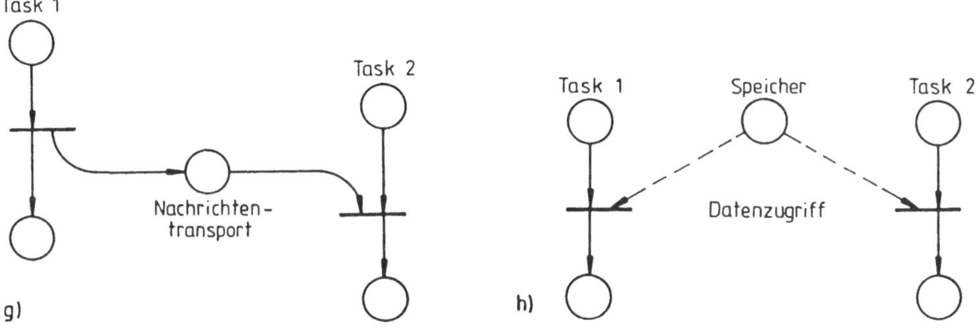

Bild 8-7

e) Taskkommunikation durch Anzeige

f) Tasksynchronisation durch Uhrzeitführung

g) Taskkommunikation durch Nachrichtentransport

h) Taskkoordination bei Zugriff auf gemeinsames Betriebsmittel

6. Ein anderer einfacher Extremfall einer Kommunikation ist die *Uhrzeitführung*, bei der z. B. viele u. U. auf verschiedenen Prozessoren laufende Tasks von zentraler Stelle in gewissen Abständen synchronisiert werden müssen (Bild 8-7f), was eine hohe Priorität dieses Dienstes bedingt.

7. Manche Steuerungsaufgaben verlangen die gegenseitig abgestimmte Informationsübergabe zwischen den Tasks. Das ist z. B. der Fall, wenn eine Protokolltask jeden Wert einer Meßtask aus Vollständigkeitsgründen erhalten muß. Bei diesem *Nachrichtentransport* handelt es sich um ein abgestimmtes Erzeuger-Verbraucher-Verhalten, das durch zweiseitige Kanalkopplung mit oder ohne Entkopplung durch Puffer realisiert werden kann. Der Verbraucher darf erst zugreifen, wenn der Erzeuger sein Produkt (Information) vollständig erzeugt hat. Andererseits darf der Produzent aber auch noch keine (neue) Information zu dem vom Konsumenten beanspruchten Kanal liefern, solange dieser noch daraus Information bezieht (Bild 8-7g).

8. Wird in einem Steuerungssystem Information für die einzelnen Tasks an zentraler Stelle, z. B. in einem gemeinsamen Speicher aufbewahrt, kann es neben dem formalen Konflikt, daß zwei Tasks zu einer Variablen den *Datenzugriff* gleichzeitig beanspruchen (Bild 8-7n), noch das Problem kommen, daß durch eine unvorhergesehene Zugriffsfolge von Tasks Daten manipuliert werden. Das kann z. B. bei Fernbedienung, Dateitransfer und Datenzugriff passieren. Probleme durch *Zugriff auf gemeinsame Speicher* müssen durch geeignete Koordination und Zuweisung von Zugriffsrechten gelöst werden.

Generell ergeben sich bei der (internen) Kooperation von Tasks innerhalb einer Steuerung ähnliche Problemstellungen wie bei der (externen) Kooperation von Steuerung und Prozeß. Es ist daher zweckmäßig, die Konflikte interner und externer Kooperation durch gleichartige Prinzipien und anwendungsunabhängige Mechanismen zu lösen. Hierzu gehören Koordination und Synchronisation von Tasks.

8.2.5 Koordination und Synchronisation

Da nur der Planer eines Prozeßsteuerungssystems die aus dem Funktionskonzept der Steuerung bzw. des Objektsprozesses erwachsenden Konflikte voraussehen kann, muß er die einzelnen Tasks mit ihrer zugehörigen Kooperation durch geeignete Mechanismen des Betriebssystems, sogenannte Steuerungsprimitive, in die Lage bringen, mögliche Konflikte bei der Bearbeitung nach formalen Regeln selbsttätig zu lösen.

Derartige Mechanismen, wo spätestens bei einer akuten Bedienungsanforderung einer konkurrierenden Task über die weitere Bearbeitungsfolge entschieden werden muß, werden zur Synchronisation und Koordination von Tasks gezählt. Sie können dazu dienen, eine Reihenfolge der Bearbeitung (Synchronisation) oder einen gegenseitigen Ausschluß (Koordination) zu erzwingen.

Mit Synchronisation und Koordination lassen sich alle Konfliktfälle bei der externen und internen Kooperation, also auch bei der Intertaskkommunikation, lösen. Die Verwendung des Prozeßbegriffs macht diesen Sachverhalt besonders deutlich: Es handelt sich immer um den Austausch von Informationen zwischen (mindestens) zwei nebenläufigen Teilprozessen aus dem Steuerungs- oder dem Objektsystem (z. B. über die Belegung von Betriebsmitteln oder über die Objektprozeßzustände).

Koordination

Eine notwendige Voraussetzung für die Gestaltung einer konfliktfreien Koordination ist, daß man sich darüber im klaren ist, wann eine Task ihren aktiven Zustand nicht mehr verlassen darf bzw. wieder unterbrechen kann, d. h. in welchem Bereich der Steuerfolge ein sogenannter *kritischer Abschnitt* konsequent durchlaufen werden muß [8-7].

Dafür sind im Prinzip nur zwei duale Operationstypen erforderlich, die mit der P- und der V-Operation realisiert werden [8-6 bis 8-9]. Die Wirkungsweise dieser beiden Operationen am Beispiel des wechselseitigen Ausschlusses zweier Tasks zeigt das Petrinetz Bild 8-8. Beim Beginn eines kritischen Abschnitts einer Task prüft die P-Operation über den Zustand einer global verfügbaren Signalvariablen, der Semaphore, ob bereits eine andere Task in einen kritischen Abschnitt eingetreten ist. Ist das nicht der Fall, tritt sie selbst in ihren kritischen Abschnitt ein und verändert die Signalvariable entsprechend. Andernfalls wird die gerade bediente Task erst einmal suspendiert, da sie sonst mit der konkurrierenden ins Gehege käme. Erst nach Signalisierung der Freigabe kann sie ihre Aktivität fortsetzen. Immer nach Verlassen des kritischen Bereichs muß wieder der Sperrzustand der Signalvariable mit der V-Operation aufgehoben werden. Problematisch ist dabei, daß bereits die P- und V-Operationen kritische Abschnitte darstellen, deren ungestörte Bearbeitung allerdings sichergestellt sein muß.

Der *wechselseitige Ausschluß* von Tasks dient zur Vermeidung von semantisch bzw. technisch bedingten Konflikten konkurrenter Prozesse mit gemeinsamen informationellen Kopplungsbereichen. Diese Situation ist auch kennzeichnend für den Austausch von Information zwischen Prozessen über Botschaften in speziellen Speicherbereichen ge-

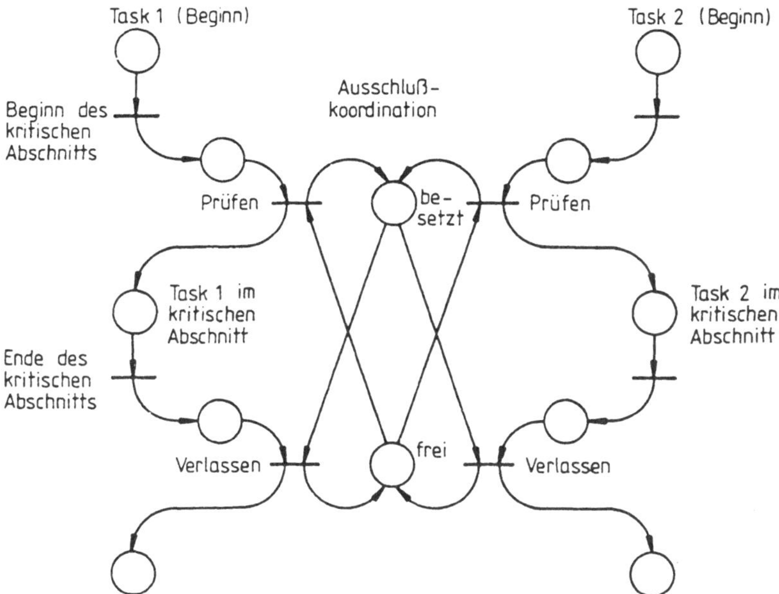

Bild 8-8 Petrinetz zur Koordination des wechselseitigen Ausschlusses

meinsamen Zugriffs, sogenannte Briefkästen oder Mailboxes. Eine andere Möglichkeit, Konflikte konkurrenter Prozesse zu bewältigen, war die räumliche Entkopplung mit mehreren Prozessoren über zusätzliche Pufferspeicher.

Synchronisation

Neben der zeitlichen Koordination paralleler Prozesse lassen sich diese dualen Mechanismen auch zur logischen Synchronisation, d. h. zur Abstimmung sequentieller Steuerungsprozesse anwenden, wenn diese in einer bestimmten, unveränderbaren Reihenfolge ablaufen sollen. Ist für jeden Teilsteuerungsprozeß eine einzelne Task vorgesehen, wird der Gesamtprozeß durch die im Petrinetz Bild 8-9 dargestellte Kopplung über P- und V-Operationen mit jeweils gemeinsamen Signalvariablen korrekt synchronisiert.

Sprachmittel

Zur Behandlung von Synchronisation und Kommunikation sind entsprechende Mechanismen auf verschiedenen Ebenen vorhanden. Geeignete P- und V-Operationen weisen z. B. Befehlssätze (TEST and SET), Betriebssystemkerne (SEND/RECEIVE, INC/DEC, LOCK/UNLOCK) und einige Programmiersprachen mit passenden Operationen und speziellen Variablentypen (z. B. semaphor- oder bolt-Operatoren) auf.

Damit werden auch Möglichkeiten zur Kooperation mehrerer Tasks erschlossen. Die vielseitige Verwendung dieser grundlegenden, elementaren und leicht verständlichen Mechanismen ist aber nicht unproblematisch. Das liegt vor allem an ihrem elementaren Charakter und ihrer dezentralen Anordnung in den jeweiligen Tasks. So ist es z. B. möglich, in einen kritischen Abschnitt hineinzuspringen, eine V-Operation zu vergessen oder die Operationen überhaupt anzuwenden usw. [8-14, 8-15].

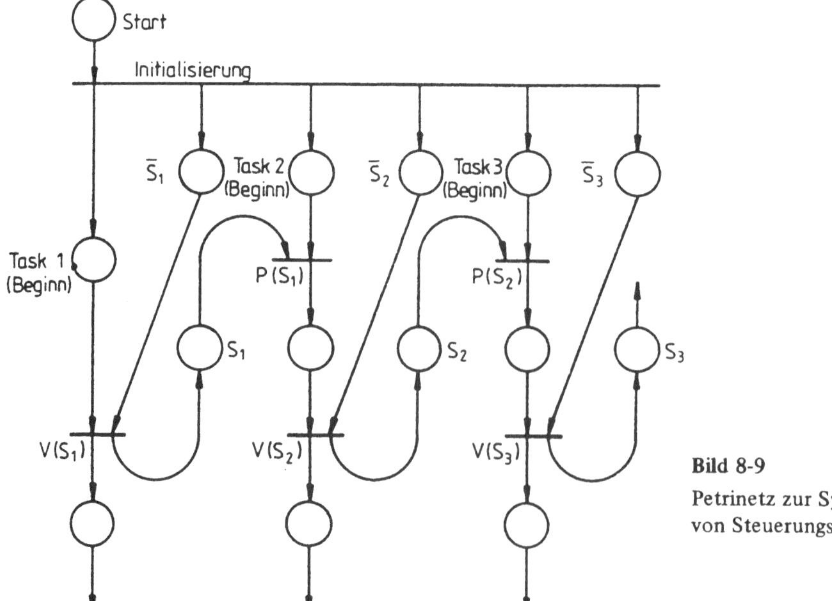

Bild 8-9
Petrinetz zur Synchronisation von Steuerungsprozessen

Um diese Unsicherheiten zu vermeiden, wurde das *Monitorkonzept* entwickelt und in höheren Programmiersprachen (MODULA2, Concurrent Pascal, Pascal Plus) realisiert. Ein Monitor ist eine zentrale Verwaltungsstelle für kooperierende Teilprozesse einzelner Tasks [8-16, 8-17], (Bild 8-10). Die interne Verwaltung in dieser Stelle verwendet wieder die bekannten Elementarmechanismen. Vorteilhaft beim Monitorkonzept ist, daß Koordinierungs- und Synchronisierungsmechanismen nicht mehr in den kooperierenden Tasks programmiert werden müssen, sondern von der zentralen Stelle wahrgenommen werden. Man spricht in diesem Zusammenhang von einer „Asynchronitäts-Abstraktion" [8-18]. Auf diese Weise werden Anwendungstasks von Tasks zur Betriebsmittelverwaltung (u. U. Betriebssystem) klar getrennt. Die Richtigkeit der Verwaltungstasks kann deshalb auch zentral geprüft und u. U. bewiesen werden [8-16, 8-17]. Die unerwünschte Basis der Primitive wurde jedoch nicht aufgehoben. Problematisch ist auch, daß sich verschachtelte Monitoren blockieren können. Zudem schränkt die enge Verzahnung bei der Implementierung auf Mehrrechnersystemen die Parallelarbeit über ein notwendiges Maß hinaus ein.

In Anlehnung an das Monitorkonzept wurde das *Rendezvouskonzept* zur Taskkooperation eingeführt und in der Hochsprache Ada, die keine Betriebssystemunterstützung erfordert, realisiert. Die Basis für die Taskkooperation durch Rendezvous ist die natürliche ganzheitliche Betrachtung von Synchronisation und Kommunikation zwischen Prozessen, die synchron in einer Instanz abläuft [8-14, 8-15], wie das Petrinetz Bild 8-11 schematisch zeigt.

Für die Kooperation der Tasks ist eine weitere Kooperationstask zuständig. Die Interprozeßkooperation wird ausgelöst, indem die betreffenden Tasks ihre Bereitschaft dazu ankündigen. Dazu muß ein Ruf (entry call) auf eine accept-Anweisung der Kooperationstask erfolgen, die nach Eintreffen aller Rufe das Rendezvous ausführt. Dadurch vergrößert sich gegenüber den anderen Lösungen die Zahl konkurrenter Prozesse [8-15].

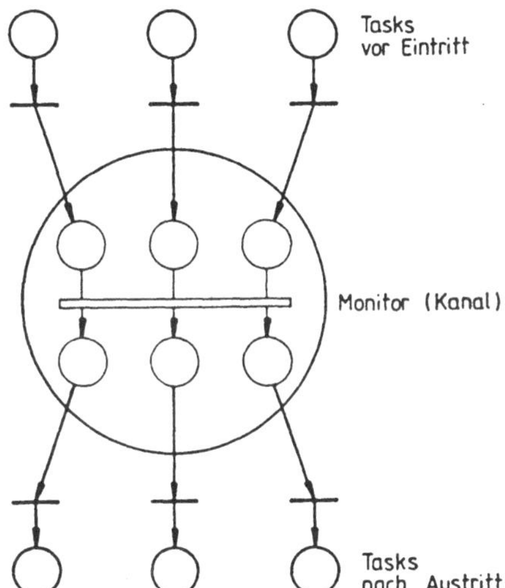

Bild 8-10 Petrinetz zur Kooperation nach dem Monitorkonzept (schematisch)

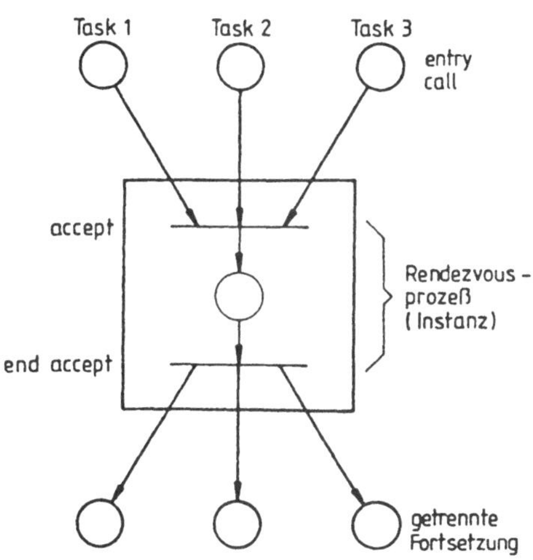

Bild 8-11 Petrinetz der Kooperation nach dem Rendezvouskonzept (schematisch)

Nach Ausführung des Rendezvousprozesses (end accept), der verschiedene Arten der Kommunikation zwischen den Tasks erlaubt, werden die aufrufenden Tasks entlassen und setzen ihren Weg individuell fort.

Dieses Konzept kommt dem natürlichen Verständnis kooperierender Prozesse vom dynamischen System entgegen, so daß auch Implementationen auf anderen Sprachen realisiert wurden [8-19]. Intern ermöglicht ein Rendezvous einen (konfliktfreien) gegenseitigen Ausschluß (select) und zudem die Zugriffskontrolle (guard) bei gemeinsam benutzten Speicherbereichen. Diese Art einer automatischen Zwangssynchronisation ist jedoch für entkoppelte Kommunikationen, z. B. bei Anzeigediensten, nicht brauchbar. Die Übertragung des Konzepts auf Mehrrechnersysteme setzt eine zentrale Kontrolle voraus [8-14].

8.2.6 Betrieb von Mehrrechnersystemen

Werden Aufgaben zur Steuerung von Objektprozessen aus später diskutierten Gründen (Kap. 9.1) einem Mehrrechnerverbund übertragen, müssen die dazu jetzt auch tatsächlich parallel ablauffähigen Steuerungsprozesse nur noch gemäß ihrer inhaltlichen Konzeption kooperieren, so daß die globale Programmkooperation zurücktritt; eine Aufgabe, die wegen der Vervielfachung und Dezentralisierung der Betriebsmittel natürlich nicht von einem Monoprozessor-Betriebssystem wahrgenommen werden kann. Für die Struktur eines Mehrprozessor-Betriebssystems ist die jeweilige Architektur maßgebend.

Für die Kommunikation im Netzverbund ist ein einheitliches Konzept sinnvoll [8-20], das für den Datenaustausch innerhalb eines Knotens und auch dann gilt, wenn die Knoten durch Leitungen verbunden sind. Zu den grundlegenden Betriebsfunktionen eines Monoprozessors in den Netzknoten treten jetzt Funktionen der Netzwerksteuerung hinzu. Sie erfüllen die Auftragsannahme und -delegation an die Knoten, die nur noch ihre momentanen Betriebszustände über die von ihrer Knotenverwaltung aktualisierten Betriebssystemlisten zentral offenbaren. Die Kommunikation zwischen den Knoten selbst übernimmt die Netzwerksteuerung. Um gegenseitig Änderungen in den Betriebszuständen, wie die Anforderungen zur Synchronisation und Koordination erkennen zu können, müssen die Prozessoren zu Betriebssystemaufrufen veranlaßt werden. Das erfordert, daß jeder Knoten mit jedem anderen verbunden sein muß, z. B. mit Interruptleitungen. Entsprechende Hardwareverschaltung liefert damit eine Voraussetzung für ein derartiges Mehrrechnerbetriebssystem.

Eine andere Möglichkeit, Mehrrechnerbetrieb durch Betriebssysteme zu unterstützten, wird in [8-21] beschrieben. Die Grundlage ist ein Standardrechnersystem mit Multiprozessoren und dedizierten Speichern wie einem gemeinsamen Speicherbereich. Der aktive Teil des Betriebssystems entspricht dem eines Monoprozessors und ist in jedem Einzelprozessor enthalten; die Listen sind auch hier und daneben ebenfalls im gemeinsamen Speicher enthalten, damit der Datentransfer minimal bleibt. Simultane Prozesse auf den Prozessoren laufen im Multitaskingbetrieb ab, echt parallele Prozesse werden durch Interruptverbindungen und FIFO-Speicher zwischen den einzelnen Prozessoren synchronisiert.

Die Hardware-Verbindungen über Interruptsignale zur Synchronisation echt paralleler Prozesse bilden eine Art Invariante bei den Voraussetzungen für Steuerungsprozesse mit

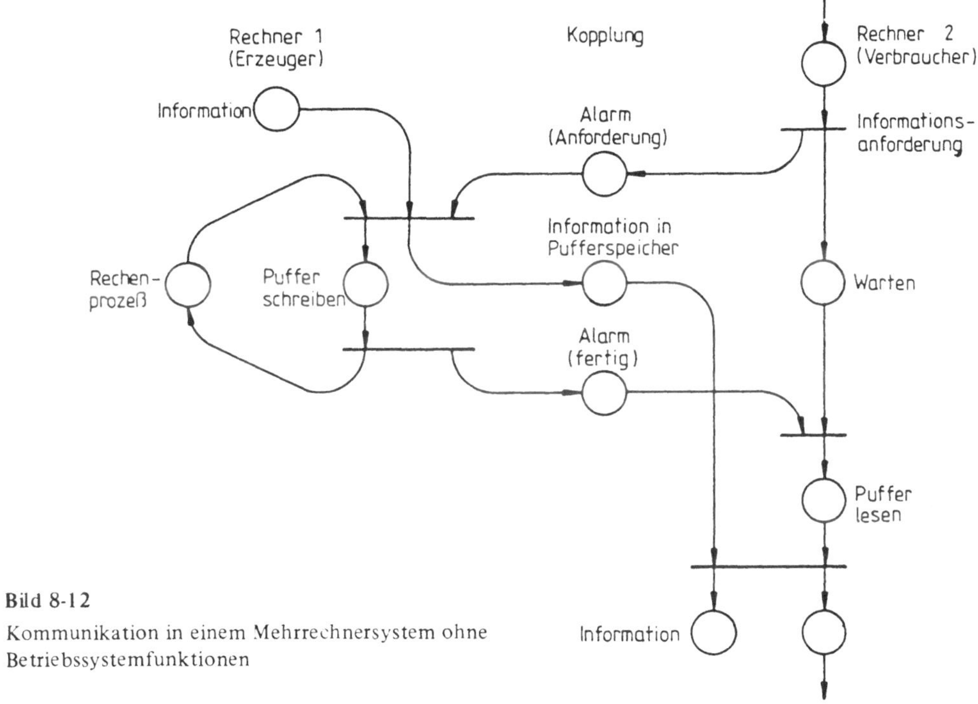

Bild 8-12
Kommunikation in einem Mehrrechnersystem ohne Betriebssystemfunktionen

Mehrrechnersystemen. Fehlt ein gemeinsamer Speicher, sind Pufferbereiche zur Informationsübertragung über Punkt-zu-Punkt-Verbindungen zweckmäßig, um die einzelnen Prozesse zeitlich zu entkoppeln. Diese Struktur ist auch dann noch sinnvoll, wenn aus Zeitgründen keine Betriebssystemfunktionen in Anspruch genommen werden können. Bild 8-12 zeigt in Form eines Petrinetzes die dynamische Struktur einer Kommunikation zwischen zwei Rechnern, die eine zeitliche Entkopplung bei einem modifizierten Erzeuger-Verbraucher-Verhältnis bewirkt, indem sich ein langsamerer periodisch niederfrequenter Steuerungsprozeß auf dem einen Rechner (Verbraucher) immer mit aktuellen Informationen aus der schnelleren Prozeßzustandserfassung vom anderen Rechner (Erzeuger) versorgt.

Wenn auch die Gerätetechnik schon alle Voraussetzungen für den Betrieb von Mehrrechnersystemen bietet, zeichnen sich gegenwärtig noch keine dominierenden und optimalen Systemstrukturen ab, obwohl gewisse Anzeichen für Systeme mit geringerer Vernetzung in hierarchischer oder ringförmiger Struktur sprechen.

Ihnen ist das Prinzip der begrenzten Nachbarschaft zu eigen. Am weitesten sind hierfür die Hardware-Konzepte entwickelt, wobei Buskonzepte mit zweiseitigen Kopplungen – mit oder ohne Pufferspeicher – konkurrieren. Bei den zugehörigen Betriebssystemen steht man noch am Anfang; hier macht sich insbesondere die Vielfalt spezieller Anwendungsfälle erschwerend bemerkbar. Eine gewisse Vorreiterrolle bei diesen Systemen spielt die kommerzielle Datenverarbeitung [8-22].

8.3 Prozeßprogrammiersprachen

Hat man eine Prozeßsteuerungsaufgabe funktional analysiert und in einzelne Tasks aufgespalten sowie die zugehörige Kooperationsstrategie entworfen, stellt sich spätestens jetzt die Frage, in welcher Programmiersprache die algorithmisch-parametrischen Funktions- und die dynamisch-kausalen Kooperationszusammenhänge zu implementieren sind. Programmiersprachen sind Informationssysteme, die eine Menge von Einzelinformationen in Form lexikalischer Elemente, z. B. Zeichen und Wörter, und eine Menge von Regeln zur Verknüpfung der Einzelinformationen (Anweisungsarten, Operationen usw.) enthalten. Damit liegen wieder duale Informationskategorien vor:

– Strukturinformationen beschreiben als Verknüpfungsregeln die möglichen Relationen zwischen Sprachelementen, sie bilden die Funktionen in der formalen Syntax der Programmiersprache.
– Betrachtet man rein formal die Ausführung von Programmen, so sind dabei die einzelnen, durch spezielle Sprachelemente ausgedrückten Informationen Gegenstand der Funktionen und Bezugsobjekt der Relationen. Somit können sie als Zustands-, Informations- oder Datenobjekte der informationellen Verarbeitungsprozesse gedeutet werden.

Bei der Formulierung einer Aufgabenlösung durch Informationen einer bestimmten Programmiersprache wird die funktionale Struktur jeder Steuerungsaufgabe mit Hilfe der Sprachelemente und der syntaktischen Regeln in eine Programmstruktur abgebildet – im Prinzip ein kreativer Transformationsprozeß – bei dem die Informationsmenge einer Programmiersprache nach Maßgabe einer detailliert, z. B. in Form von Programmablaufplänen, vorliegenden Darstellung der informationellen Steuerungsstruktur umgeordnet und einer neuen Menge zugeordnet wird. Ziel ist ein ablauffähiges Programm mit dem Rechner verständlichen Befehlen im sogenannten Maschinencode (MC); die Vorgehensweise dafür enthält Bild 8-13 summarisch.

Der hier vorerst noch konzentriert abgebildete Weg von der Steuerungsstruktur über Programmablaufpläne bis zu ihrer Realisierung im Maschinen- oder Objektcode enthält im letzten Teil Alternativen, die in der verfeinerten Darstellung im Petrinetz von Bild 8-14 sichtbar werden. Ausgehend vom Programmablaufplan wird das Programm in mehr natürlichen Sprachstrukturen oder eher maschinennaher mnemotechnischer Codierung formuliert. Um die programmierten Informationsstrukturen in eine Folge von Prozessoranweisungen zu transformieren, sind abhängig von der gewählten Programmiersprache bestimmte Aufbereitungsmechanismen erforderlich. Grundsätzlich kann man dafür drei verschiedene Transformationsprozesse unterscheiden: Interpretation, Compilation und Assemblierung. Die endgültige Formulierung des Steuerungsproblems auf der Ebene des Maschinencodes hängt wesentlich von der verwendeten Programmiersprache (Quellcode) und der Effektivität der Transformationsprozesse ab; dabei kann der erforderliche Speicherplatz oder die Bearbeitungszeit jeweils über Zehnerpotenzen variieren. Optimale Programmlaufzeiten zu erzielen ist oft der Grund gewesen, weswegen der Löwenanteil aller Prozeßsteuerungen mit Rechnern in Assembler-Programmiersprachen formuliert worden ist [8-23], was aber oft einen erhöhten Aufwand bei der Programmentwicklung erforderte.

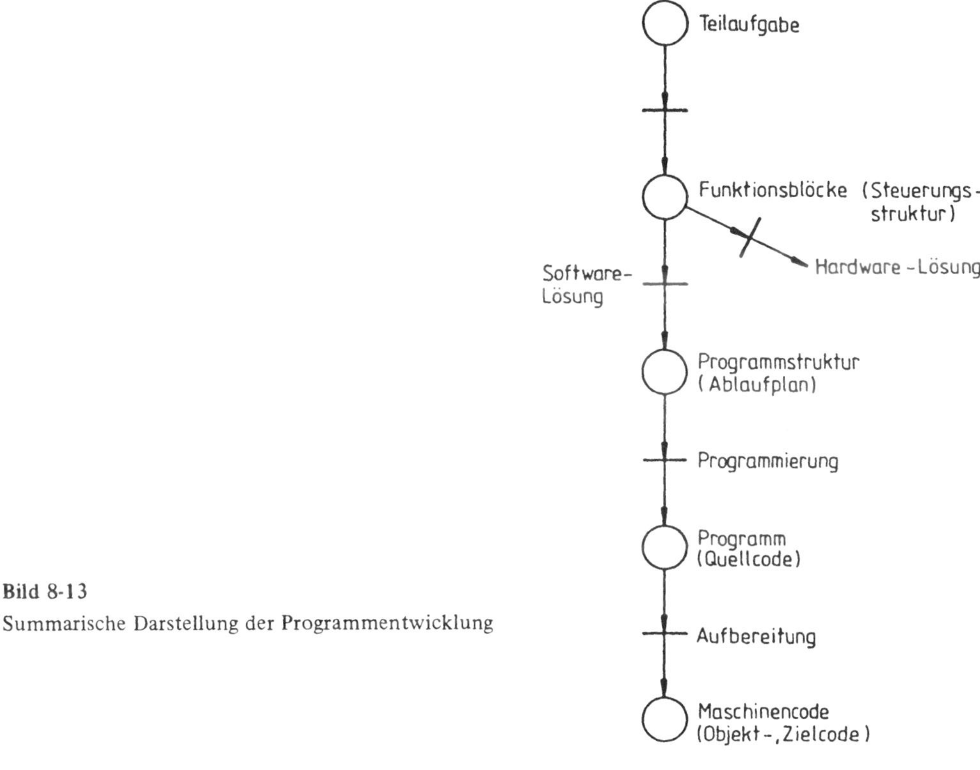

Bild 8-13
Summarische Darstellung der Programmentwicklung

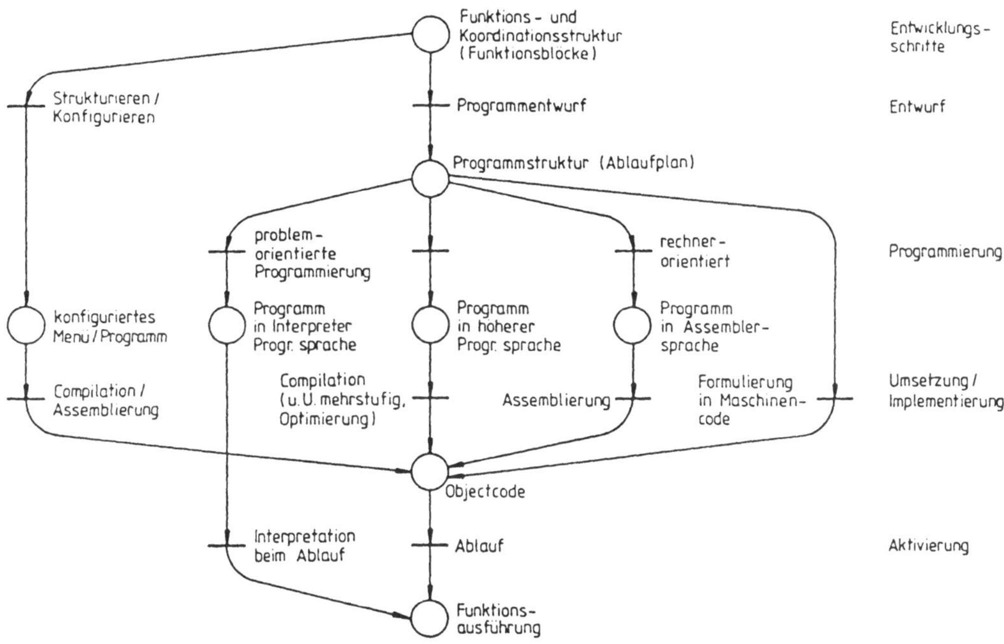

Bild 8-14 Detaillierte Darstellung der Programmentwicklung

8.3.1 Eigenschaften und Anforderungen

Prozeßprogrammiersprachen sind aufgrund besonderer Funktionsstrukturen und Sprachelemente für die informationelle Formulierung von Prozeßsteuerungsaufgaben zur Realisierung durch Informationsverarbeitung geeignet. Die Systemeigenschaften von Prozeßprogrammiersprachen gehen oft weit über das Sprachvermögen (Mächtigkeit) einer gewöhnlichen Programmiersprache hinaus [8-15, 8-24, 8-25]. Ihre besonderen Merkmale sind die Folge verschiedener Anforderungen, die bereits bei der Koordinierung der Informationsverarbeitung (7.5) und beim Echtzeitbetrieb von Steuerungsprozessen (8.1) angegeben wurden. Tabelle 8-2 enthält eine Zusammenstellung der notwendigen Eigenschaften von Programmiersprachen für den Echtzeitbetrieb informationeller Steuerungsprozesse.

Schwierigkeiten, eine Programmiersprache für Prozeßsteuerungen zu entwickeln, liegen darin, daß neben der verbindlich zugänglichen Standardperipherie noch weitere Berührungsstellen zu anderen und vom jeweiligen Anwendungsfall abhängigen Komponenten des Prozeßrechnersystems bestehen müssen (z. B. Zentraleinheit, Betriebssystem, Prozeßperipherie), die in ihrer speziellen Eigenart zu berücksichtigen sind (Bild 8-15). Die gegenseitigen Verknüpfungen zwischen den einzelnen Komponenten, verbunden mit der hohen Anzahl von Freiheitsgraden bei der Informationsdarstellung, erschweren die Implementierung der Steuerungsaufgabe zusätzlich. Das erklärt die große Zahl verschiedener Prozeßsprachen bzw. Sprachdialekte. Bei einigen Sprachkonstruktionen versucht man diese Problematik für den Anwender dadurch zu mildern wenn nicht gar zu umgehen, indem die Sprache einerseits Sprachelemente und -strukturen für einen rechner- und anwendungs-, d. h. gerätetechnisch unspezifischen, eher funktionsorientierten Problemteil enthält, daneben in einem rechner- und peripherieabhängigen individuellen Systemteil standardisierte Elemente beinhaltet, die die Verbindung zwischen (Anwender-)Problem und Rechner und Prozeß besorgen. Bild 8-16 zeigt, wie die ursprünglich vorhandenen Schnittstellen von neuen einheitlichen Sprachelementen aufgesogen werden, was durch eine Ausdehnung des Sprachumfanges erkauft wird.

Tabelle 8-2 Merkmale und Eigenschaften von Prozeßprogrammiersprachen

1. Allgemeine Merkmale und Eigenschaften
   - System(atik) der Datentypen und Objekte
   - Speicher- und Dateiverwaltung
   - Textbehandlung und symbolische Benennung
   - Modularisierung
   - Fehlererkennung und -behandlung
2. Übersichtlichkeit und Strukturierbarkeit
3. Zugriff auf und Manipulation von Information auch innerhalb von Datenworten (Halbworte, Byte, Nibble, Bit)
4. Einfügen von Assembler- oder Maschinencode in den Quellcode
5. Kommunikation mit den Ein- und Ausgabeeinheiten, direkter Hardwarezugriff (auch in der Zentraleinheit)
6. Organisation, Verwaltung und Reaktion bei zeit- und ereignisabhängigen Alarmmeldungen
7. Interkommunikation und Synchronisation bei parallelen Aktivitäten

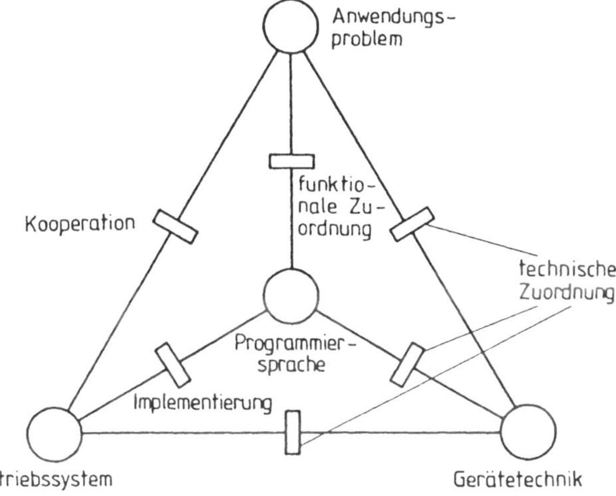

Bild 8-15 Verknüpfungen und Berührungspunkte zwischen den Komponenten eines Prozeßrechnersystems

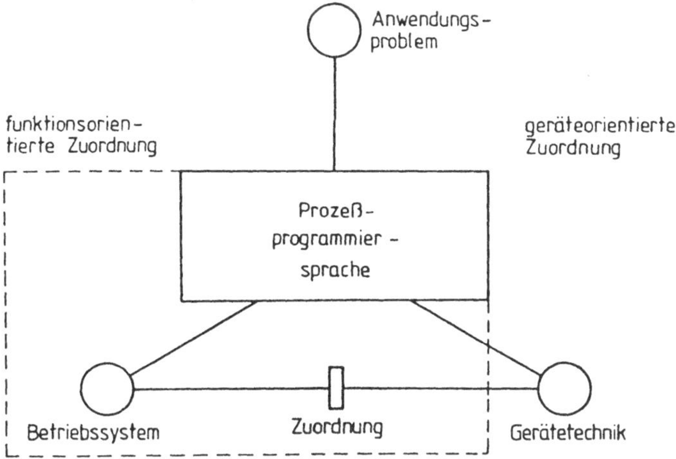

Bild 8-16 Konzentration der Komponenten und Vereinheitlichung der Schnittstellen in einem Prozeßrechnersystem

8.3.2 Überblick und Klassifizierung

Um den Katalog der Eigenschaften und Anforderungen in Prozeßprogrammiersprachen zu realisieren, sind grundsätzlich verschiedene Wege möglich; sie führen zu Sprachen, welche nach verschiedenen Gesichtspunkten wie Formulierungseigenschaften, Effizienz, Stammbaum, Erstellung, Brauchbarkeit usw. geordnet und bewertet werden können [8-23 bis 8-30]. Im folgenden Überblick werden Prozeßprogrammiersprachen nach praktischen und anwendungsabhängigen Gesichtspunkten klassifiziert.

Erweiterung höherer Programmiersprachen

Bestehende und eingeführte technisch-wissenschaftliche Sprachen beinhalten höhere Funktionsstrukturen und -elemente sowie Datentypen, was eine leichte Transformation der Steuerungsalgorithmen begünstigt. Die noch fehlenden Eigenschaften 3 bis 7 zur Prozeßsteuerung von Tabelle 8-2 enthalten zusätzlich maschinennah formulierte Unterprogramme, die vom Anwender eingefügt oder über das Betriebssystem aufgerufen werden. Derartige Erweiterungen gibt es bei FORTRAN, BASIC, Pascal, PL/1 usw..

System- und Assemblersprachen

Einige Programmiersprachen erlauben durch einzelne Komponenten den unmittelbaren Zugriff zur Hardware und somit die Kontrolle über die Darstellung und Speicherung von Daten sowie den An- und Einschluß von Programmen in Maschinenbefehlen und zur Echtzeitbearbeitung. Mit den Eigenschaften 1 bis 5 von Tabelle 8-2 entspricht das den elementaren Anforderungen an eine Prozeßprogrammiersprache, die restlichen Eigenschaften können anwenderseitig auf den vorhandenen Eigenschaften aufgebaut werden. Zu diesen Sprachen zählen auf der einen Seite die sogenannten Systemprogrammiersprachen (z. B. SL3, BCPL, CORAL(66), PL/Sys, RTL; C ...). Das Gegenstück hierzu bilden die Assemblersprachen, insbesondere für Mikrorechner, welche ihrerseits den Einschluß von Betriebssystemfunktionen ermöglichen (PL/M, MPL, PLZ ...), [8-31].

Spezialsprachen

Eine kaum zu übersehende Vielzahl spezieller Aufgabentypen läßt jedoch jeweils viele gleichartige Installationen erwarten; so gibt es auf die zugehörigen Gerätesysteme der Prozeßsteuerung maßgeschneiderte Anwendungs- und Programmsysteme bzw. Fachsprachen (SIMAT, EXAPT, ATLAS, BICEPS, PROSPRO, STEP, MADAM, DIPOL ...) z. B. für numerisch gesteuerte Werkzeugmaschinen, automatische Produktprüfung, allgemeine Steuerungsabläufe, automatische Förderanlagen, Roboter usw. oder für beliebig aus Standardelementen konfigurierbare Prozeßsteuerungs-(Automatisierungs-)Systeme für unterschiedliche Objektprozesse. Oft sind die Sprachen derart anwenderfreundlich aufbereitet, daß im Dialog mit dem Steuerungssystem aus einem Satz verfügbarer Sprachmodule beliebige Lösungen individuell zusammengestellt werden können (Blocksprachen, Menüsprachen) oder nur noch durch Einfügen bestimmter Codewörter in vorgegebene Strukturen spezielle Aufgaben gelöst werden ("fill in the blanks", Menüsprachen), [8-32]. Für den Benutzer dieser Sprachen sind nur die Eigenschaften 2 und 5 der Tabelle 8-2 sichtbar.

Universelle Prozeßprogrammiersprachen

Im Gegensatz dazu wurden für beliebige Aufgabenstellungen universelle Prozeßprogrammiersprachen entwickelt (PROCOL, PEARL, ADA, HALS, PAS1 ...). Sie weisen alle Eigenschaften für Prozeßprogrammiersprachen der Tabelle 8-2 mit Ausnahme der 4. Eigenschaft auf, indem sie auf dem Niveau höherer Programmiersprachen auch sonst nur Betriebssystemen vorbehaltene Mechanismen bereitstellen sowie dank herstellerseitiger Anpassungssoftware einheitliche Schnittstellen zur gesamten Peripherie aufweisen; damit erübrigt sich Eigenschaft 4, Assembler oder Maschinencode einzufügen [8-33].

Bei der Entscheidung für eine in Betracht kommende Prozeßprogrammiersprache sind folgende, teilweise konkurrierenden und gegenläufigen Kriterien zweckmäßig: Anwendungsprofil, Ausdruckskraft, Algorithmik, Benutzerfreundlichkeit, Brauchbarkeit, Codeeffizienz, Dokumentationsfähigkeit, Fehleranfälligkeit, Formulierbarkeit, Herstellungskosten, Infrastruktur, Investitionskosten, Laufzeiteffizienz, Mächtigkeit, Portabilität, Speicherbedarf (Grundsoftware und Anwenderprogramme), Strukturierbarkeit, Testbarkeit, Wartungskosten [8-26, 8-33].

8.3.3 BASIC

Ein typisches Beispiel für die Anwendung und Erweiterung höherer Programmiersprachen für Aufgaben der informationellen Prozeßsteuerung ist das weitverbreitete BASIC [8-34].

Ist zwar BASIC wegen seiner leichten Erlernbarkeit vielen Anwendern bekannt, leidet es jedoch wegen mangelnder bzw. ausstehender Normung an seinen abweichenden Dialekten unterschiedlicher Mächtigkeit, da jeder Hersteller seine eigenen z. T. geräteabhängigen Varianten anbietet. So wurden schon 1977 15 verschiedene Echtzeit-BASIC-Dialekte registriert [8-35]. Eine weitere Schwäche ist die schwerfällige Verarbeitung der Information durch den Interpreter, was die Rechenzeit um eine Größenordnung gegenüber der Assemblerprogrammierung verlangsamt. Abhilfe kann hier nur eine Compilation vor dem Einsatz schaffen. Daneben stehen manchmal als weitere Nachteile die schlechte Strukturierbarkeit, die schwierige Variablenübergabe bei Unterprogrammen, der begrenzte Umfang an Variablen und ihre geringe mnemotechnische Unterscheidbarkeit, was sich aber in gewissem Umfang durch Verwendung von Editoren oder Monitoren vermeiden läßt. Auf der anderen Seite sind gerade die einfachen Sprachmittel und die Dialogfähigkeit des Interpreters wie die sehr flexible Textbearbeitung die Ursachen für die weite Verbreitung dieser Programmiersprache.

Die einzelnen BASIC-Prozeßprogrammiersprachen besitzen alle Grundfunktionen für die informationelle Prozeßsteuerung, wie ereignis- und zeitgesteuerte Auftragsbedienung mit Prioritätsabhängigkeit, Zeitverwaltung und Ein- und Ausgabe zur Prozeßperipherie. Entweder sind sie Sprachstandard oder durch Spracherweiterungen, durch Rückgriff auf Gerätefunktionen oder durch die Implementierung und selten durch Einschluß von Assemblerprogrammen möglich [8-34]. Nennenswerte Verbesserungen des Echtzeitbetriebes lassen sich neben einer leistungsfähigen Hardware mit zusätzlichen Arithmetikprozessoren insbesondere durch die Taskverwaltung mit einem Echtzeitmonitor als Kernbetriebssystem erzielen [8-36].

Prozeßsteuerungen mit BASIC findet man bei weniger komplexen und zeitunkritischen Aufgaben, wo aber Flexibilität bei der Anpassung an besondere Aufgaben und ein intensiver Mensch-Maschine-Dialog gefordert wird. Ein Beispiel ist die Laborautomatisierung mit einer Datenkommunikation über die in viele Gerätesysteme integrierte IEC-Bus-Schnittstelle.

8.3.4 Assembler

Die nach wie vor unbestrittenen Vorzüge von Assembler-Prozeßprogrammiersprachen sind wegen ihres unmittelbaren Bezugs zum Befehlscode und damit der Gerätetechnik des Zentralprozessors die kurzen Programmlaufzeiten und der geringe Speicherplatzbedarf (der mit den geringen Kosten pro Speicherplatz nicht mehr von so großer Bedeutung ist, eher ist die Adressierkapazität entscheidend). Diese Merkmale sind dafür ausschlaggebend, daß sie bei vielen Anwendungen und insbesondere bei Mikroprozessoren eingesetzt werden [8-23, 8-37]. Der direkte Hardwarezugriff auch auf die Alarmbearbeitung erlaubt sehr schnelle Programmzustandswechsel, die aber auch von (langsameren) Komponenten eines Betriebssystems ausgeführt werden können. Diesen Vorteilen steht zwangsläufig ein hoher Aufwand für die Implementierung gegenüber, bei der sich aufgrund geringerer Übersichtlichkeit und Strukturierbarkeit, die sich durch sogenannte Makros verbessern lassen, auch eine geringere Benutzerfreundlichkeit und gewisse Fehlerhäufigkeit bemerkbar macht; letzte vor allem bei umfangreichen Programmsystemen, wo mit hohem Vermaschungsgrad der Teilprogramme die Fehlermöglichkeiten überproportional steigen.

8.3.5 PEARL

Direkt auf die Anforderungen einer Prozeßprogrammiersprache zugeschnitten ist PEARL [8-38, 8-39]. Diese Prozeßprogrammiersprache wurde mit staatlicher Förderung in den siebziger Jahren in der Bundesrepublik Deutschland entwickelt. Sie ist inzwischen genormt und spricht derzeit auch einen größeren Benutzerkreis insbesondere bei Mikrorechnern an [8-40, 8-41].

PEARL-Programme bestehen aus einem oder mehreren Modulen, von denen jeder mehrere Tasks beinhaltet, die zu einer bestimmten Rechnerperipherie gehören. Um bei der Implementierung vom Rechnersystem und der individuellen Peripheriegerätetechnik unabhängig zu werden, besteht ein Modul aus zwei prinzipiell verschiedenen Teilen, dem Systemteil und dem Problemteil.

Der Systemteil enthält eine Liste aller für den jeweiligen Anwendungsfall erforderlichen Berührungsstellen zwischen Steuerung und Objektsystem als Zuordnung zwischen den einsatzfall- und rechnersystemabhängigen Systemnamen und mnemotechnisch formulierten Benutzernamen. Dem Rechner wird somit praktisch die Kopplungsstruktur zu seiner Umgebung mitgeteilt. Mit dieser Konvention kann weitgehend, ohne auf Einzelheiten der Schnittstellenansprache einzugehen, die Lösung der Steuerungsaufgabe mit vielen und kompakten Sprachelementen in freizügig und flexibel gestaltbaren Strukturen ausgedrückt werden.

Der Problemteil enthält die Vereinbarung aller benutzten Informationen mit Angabe des jeweiligen Datentyps. Danach kommen die Funktions- und Unterprogrammprozeduren. Die anschließenden Tasks enthalten die eigentlichen Prozeßsteuerungsaufgaben, sie können entsprechend dem Taskkonzept (8.2.2) und den Taskbetriebszuständen (8.2.3) alle für den Echtzeitbetrieb erforderlichen Aktionen und Reaktionen für ereignis-, zeit- oder folgegesteuerte und parallele Prozesse übernehmen (8.1).

8.3.6 Merkmale moderner Echtzeit-Programmiersprachen

Für die Entwicklung von Prozeßsteuerungssystemen gibt es seit einiger Zeit leistungsfähige Echtzeit-Programmiersprachen, die auf den sequentiellen Sprachen der zweiten Generation beruhen, wie z. B. Pascal, und die originäre Echtzeit-Sprachelemente aufweisen [8-15, 8-24, 8-42 bis 8-46]. Bild 8-17 deutet den Stammbaum dieser Sprachen an.

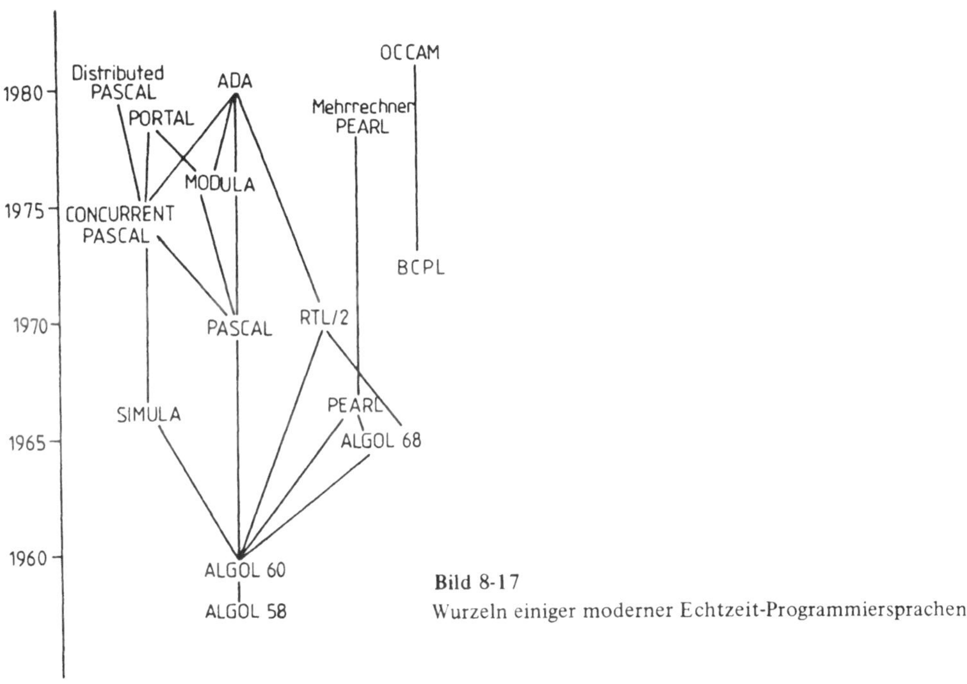

Bild 8-17
Wurzeln einiger moderner Echtzeit-Programmiersprachen

Diese Echtzeit-Programmiersprachen sind aufgrund einiger, aber wichtiger Merkmale, die über die Eigenschaften der Tabelle 8-2 hinausgehen, sehr effektiv, insbesondere was die wirtschaftlich bedeutsamen Faktoren Entwicklungs-, Test-, Dokumentations- und Pflegeaufwand, d. h. den gesamten Lebenszyklus betrifft. Diese Merkmale sind hauptsächlich in den Sprachen PEARL, Concurrent Pascal, Modula-2, Ada und anderen weniger bekannten, z. B. PORTAL anzutreffen.

Ein sehr wichtiger Aspekt in diesem Zusammenhang ist, daß diese Sprachen nicht nur zur Formulierung der Steuerungsalgorithmen und ihrer Kooperation dienen, sondern darüberhinaus einen methodischen Entwurf als Systembeschreibungssprache, also auch auf höherem, d. h. abstrakterem Niveau unterstützen. Verkörpert wird dieses Prinzip durch das in diesen Sprachen mögliche Konzept der abstrakten Datentypen, die den Charakter einer sukzessiv verfeinerbaren, d. h. dekomponierbaren Instanz haben. Ein abstrakter Datentyp ist eine Vereinheitlichung der dualen Aufgliederung in Datenobjekte und Funktionen, indem darunter eine Menge von Datenobjekten eines bestimmten Typs (im einfachsten Fall Boolesche- oder Integervariable) gemeinsam mit einer Menge darauf anwendbarer Funktionen (im einfachsten Fall elementare Operationen) verstanden wird [8-14, 8-15]. Außen ist nur die funktionale Wirkung bekannt, was die Assoziation mit der (in Unterkanäle und Unterinstanzen dual zerlegbaren) Instanz nahegelegt.

Die Einführung von Funktionseinheiten in Form von Modulen mit genau spezifizierten Zugängen hat ebenfalls Bedeutung für die Systemgliederung und die Wiederverwendung existierender Teilprodukte. Zusammen mit der Programmdokumentation in eher natürlichen Sprachelementen tragen diese Eigenschaften zur perfektionierten, d.h. fehlervermeidenden Systementwicklung bei.

Unterstützt wird der Perfektionsanspruch durch die in Methodik, Sprachaufbau und Compilierung eingebauten syntaktischen und semantischen Maßnahmen und Prüfungen, um die Korrektheit statisch beim Entwurf und dynamisch während des Ablaufs zu gewährleisten. Dazu gehört eine klare Datenstruktur, z. B. boolean, integer, fixed-point, floating-point, character, record, array, set; Angaben über Umfang und Teilgrenzen, Bereich und Auflösung sichern gegen unbeabsichtigte Verstöße durch Prüfung der Operationsergebnisse während der Ausführung. In logisch-kausaler Hinsicht vermeiden sichere und leistungsfähige Konstrukte (if, case, while, for) unzulässige Kontrollstrukturen. Darüber hinaus wird noch die Stabilisierung vorübergehender Störungen angestrebt und die Ausnahmebehandlung vorgesehen. Den richtigen Speicherzugriff überwachen Speichermanagement und Schutzbereichsverwaltung.

Bezeichnend ist weiterhin, daß die meisten dieser Sprachen kein zusätzliches Betriebssystem mehr benötigen (vgl. Bild 8-14). Für den Echtzeitbetrieb ist ein eigenes Ablaufsystem verantwortlich, das zum einen Zeitdienste (z. B. Dauer, Zyklen, Termine) besorgt, zum anderen parallele Prozesse und alle Arten ihrer Kooperation (Synchronisation, Koordination und Kommunikation) abwickelt. Für die Parallelarbeit werden die Sprachmittel Monitor, Rendezvous und process-channel verwendet.

Die jüngste Entwicklung sind Echtzeit-Programmiersprachen für tatsächlich parallele Prozesse auf Mehrrechnersystemen, z.B. Mehrrechner PEARL [8-45] und für neuartige Mehrrechnerarchitekturen, z.B. OCCAM [8-46].

8.4 Prozeßrechnerprogrammsystem

Jede von der Prozeßsteuerung auszuführende Aufgabe setzt ein bestimmtes und individuelles Teilprogramm voraus. Als Anwenderprogramme zusammengefaßt steht damit eine Menge Programme nach Maßgabe einer komplexen Aufgabenstellung zur Verfügung. Diese Programme dienen der Prozeßsteuerung und betreffen die unmittelbare Anwendung der Informationsverarbeitung zum Steuern des Objektprozesses.

In der Obermenge der Systemprogramme werden vom späteren Anwendungsfall unabhängige Programme zusammengefaßt. Diese universellen Programme sind erforderlich, um die Benutzung und Organisation einer Rechenanlage ohne großen zusätzlichen Aufwand zu ermöglichen und darüber hinaus die Programmierung anwenderfreundlich und einfach durchzuführen [8-47].

Einerseits sind das Programme, die zusammen mit den Eigenschaften dieser Rechenanlage die Basis ihrer möglichen Betriebsarten bilden und insbesondere die Abwicklung von Programmen steuern, koordinieren und überwachen, d.h. alle Programme, auf die man beim Betrieb der Anlage nicht verzichten kann [8-1]. Diese Programme machen das Betriebssystem der Anlage aus. Zur Menge der Systemprogramme gehören weiterhin die, welche bei der Anwendung nicht unbedingt erforderlich sind, aber den „Komfort von Bedienung, Programmierung, Wartung und Pflege des Computers erhöhen“ und somit wesentlich zur Anwenderfreundlichkeit beitragen [8-1]. Bild 8-18 zeigt das Mengendiagramm für ein Prozeßrechnerprogrammsystem.

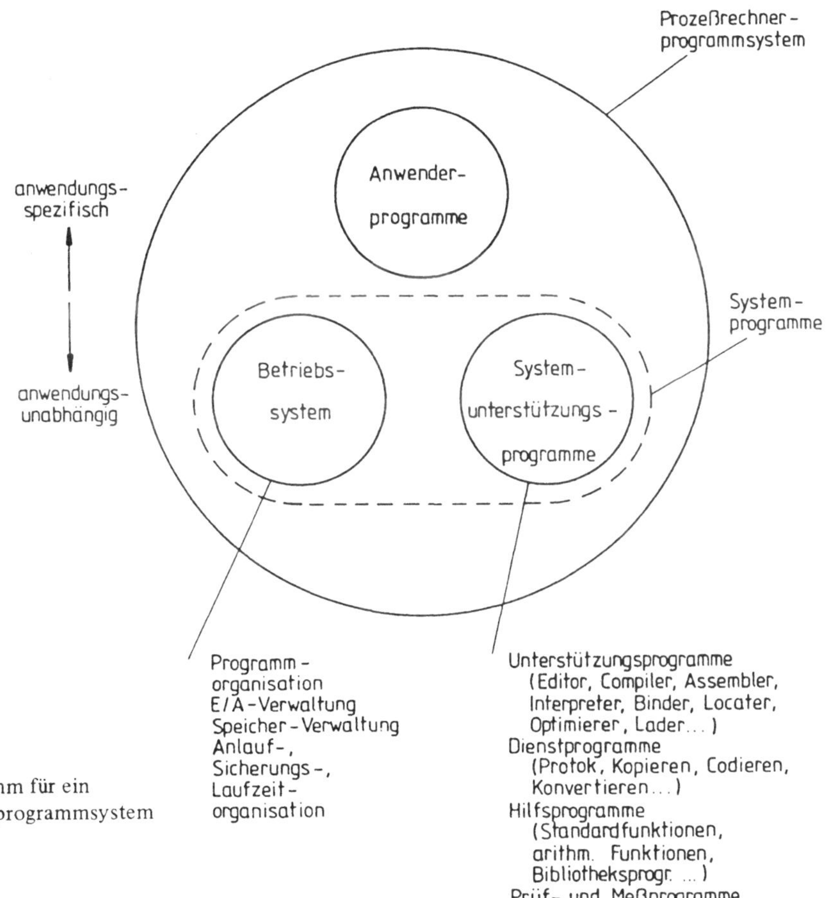

Bild 8-18

Mengendiagramm für ein Prozeßrechnerprogrammsystem

9 Konfiguration

Die Konfiguration der Komponenten eines Steuerungssystems bestimmt maßgeblich seine Leistungsfähigkeit. Diese ist wiederum Voraussetzung für die Funktion der Prozeßsteuerung, wovon schließlich das Verhalten des Gesamtsystems abhängt.

Bei der Verwirklichung einer Prozeßsteuerung stellt sich die Frage, wo und wie die Steuerung gerätetechnisch ausgeführt werden soll. Mit den vielfältigen Aspekten, die hierbei betrachtet und beantwortet werden müssen, z. B. zur Verteilung und Abwicklung der Aufgaben, der Anordnung und Vertrauenswürdigkeit der Geräte usw., wird man sich spätestens jetzt der vielen Freiheitsgrade bewußt, welche die Konfiguration von Prozeßrechensystemen beschreiben.

Kompliziert wird der Entwurf von Prozeßsteuerungssystemen entweder, weil der Objektprozeß selbst ein komplexes, d. h. funktional vermaschtes, räumlich verteiltes System darstellt oder weil eine komplexe Aufgabenstellung vorliegt und die Prozeßsteuerung nicht mehr von einem kompakten Rechengerät oder einer überschaubaren informationellen Steuerungsstruktur wahrgenommen werden kann, sondern eine differenzierte und dedizierte Konfiguration z. T. spezialisierter Hardwarekomponenten (z. B. Geräte zur Informationserfassung, -vorverarbeitung, -übertragung, intelligente Terminals, Spezialprozessoren) eine bessere Lösung verspricht. Die in bezug auf Aufwand und Leistungsfähigkeit bessere Lösung durch optimale bzw. geeignete Konfiguration ihrer einzelnen Komponenten zu entwerfen und ihre Qualität hinsichtlich einzelner Merkmale auch quantitativ vorauszuplanen, ist eine schwierige und anspruchsvolle Aufgabe. Die einzelnen Merkmale der Systemkonfiguration und ihre Kenngrößen bzw. Parameter werden in den folgenden Teilkapiteln im Hinblick auf Struktur und Funktion der Prozeßsteuerung behandelt.

Die strukturbestimmenden Merkmale legen die gerätetechnische Konfiguration des Steuerungssystems mit fest. Darüber hinaus sind sie auch maßgebend für das dynamische Verhalten des Gesamtsystems, was in Kap. 10 behandelt wird.

9.1 Konfigurationsmerkmale

Verführerisch und gleichwohl problematisch ist der Facettenreichtum, mit dem Prozeßsteuerungssysteme zu charakterisieren sind: Anordnung, Betriebsmittel, dynamisches Verhalten, Hierarchiekonzept, Kosten, Leistungsfähigkeit, Lebensdauer, Organisation, Verfügbarkeit usw.. Analyse und Synthese derartiger Systeme werden unter Beachtung dieser Merkmale noch dadurch kompliziert, weil sie alle in komplexer und empfindlicher Wechselwirkung stehen. Ein Versuch, die zahlreichen Merkmale in einer überschaubaren Menge wichtigster Kriterien und gegenseitiger Abhängigkeiten zu ordnen, ist das Bild 9-1. Die Auswahl berücksichtigt vor allem die statischen Strukturkonzepte bzw. stationäre Eigenschaften. Die Anforderungen und Gegebenheiten hinsichtlich des Gesamtsystems

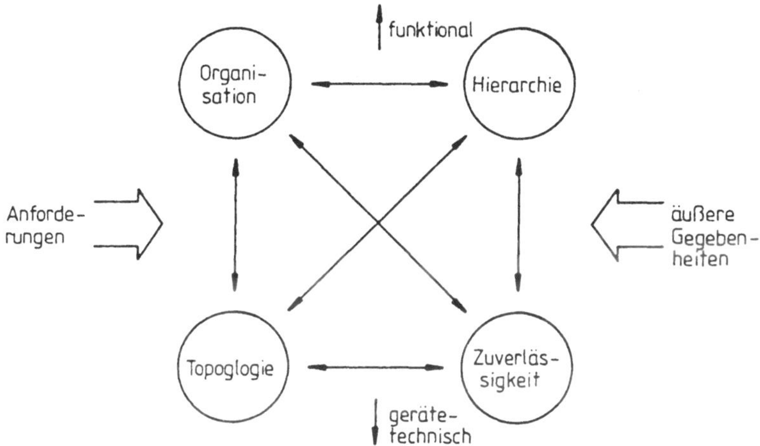

Bild 9-1 Konfigurationsmerkmale von Prozeßsteuerungssystemen

wie seitens des Objektsystems bestimmen die Konfiguration der Prozeßsteuerung idealerweise. Vier Bereiche werden hierfür als charakteristisch angesehen:

Die *Hierarchie* beinhaltet die Struktur, in welcher funktionalen Subordination die einzelnen Aufgaben der Prozeßsteuerung zueinander stehen.

Die *Organisation* beinhaltet die Struktur, wie die Aufgaben der Prozeßsteuerung durchgeführt werden.

Die *Topologie* enthält die Verteilungsstruktur, wo die Aufgaben der Prozeßsteuerung ausgeführt werden.

Die *Zuverlässigkeit* führt zu Strukturen, deren Wahrscheinlichkeit, daß das System intakt ist, projektiert werden kann; die *Sicherheit* führt zu Strukturen, die einen gefährlichen Systemzustand vermeiden. *Korrektheit* führt zu fehlerfreien Strukturen.

Die hervorgehobenen qualitativen Merkmale enthalten alle wesentlichen Freiheitsgrade für die Auslegung eines Prozeßsteuerungssystems. Sie können durch die Parameter zugehöriger Kenngrößen dann auch quantitativ explizit angegeben werden.

Die Tatsache, daß starke Wechselwirkungen zwischen den einzelnen Konfigurationsmerkmalen bestehen, macht den Systementwurf schwierig, ganz zu schweigen von dem Anspruch, alle Vorgaben und Randbedingungen zu erfüllen und darüber hinaus die verbleibenden Parameter hinsichtlich spezieller oder allgemein verbindlicher Kriterien zu optimieren. Eine gegenwärtig zweckmäßige und akzeptierte Alternative zu dieser Idealvorstellung sind wenige, aber definierte und bewährte (Grund-)Strukturen, wobei einzelne Merkmale besonders ausgeprägt sind und sich in ihren Parametern signifikant unterscheiden. Derartige Strukturen können weitgehend mit standardisierten, ausgereiften Gerätekomponenten mit einheitlichen Schnittstellen modular realisiert werden. Diese eher evolutionäre, suboptimale Konfektionslösung ist dadurch auch unempfindlicher gegenüber Änderungen und eine wirtschaftliche Annäherung an das Optimum.

9.2 Hierarchiestrukturen

Aus der Analyse des zu steuernden Objektprozesses (Kap. 3) und den Aufgaben der Prozeßsteuerung (Kap. 4) kommt man zu Strukturen, wie das Prozeßleitsystem funktional zu konzipieren ist [9-1, 9-2]. Dabei führt die Dekomposition während der Prozeßanalyse bzw. die Komposition während der Prozeßsynthese oft zu Hinweisen und Ideen zur Konzeption der Steuerung, so daß eine gewisse Übereinstimmung zwischen der Abstraktionsstufe bei der inhaltlichen Dekomposition des Objektsystems und der funktionalen Hierarchiestufe seines Steuerungssystems zu beobachten und so zu nutzen ist.

Das Vorgehen basiert auf einer Analyse der Funktionen des Objektsystems. Dabei wird das Ziel verfolgt, Systeme überschaubarer Größenordnung und überschaubaren Verhaltens zu entwickeln. Dazu wird entweder bei der Aggregation die Systemordnung nach bestimmten Methoden reduziert, wobei nach Möglichkeit die dominanten Systemeigenschaften erhalten bleiben [9-3]. Oder man zerlegt bei der Dekomposition das Objektsystem in eine überschaubare Anzahl einzelner Teilsysteme mit einer ebenfalls überschaubaren Zahl wesentlicher Ein- und Ausgangsgrößen zur gegenseitigen Kopplung.

Die Hierarchiestruktur eines Steuerungssystems drückt sich darin aus, daß die einzelnen, verschiedenen Teilfunktionen zur Steuerung in einer bestimmten Rangordnung zueinander stehen. So sind die Teilsysteme der höheren Steuerungsebenen gegenüber denen unterer weisungsberechtigt; die Kompetenz des Steuerungsniveaus nimmt im Sinne dieser Subordination nach unten ab. Besonders effektiv wird diese Struktur, wenn jede Ebene eigene, geschlossene Wirkungskreise beschränkten Umfangs umfaßt bzw. in gewisser Weise autark ist. Praktische Bedeutung hat diese kaskadenartige Gliederung deswegen, weil der Prozeß allein über die unterste Ebene der Steuerung gekoppelt ist. So können Inbetriebnahme und Test frühzeitig und unabhängig durchgeführt werden. Weiterhin sind Handeingriffe in jeder Ebene möglich und Ausfälle in höheren Ebenen haben nicht gleich den Prozeßabbruch zur Folge. Zudem können die Steuerungssysteme sukzessiv und modular verwirklicht werden. Insgesamt wird mit dieser Kaskadenstruktur ein stabiles und robustes Gesamtsystem erzeugt, das gegenüber verschiedensten Störeinflüssen widerstandsfähig ist.

Die Steuerung und Analyse sehr großer und umfangreicher Systeme (large scale systems) beginnt sich als neues Spezialgebiet der Systemtheorie zu etablieren [9-4]. Die wichtigsten Ansätze zur Entwicklung hierarchischer Strukturen sollen hier skizziert werden [9-5 bis 9-7].

9.2.1 Mehrschichtensteuerung

Eine hauptsächlich nach den Aufgaben des Steuerungssystems gegliederte Hierarchiestruktur ist die Mehrschichtensteuerung, in der fünf bis sieben unabhängige Funktionsebenen zusammen den Prozeß steuern (Bild 9-2). Von Bedeutung ist dabei, daß die einzelnen Funktionen nur mit wenigen Nachbarfunktionen in Wechselwirkung stehen, keine Funktionsvermaschung auftritt und somit erst die Schichtung in Ebenen möglich ist.

Beispiele für derartige Hierarchiestrukturen findet man bei Steuerungen für Kraftwerke, Heizungsanlagen oder verfahrenstechnischen Prozessen, d. h. dort, wo zwar komplizierte, aber anlagentechnisch konzentrierte Prozesse ablaufen.

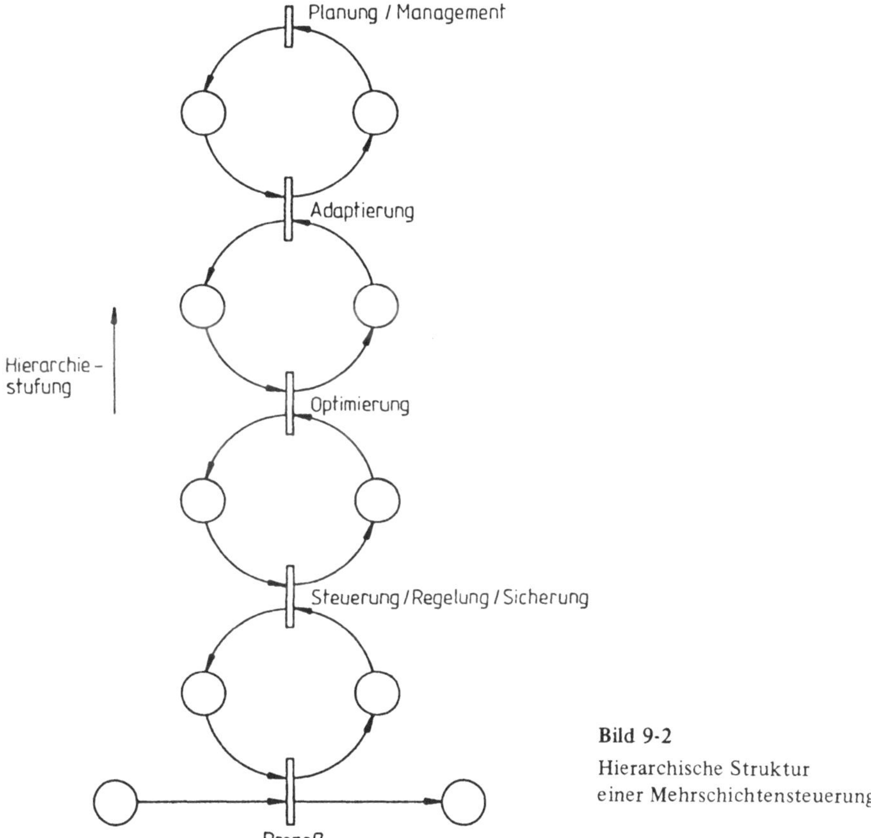

Bild 9-2
Hierarchische Struktur einer Mehrschichtensteuerung

9.2.2 Mehrstaffelsteuerung

Eine eher nach der Anlagentechnik des Objektsystems gegliederte Hierarchiestruktur zeigt die Mehrstaffelsteuerung (Bild 9-3). Jedem in sich konzentrierten Teilsystem des Gesamtkomplexes wird eine eigene Steuerung zugeordnet, welche in sich nur die unteren Ebenen einer Mehrschichtensteuerung umfaßt [9-8]. Die Wechselwirkung der Teilsysteme wird erst auf hierarchisch höherstehenden Koordinations- und Managementebenen berücksichtigt, welche die unabhängigen Teilsystemsteuerungen anweisen. Auf diese Art wird eine pyramidenartige Hierarchiestruktur geschaffen.

Beispiele findet man bei der Steuerung von Materialfluß-, Verkehrs- und Transportsystemen, d. h. komplexen Prozessen mit hoher geografischer oder funktionaler Dezentralisierung wie einer großen Anzahl individueller technischer Einheiten, wie insbesondere bei Verkehrsprozessen auf Schnellstraßen [9-9, 9-10].

9.2.3 Zeitstaffelsteuerung

Eine nach der Prozeßdynamik, d. h. entweder nach der zeitlichen Wahrnehmung des Prozeßgeschehens oder nach der zeitlichen Ausführung bestimmter Steuerungsaufgaben

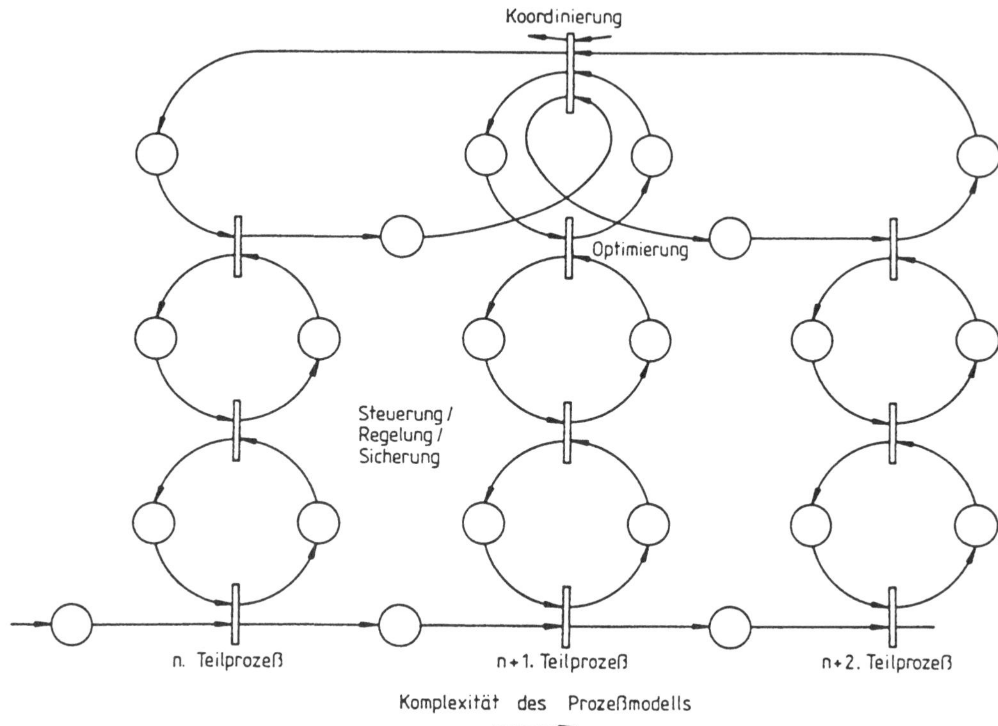

Bild 9-3 Hierarchische Struktur einer Mehrstaffelsteuerung

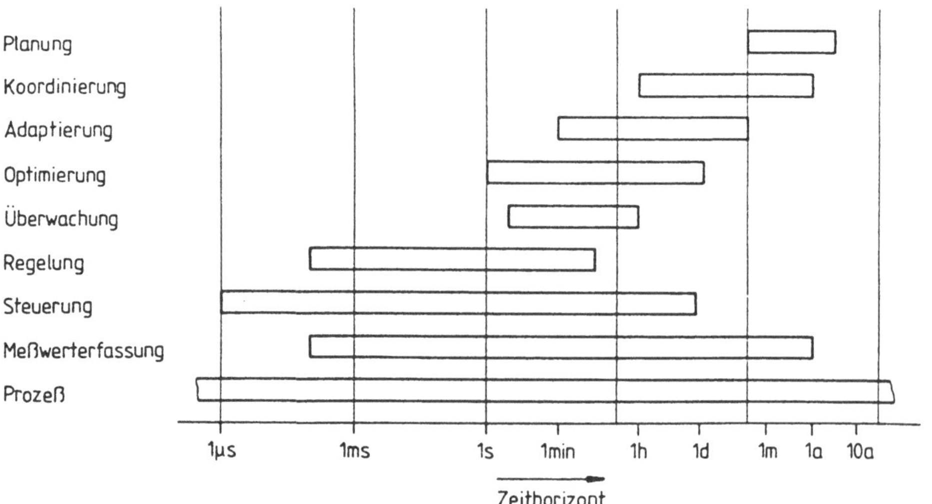

Bild 9-4 Hierarchische Struktur einer Zeitstaffelsteuerung

gegliederte Hierarchiestruktur ist die Zeitstaffelsteuerung. Dabei werden ca. zwei bis vier unterschiedlichen Zeithorizonten, die sich um Größenordnungen unterscheiden, verschiedene Steuerungsfunktionen zugeordnet, die wie bei der Mehrschichtensteuerung nur nachbarschaftlich verkettet sind (Bild 9-4). Für Steuerungssysteme von Traktionsprozessen zeigt Tabelle 9-1 eine Aufgliederung von Funktionen in Zusammenhang mit der zeitlichen Staffelung ihrer Bearbeitung [9-11].

Erfordert die Momentansteuerung noch detailliertere Prozeßmodelle, um schritthaltend und exakt den Prozeß zu beeinflussen, müssen für größere Zeiträume vereinfachte Modelle zugelassen werden. Hier macht sich die Schwierigkeit bemerkbar, daß genaue Modelle zwar genauere Vorhersagen ermöglichen, jedoch ihre Berechnung und Simulation oft soviel Zeit beansprucht, daß die Aussagen veraltet sind oder Systemänderungen zu spät berücksichtigt werden können. Daher muß man zwischen Aktualität und Komplexität eine gewisse Unschärfe akzeptieren.

Zeitlich gestaffelte Hierarchiestrukturen gibt es beispielsweise in Steuerungssystemen für Prozesse der Energieversorgung und -verteilung, für Verkehrs- und Transportprozesse und in Materialflußsystemen, d.h. Systemen, wo gesellschaftliche und ökonomische wie klimatische und umweltrelevante Randbedingungen und Systemgrenzen wichtig sind [9-12].

9.2.4 Multivalente Steuerungsstruktur

Die in der Praxis vorkommenden Hierarchiestrukturen sind selten rein, wie die Mehrfachnennungen der Beispiele zeigten. Sie sind evolutionär entstandene oder pragmatisch konzipierte Mischformen. Ursache ist, daß die komplexen Steuerungsprobleme „heute noch nicht einmal hinreichend präzise formulierbar sind oder sich gar konventionellen Vorgehensweisen zu ihrer Lösung völlig entziehen“ [9-6].

Tabelle 9-1 Zeitliche Staffelung der Aufgaben und Hierarchieschichten in der Leittechnik bei Bahnen

typische Antwortzeiten	Funktion der Hierarchieschicht	Aufgabe Prozeßobjekt
10 μs	Schutz Steuerung	Funktionsüberwachung, Steuerung von Stromrichterventilen
10 μs – 1 ms	Steuerung Regelung	Stromrichtersatz (Stellglied)
1 ms – 20 ms	Regelung Schutz Steuerung	Schaltwerke (Stellglied) mechanische Schaltglieder Antriebs-Sollwertvorgabe
20 ms – 200 ms	Regelung Steuerung Überwachung Sicherung	Fahrzeug-Geschwindigkeit Temperatur Bedienung Betriebszustände
200 ms – 5 s	Optimierung Koordinierung	Energieverbrauch Zugfolge Stationsabfertigung Weichenstellung Fahrplan

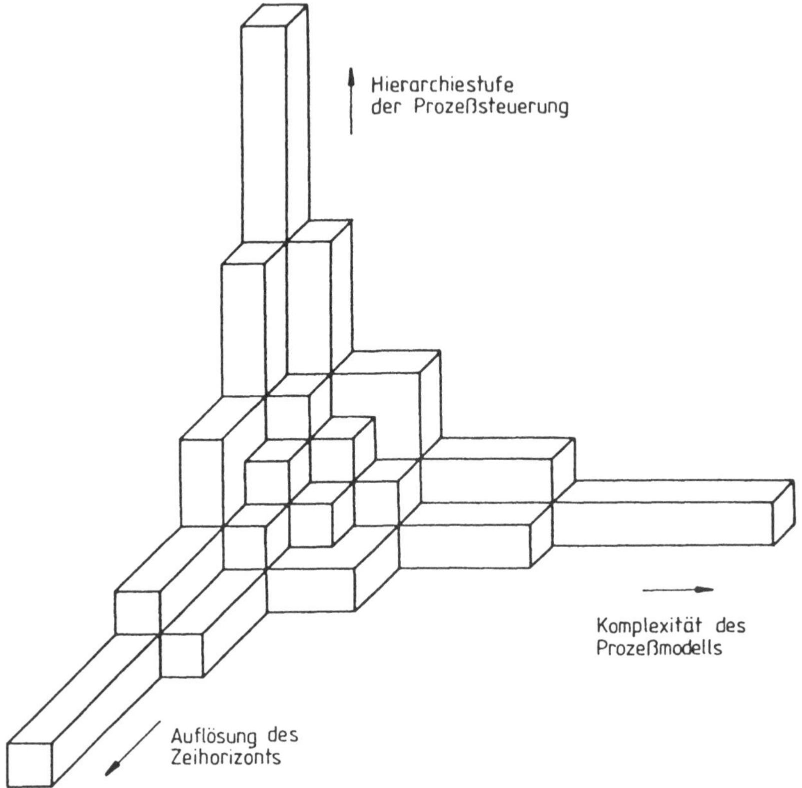

Bild 9-5 Koordinaten(system) der Hierarchiestruktur eines multivalenten Steuerungssystems

Die aufgezeigten reinen Hierarchiestrukturen sind eher dazu geeignet, die Koordinaten eines Raumes für Steuerungssysteme aufzuspannen (Bild 9-5). Darin läßt sich die Funktionsstruktur jedes praktisch vorkommenden und zu entwerfenden Systems lokalisieren. Eine derartige Standortbestimmung ist für die praktische Realisierung des Steuerungssystems hilfreich, da daraus die verschiedenen Aspekte hierarchischer Strukturen, die Einteilung in Funktionsschichten, Zuordnung zu Anlagenteilen und zeitliche Wahrnehmung des Prozesses zur Ausführung seiner Steuerung sichtbar werden.

9.3 Organisationsstrukturen

Der mikroskopische Aspekt, wie die Koordinierung der Teilaufgaben eines Steuerungssystems in einem Rechner vorgenommen wird, wurde in 7.5 und 8.2 behandelt. Bei der Organisation geht es um den umfassenderen Aspekt, wenn ein einzelnes Rechengerät die gestellten Anforderungen im Hinblick auf Rechnerleistung, topologischer und funktionaler Anpassung an den Prozeß, Zuverlässigkeit und Kommunikation mit dem Benutzer nicht mehr bewältigen kann und ein Mehrprozessor- oder Mehrrechnersystem dafür in Frage kommt. Neben den anderen drei strukturellen Merkmalen muß jetzt die Organisationsstruktur, d. h. die funktionelle Zuteilung der Aufgaben auf die einzelnen Komponenten festgelegt werden, was natürlich auch die mikroskopische Organisation für jede Komponente einschließt.

Den eher dynamischen und funktionalen Anforderungen an Organisationsformen der Informationsverarbeitung hinsichtlich Last und Funktion stehen nun die eher statischen und strukturellen Anforderungen an Organisationsformen der Informationsspeicherung und -vermittlung gegenüber. So bilden sich die Grundtypen für Organisationsformen von Mehr-Rechner-Systemen heraus: Lastverbund, Funktionsverbund, Datenverbund und Nachrichtenverbund; im Prinzip unterschiedliche Strukturkonzepte im Sinne von Betrachtungsmodellen für ein Objekt, das Steuerungssystem. Eine besonders klare Erläuterung und Abgrenzung der verschiedenen Organisationsformen gibt [9-13].

9.3.1 Lastverbund

Wie ein Lastverbund der elektrischen Energieverteilung jederzeit die verlangte Leistung abgeben kann, so soll ein Rechner-Lastverbund jederzeit und an beliebiger Stelle eine definierte Verwendung seiner Betriebsmittel wie Rechnerkapazität oder Speicherplatz gestatten.

Dabei reicht es in der Regel, Schwankungsbreiten zu tolerieren. Für die Verwendung der Betriebsmittel ist nicht entscheidend, wo oder durch welche Instanz sie bereitgestellt werden, sie sind lediglich in gewissem Umfang vorzuhalten. Dafür sind bei Prozeßsteuerungen die maximalen Anforderungsbedingungen maßgebend, so daß oft ein beträchtlicher Nutzungsüberschuß bestehen muß. Bei Prozeßsteuerungen kann die Last zumeist schon von vornherein festgelegt werden, da die Anforderungsraten in vielen Fällen vorab bekannt sind bzw. geschätzt oder geplant werden können.

Die einzelnen Betriebsmittel müssen entweder durch eine zentrale Instanz zugewiesen werden oder sich frei zuordnen; in jedem Fall verlangt die schwierige Verwaltung eines Rechnerlastverbundes ein leistungsfähiges Betriebssystem beträchtlichen Aufwands und entsprechende Rechnerleistung [9-14]. Im Einsatz befinden sich Multiprozessoren als lokaler Lastverbund [9-15, 9-16], entweder mit einem gemeinsamen Betriebssystem (fester oder wechselnder Residenz) oder mit je einem Betriebssystem für jeden Rechnerkern [9-17].

9.3.2 Funktionsverbund

Wie ein gut ausgestattetes Speditionsunternehmen für jeden Zweck ein geeignetes Transportmittel bereithält, soll ein Rechner-Funktionsverbund dem Benutzer jederzeit die Gesamtheit von Funktionen des Verbundes zur Verfügung stellen.

Auf der einen Seite ist der arbeitsteilige Funktionsverbund ein wichtiges Strukturkonzept, das auf der Aufteilung der Aufgabe in funktional verschiedene Teilaufgaben basiert. Die jeweiligen Teilaufgaben werden von eigens darauf spezialisierten Subsystemen bearbeitet. Dabei können einige Teilaufgaben abhängig voneinander sein und daher eine Bearbeitungsfolge erfordern, unabhängige Aufgaben können dagegen parallel ablaufen. Wenn stets die gleichen Aufgaben auszuführen sind oder die Funktionsstruktur gleich ist, kann eine derartige Arbeitsteilung zu besonders wirtschaftlichen Lösungen führen. Arbeitsteilig organisierte Rechnerverbundsysteme in lokaler Konzentration oder topologisch dezentralisierter Form sind länger bekannt, z. B. in Steuerungssystemen mit Meßwertvorverarbeitung, Auswertung und Stellgrößenvorgabe, Anzeige usw. wie beispielsweise von modernen elektronischen Stellwerken [9-18] oder für Datenübertragungen [9-19], aber in immer speziellen Anwendungsfällen.

Zuerst noch unabhängig vom späteren Einsatz beschreibt das marktorientierte Modell zum anderen einen Funktionsverbund, bei dem aus einem technisch konkretisierten Funktionsangebot eine individuelle Lösung „konfiguriert" werden kann. Die Regeln des Marktes bestimmmen über Angebot, Nachfrage und Kosten den Funktionsumfang. Beispiele sind Betriebssysteme, Übersetzer, Entwicklungshilfsmittel und spezielle, anwendungsnahe Problemlösungen. Hierzu zählen die in jüngerer Zeit entwickelten Prozeßautomatisierungssysteme [9-20], deren Geräte- und Programmsysteme entsprechend der jeweiligen Aufgabenstellung aus dem Katalog der Funktionsbausteine individuell zusammengestellt werden.

Aus der Vielfalt an Funktionsbausteinen und dem Anspruch ihrer freizügigen Kombination resultieren drei Problemfelder [9-21]. Es sind 1. die Kompatibilität bzw. Verträglichkeit von Betriebsmitteln, insbesondere der Software und 2. die Benutzer-Schnittstelle, die insgesamt zur Standardisierung von Schnittstellen und Kommunikationsvorgängen zwingen. Das 3. Problemfeld, die Überwachung des Funktionsablaufs, verlangt die schritthaltende Prüfung und Beobachtung; besonders schwierig sind dabei Wiederanlauf und Synchronisation nach Störungen.

9.3.3 Datenverbund

Wie das Vorhandensein von Material in Lagern Voraussetzung einer Fertigung ist, müssen für die Ausführung eines Steuerungsprozesses die erforderlichen Zustandsinformationen (Daten) abrufbar gespeichert sein. Ein Datenverbund soll jederzeit und an beliebiger Stelle eine Verwendung von definierter Information gestatten. Im einzelnen verschafft dieser Anspruch den Schutz vor Verfälschung oder Vernichtung von Information und den schnellen Zugriff auf geforderte Information.

Für die Prozeßinformatik sind jedoch noch andere Motive wichtig. Das Vorhandensein der gespeicherten Informationen an verschiedenen Stellen des Verbundes – vollständig oder teilweise, im Prinzip eine verteilte Datenbank – ermöglicht den Schutz vor Vernichtung. Bewahrt man die Daten weitgehend dort, wo sie anfallen bzw. benötigt werden, wird ein schneller Zugriff begünstigt und man erspart sich oft die Übertragung größerer Datenmengen bzw. sogar Übertragungswege. Beim Wiederanlauf nach Störungen macht sich die lokal beschränkte Fehlerauswirkung günstig bemerkbar. Schwierig und u. U. aufwendig ist die Aktualisierung der Datenbestände bei Änderungen. Beispiele derartiger Datenverbunde für Prozeßsteuerungen sind in modernen Fertigungsbetrieben bei der Steuerung des Materialflusses [9-22] und bei der Steuerung in Rangierbahnhöfen zur Zerlegung und Neubildung von Güterzügen [9-23] zu finden.

9.3.4 Nachrichtenverbund

Jedes dezentrale System benötigt für eine effektive Arbeit eine geeignete technische Infrastruktur zur Übermittlung von Information. Ein Rechner-Nachrichtenverbund dient daher zur Kommunikation zwischen den Rechenprozessen, wobei der Nutzinhalt der übertragenen Information hier nicht von Bedeutung ist. Wichtig ist bei dieser Aufgabe nur die Zuordnung von Informationsquellen und -senken, so daß zwangsläufig die topologische Struktur des Verbunds transparent sein muß, was beim Last- und Funktionsverbund nicht gefordert war und dort oft dem Anwender verborgen bleibt. Das schließt aber nicht aus, auf einen Rechner-Nachrichtenverbund die anderen Verbundformen wie Last-, Funktions- und Datenverbund aufzusetzen, womit allerdings für die Probleme der Zuteilung jetzt der Anwender verantwortlich und zuständig wird.

Aufgrund des einfachen und universellen Konzepts und der Möglichkeit, auch bestehende Übertragungseinrichtungen zu nutzen, hat der Rechner-Nachrichtenverbund große praktische Bedeutung z. B. bei Rechnernetzen erlangt [9-24, 9-25]. Für die Prozeßsteuerung wird infolge fortschreitender Standardisierung von Übertragungssystemen und Entwicklung entsprechender Schnittstellen sowie eines stärkeren Ausbaus neuer Kommunikationssysteme im Bereich größerer geografischer Regionen, z. B. des TEMEX-Dienstes [9-26] und insbesondere mit dezentralen Mikrorechnern an der Peripherie durch Erschließung neuer Märkte eine wachsende Bedeutung erwartet. Topologische und funktionale Eigenschaften von Nachrichtenverbunden werden in Kap. 9.4 besprochen.

9.4 Verteilungsstrukturen

Die Aufteilung verschiedener Funktionen eines hierarchischen Steuerungssystems in Zusammenhang mit der Organisation eines Mehrrechnersystems läßt sich nicht ohne weiteres von der topologischen Verteilung seiner Einzelkomponenten und ihrer Verbindungswege untereinander trennen. Daneben muß man bei Prozeßsteuerungen grundsätzlich die Verteilungsstruktur im Kontext mit dem Objektsystem festlegen [9-27].

Der lange Zeit übliche Weg, komplexere Prozesse einfach durch größere Rechenanlagen zu steuern, wurde wegen einer Reihe von Hindernissen, wie geringer Verfügbarkeit, komplizierterer Systemanalyse und -entwicklung, aufwendigerer Datenübertragungen, Programmierung, Inbetriebnahme und Programmpflege bei dieser zentralen Lösung zur Sackgasse. Abhilfe schaffen dezentrale Organisationsstrukturen durch Verteilung der Betriebsmittel mit beliebigen Anordnungen von Rechnern und Verbindungen zwischen ihnen und dem Objektprozeß.

Die neuen technischen Randbedingungen entschärften das Problem, ein konzentriertes und damit kompliziertes System zu entwerfen und in einer zentralen Verarbeitungseinheit zu realisieren, indem auch noch in der Phase der Systemsynthese die funktionale Dekomposition der Aufgaben erhalten bleiben kann. Dadurch bleibt die Prozeßsteuerung selbst noch auf einer niedrigeren Abstraktionsstufe transparent.

9.4.1 Klassifizierung

Sämtliche topologischen Varianten verteilter Strukturen, d. h. Nachrichtenverbunde aus konzentrierten, autonomen Verarbeitungselementen und linienförmigen Übertragungswegen, bisweilen über große Entfernungen, lassen sich durch die drei Grundtypen einer Stern-, Ring- und Busstruktur charakterisieren. Dabei orientiert sich diese Taxonomie vor allem an der topologischen Ausprägung, funktional müssen andere Eigenschaften zugeordnet werden. Alle weiteren Strukturen, z. B. Baum oder Netz, können durch Kombination dieser Grundtypen abgeleitet werden.

Sternstruktur

Hier sind eigenständige Verarbeitungseinheiten durch jeweils einen eigenen Übertragungskanal mit einer zentralen Instanz verbunden. Das diese topologischen Merkmale aufweisende Instanzennetz Bild 9-6a verdeutlicht diese Anordnung mit vielen zweiseitigen Verbindungen. Je nach Leistungsvermögen der Zentrale können die Teilnehmer nur nacheinander mit der Zentrale kommunizieren oder gleichzeitig übertragen, was allerdings einen erhöhten Aufwand an Schnittstellen der Zentrale voraussetzt. Die Petrinetze Bilder 9-6b und c zeigen die Funktionsstruktur für diese beiden Varianten der Informationsübertragung in Netzen; in jedem Fall offenbart sich der funktionsbedingte und leistungsbestimmende Engpaß der Zentrale. Diese sternförmige Verteilungsstruktur ist für streng zentral ausgerichtete hierarchische Steuerungsstrukturen geeignet, sie ist leicht und einfach zu erweitern. Problematischer ist diese Struktur, wenn viele Übertragungen von Peripherieeinheit zu Peripherieeinheit verlangt werden. Für funktional vermaschte Systeme ist diese Form nicht so günstig, da u. U. die Zentrale überlastet wird und die Wartezeiten lang werden [10-28].

Darüber hinaus sind die Kosten für den Verkabelungsaufwand bei dieser Struktur nicht unbeträchtlich; sie können im Idealfall aus der Länge

$$
\begin{aligned}
l &= \sum_{i=1}^{n} |\underline{x}_z - \underline{x}_i|, \quad \underline{x}^T = (x, y) \\
l &= \sum_{i=1}^{n} \sqrt{(x_z - x_i)^2 + (y_z - y_i)^2}
\end{aligned}
\qquad (9\text{-}1)
$$

ermittelt werden.

Ringstruktur

Bezeichnende Eigenschaft eines ringförmigen Verbunds ist, daß eine in den Ring eingekoppelte Geräteeinheit sich jede ankommende Nachricht erst intern ansehen muß, um zu entscheiden, ob sie für sich bestimmt ist oder weiterzureichen ist, d.h. Informationen können nur von Nachbar zu Nachbar weitervermittelt werden. Bild 9-7 zeigt ein diese Funktionsstruktur veranschaulichendes Petrinetz. Die Formel für die Leitungslänge lautet

$$
\begin{aligned}
l &= \sum_{i=1}^{n-1} |\underline{x}_{i+1} - \underline{x}_i| + |\underline{x}_n - \underline{x}_1| \quad \text{für} \quad |\underline{x}_{i+1} - \underline{x}_i| = \min \\
l &= \sum_{i=1}^{n-1} \sqrt{(x_{i+1} - x_i)^2 + (y_{i+1} - y_i)^2} + \sqrt{(x_n - x_1)^2 + (y_n - y_1)^2}.
\end{aligned}
\qquad (9\text{-}2)
$$

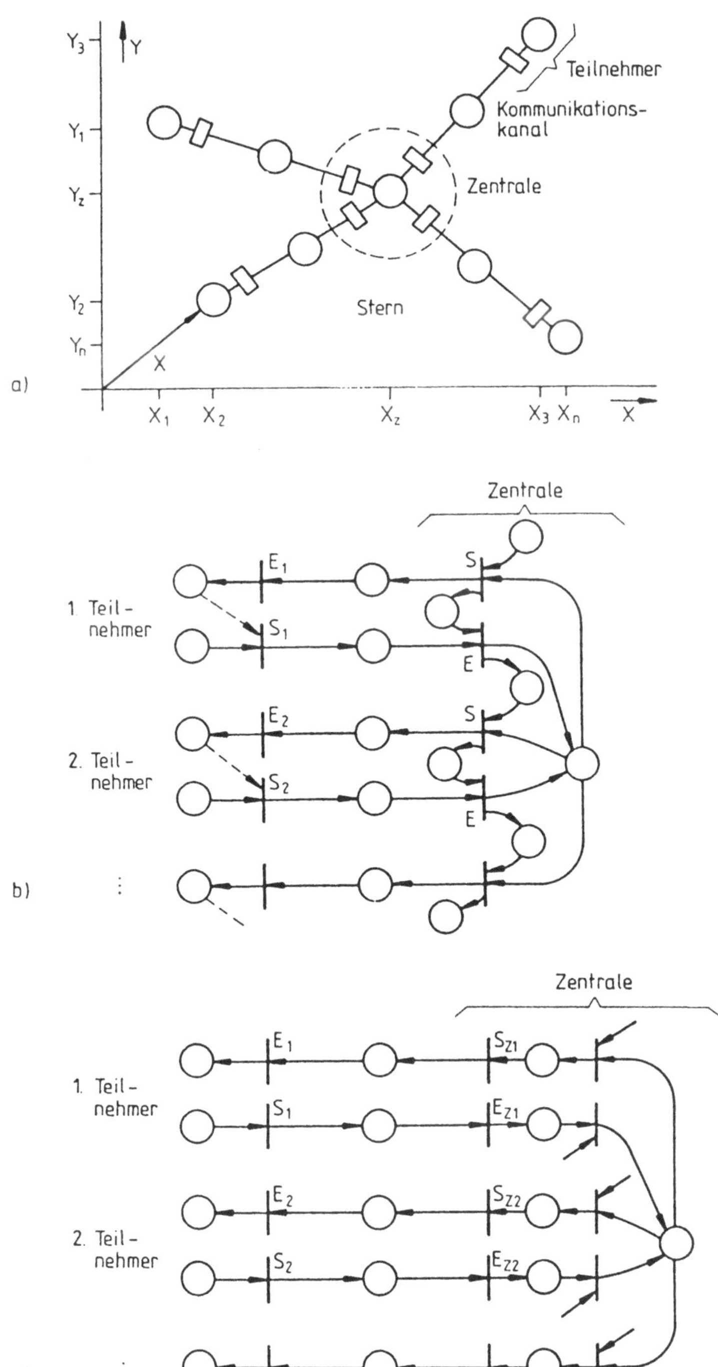

Bild 9-6 a) Verteilungs- und Funktionsstruktur eines Sternverbunds für b) sequentielle und c) parallele Kommunikation

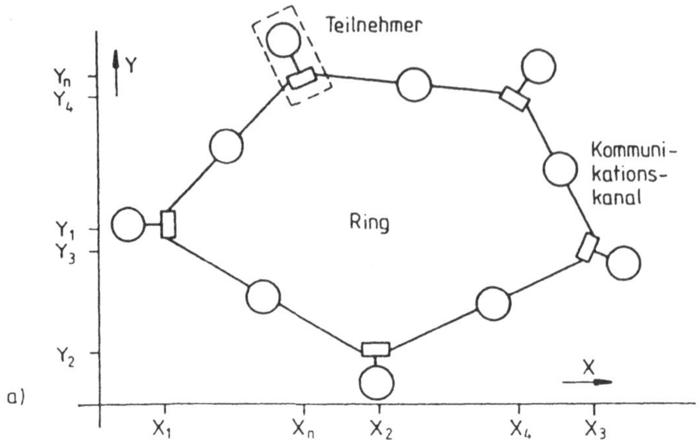

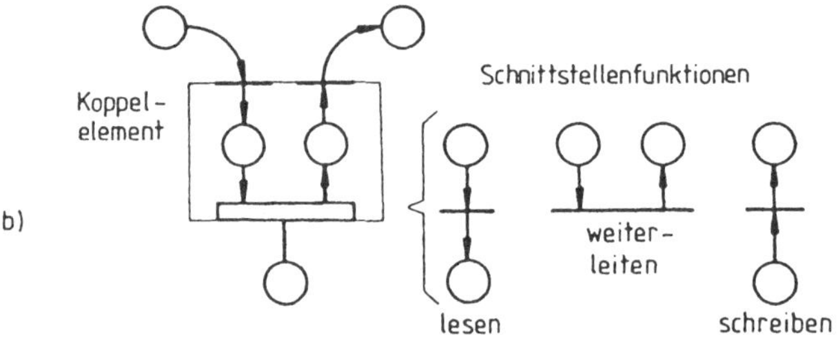

Bild 9-7 a) Verteilungsstruktur eines Ringverbunds
b) Funktion eines Koppelelements

Diese vom Leitungsaufwand her ökonomische und ohne Zentrale auskommende Verteilungsstruktur ist vom Prinzip für Steuerungssysteme mit funktional dezentralisierten und relativ stark autonomen Funktionseinheiten geeignet. Sollen Informationen über viele Geräteeinheiten kettenartig weitergereicht werden, könnten an sich unbeteiligte Partner überlastet werden, es sei denn, sie verfügen über eine eigenständige intelligente Schnittstelle [9-29]. Strukturen dieser Art sind leicht erweiterungsfähig; Informationen können senken- wie auch quellenadressiert werden.

Busstruktur

Haben alle Teilnehmer die Möglichkeit, sich an ein gemeinsames und allen zur Verfügung stehendes Übertragungssystem anzukoppeln und Informationen auszutauschen, liegt die in Bild 9-8a als Instanzennetz gezeichnete Struktur eines Busses vor. Die Funktion des Busses als zentrale Schnittstelle zum Informationsaustausch geht aus dem Petrinetz vom Bild 9-8b hervor. Die beschränkte Informationskapazität des Busses, zu einem Zeitpunkt nur eine Nachricht von einem Sender zu einem oder mehreren Empfängern auf dem Bus zu transportieren, wirkt funktional wie eine zentrale Verarbeitungsinstanz, trotz der dezentralen Topologie. Die Steuerung des Busses kann von einer zentralen Busverwaltung

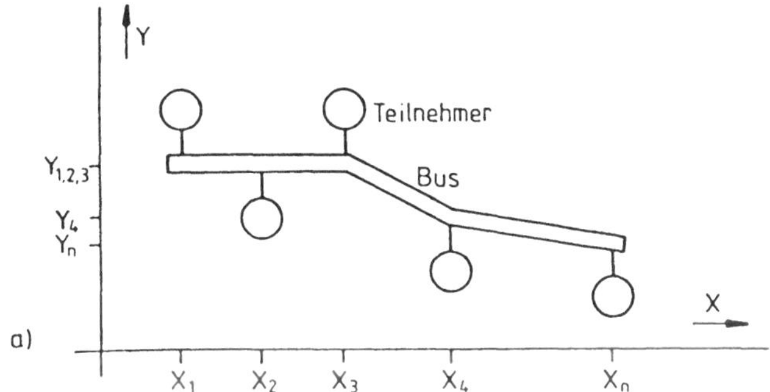

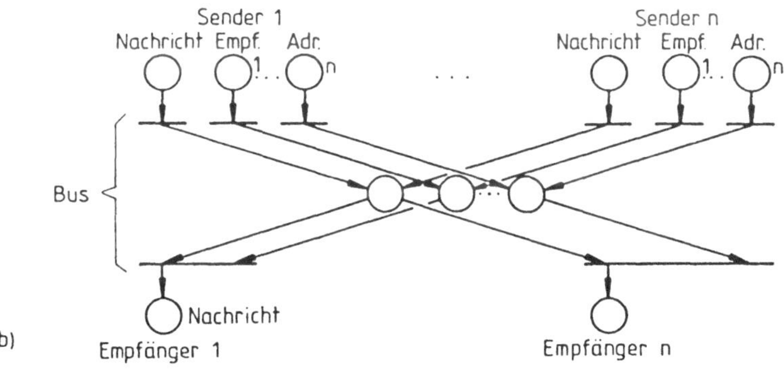

Bild 9-8 a) Verteilungs- und
b) Funktionsstruktur eines Busverbunds

koordiniert werden oder wird von den angeschlossenen Teilnehmern jeweils von Fall zu Fall ausgeübt (flying master Prinzip), [9-30]. Die Leitungslänge ergibt sich nach

$$l = \sum_{i=1}^{n-1} |\underline{x}_{i+1} - \underline{x}_i| \quad \text{für} \quad |\underline{x}_{i+1} - \underline{x}_i| = \min$$

$$l = \sum_{i=1}^{n-1} \sqrt{(x_{i+1} - x_i)^2 + (y_{i+1} - y_i)^2}\,. \tag{9-3}$$

Busstrukturen sind äußerst ökonomisch, was Leitungslänge und Leistungsvermögen angeht [9-31]. Hiervon ging ein Innovationsschub aus, der ihre Ausbreitung von zuerst dezentralen, schwach gekoppelten Systemen auf immer intensiver genutzte Strukturen förderte [9-32, 9-33].

Alarmbehandlung

Neben den bisher ordnungsbestimmenden topologischen Gesichtspunkten sind natürlich auch funktionale Gesichtspunkte insbesondere für den Einsatz in einem Prozeßsteuerungssystem ausschlaggebend. So muß bei der Kopplung von Steuerungs- und Objektprozeß (vgl. 4.2 und 5.6) auch die Initiative zur Prozeßsteuerung u. U. dem Objektprozeß selbst zugebilligt werden. Davon abhängige dynamische Qualitäten werden im Kap. 10.1 besprochen.

Wegen der bei sternförmiger Anordnung unabhängigen Übertragungswege ist dort die Initiierung bestimmter Anwendungs- oder Reaktionsprogramme von externen Terminals unproblematisch. Mehreren externen Anforderungen muß die Zentrale nach einer vorgegebenen Prioritätsstrategie begegnen. Bei einem Ring- und Bussystem kann, wegen des funktionell gemeinsamen Kommunikationskanals, die Anforderung durch verteilte Elemente problematisch werden. Dieses Problem wird durch drei verschiedene Mechanismen unterschiedlicher Qualität bzw. Mischformen gelöst, welche die Auswahl vom späteren Anwendungsfall abhängig machen.

Als erste Möglichkeit ist eine den Teilnehmern entsprechende Anzahl von parallelen Alarmleitungen zu nennen, wodurch die individuelle Reaktion auf jeden Alarm mit zentraler Prioritätszuteilung ermöglicht wird. Damit ist funktional eine Sternstruktur gegeben.

Ein prinzipiell andere Version kommt mit einer einzigen Alarmsignalleitung auf dem Bus aus, die von jedem Teilnehmer beeinflußt werden kann. Diese einfache Struktur wird dadurch erkauft, indem eine topologisch bedingte Prioritätsstaffelung die Behandlung mehrerer Alarme zur gleichen Zeit regelt. Das der Buszentrale am nächsten gelegene Gerät ist in der Alarmabgabe einem weiter entfernten bevorrechtigt. Bild 9-9 zeigt ein Petrinetz zur Verdeutlichung dieses Mechanismus, für den verschiedene technische Lösungen existieren (daisy-chain).

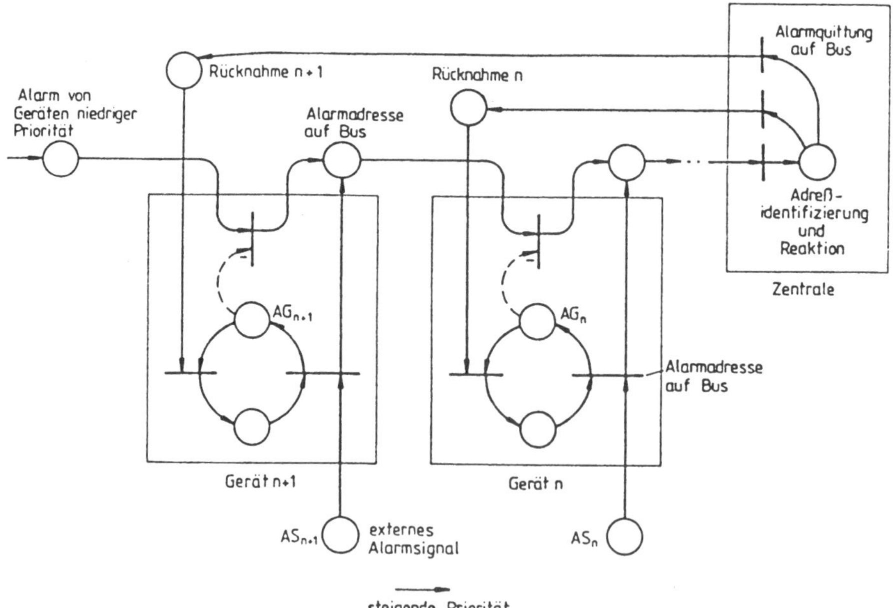

Bild 9-9 Alarmauslösung bei Busstrukturen mit Sammelalarm und topologisch bedingter Prioritätsstaffelung (daisy chain)

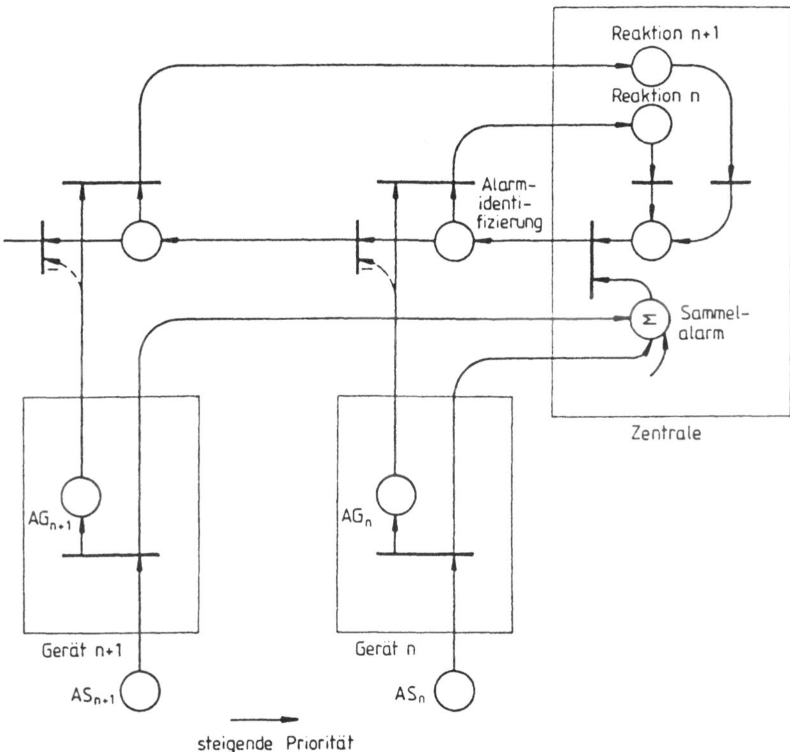

Bild 9-10 Alarmauslösung bei Busstrukturen mit Sammelalarm und zyklischer Abfrage (serial poll)

Die letzte wiederum grundsätzlich verschiedene Version ist ein Sammelalarm – auch hier ist nur eine einzige Signalleitung erforderlich – mit nachfolgender, zentral gesteuerter, zyklischer Abfrage (polling) zur Identifizierung des alarmierenden Teilnehmers. Die Wirkungsweise dieses Funktionsprinzips zeigt das Petrinetz Bild 9-10. Durch Variation der Reihenfolge der Alarmabfragen (serial poll) ist eine Rangfolge bei der Bearbeitung möglich. Dieser Art der Alarmübertragung bedient man sich z. B. beim IEC- und PDV-Bus [9-34 bis 9-36].

9.4.2 Busse

Daß busförmige Verteilungsstrukturen von den drei Grundtypen die stärkste Bedeutung erlangt haben, liegt an folgenden, hauptsächlich praktischen Gründen. Sie sind spezifisch für Busse und können bei anderen topologischen Strukturen in dieser Reinform und Stringenz nicht auftreten.

1. existiert gegenständlich ein einziger Übertragungsweg, z. B. als elektrische Leitung, als Lichtleiter oder drahtloser Übertragungskanal.

2. sind alle Teilnehmer an diesen einen gemeinsamen Übertragungsweg angekoppelt.

3. werden funktional und gerätetechnisch identische Schnittstellen zum Busanschluß verlangt.

4. sind beliebige Erweiterung und flexible Änderung der Teilnehmerkonfiguration erlaubt.

5. ist eine kostenoptimale Leitungsführung, auch im Nachhinein, möglich.

Wenn man von der bei Bussen zwangsläufig funktionsbedingten Leistungseinbuße infolge Zeitmultiplexbetriebs absieht (hohe Übertragungsraten überspielen diesen Nachteil), sind die Vorteile, durch diese topologische Konzeption überhaupt die gerätetechnischen Voraussetzungen zur gemeinsamen Kopplung zu erzwingen und damit die tatsächliche Kopplung diverser Teilnehmer zu eröffnen, so groß, daß die Bedeutung von Bussen ständig zunimmt. Die Zahl der von unterschiedlichen Firmen angebotenen wie die in der Standardisierung abgeschlossenen Buskonzepte unterstreichen diesen Sachverhalt [9-30, 9-37 bis 9-40].

Die Normung von Bussen kann z. B. anhand des sieben Ebenen umfassenden ISO-Referenzmodells spezifiziert werden. Dessen untere drei Ebenen sind für Aufbau und Funktion des Datenverbundsystems maßgebend. Grundlage bilden die mechanische und elektrische Spezifikation (physikalische Ebene). Die funktionale Spezifikation fixiert die busspezifischen Übertragungsregeln für die Kommunikation, z. B. die Bedingungen eines Zeitmultiplexbetriebes. Hier wird auch das Zuteilungsverfahren (Arbitrierung) festgelegt, d. h. wie, wann und wo die Übertragung zugeteilt wird. Die genaue Abwicklung des Datentransfers (Protokoll) ist ebenfalls enthalten. Hinzu kommen Vereinbarungen, Übertragungsfehler durch spezielle Prüfungen zu erkennen und u. U. zu beheben. Diese Spezifikationen sind Gegenstand der (zweiten) Kommunikationsebene.

Bild 9-11 zeigt eine tabellarische Übersicht der für die Prozeßrechentechnik bedeutenden Busse. In der Tabelle 9-2 sind für verschiedene Einsatzbedingungen geeignete Busarten zusammengestellt.

Moderne Prozeßsteuerungssysteme werden in der technischen Konzeption durch Bushierarchien bestimmt. Die Skala dabei weitgehend serieller Busse spannt sich von vor Ort befindlichen Feldbussen, die die Kopplung des Prozesses über Sensoren und Aktoren besorgen, über die stationsinterne Kopplung von Rechnern mit Nahbereichsbussen, weiter über Fernbereichs-Prozeßbusse oder lokale Netze (local area network, LAN) im Kilo-

Tabelle 9-2 Einsatzbedingungen und Busarten

Übertragungsrate	Entfernung klein (10 m)	mittel (10 m bis 200 m)	groß (200 m)
gering (< 10 kbit/s)	s / e	s / e	s / m
mittel (10 kbit/s bis 100 Mbit/s)	p / e	s / m	s / h
hoch (> 100 Mbit/s)	p / m	s/p / h	p / h
Busart	Übertragungsart s: seriell, p: parallel Übertragungsmedium: e: Draht, Bandkabel, mit Einfachmasse m: verdrillte oder geschirmte Leitung, Bandkabel mit Mehrfachmasse h: Koaxialkabel, Glasfaser		

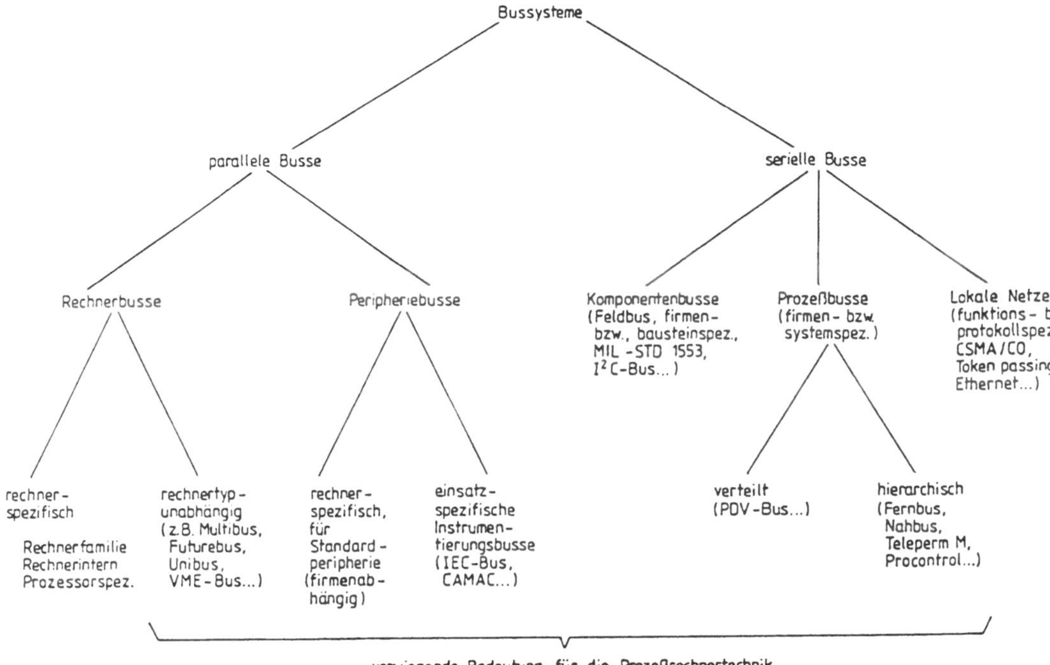

Bild 9-11 Übersicht über Busstrukturen

meterbereich und schließlich über große Entfernungen mit Hilfe öffentlicher Netze [9-24, 9-25, 9-39, 9-40], vgl. Bild 6-10. Mit dieser Entwicklung offenbart sich immer mehr die Tendenz, die funktionale multivalente Hierarchiestruktur auch gerätetechnisch abzubilden.

9.4.3 IEC-Bus

Exemplarisch für parallele Busse ist die Informationsübertragung mit dem IEC-Bus, einem lokalen Instrumentierungsbus [9-34]. Der IEC-Bus ist in drei Signalgruppen mit unterschiedlichen Aufgaben eingeteilt (Bild 9-12).

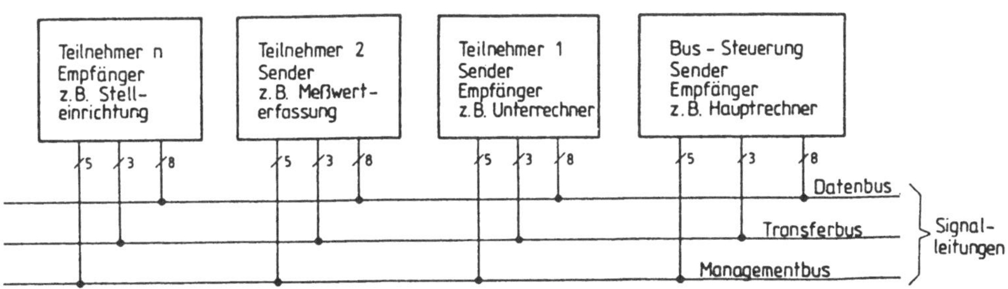

Bild 9-12 Signalleitungen des IEC-Bus

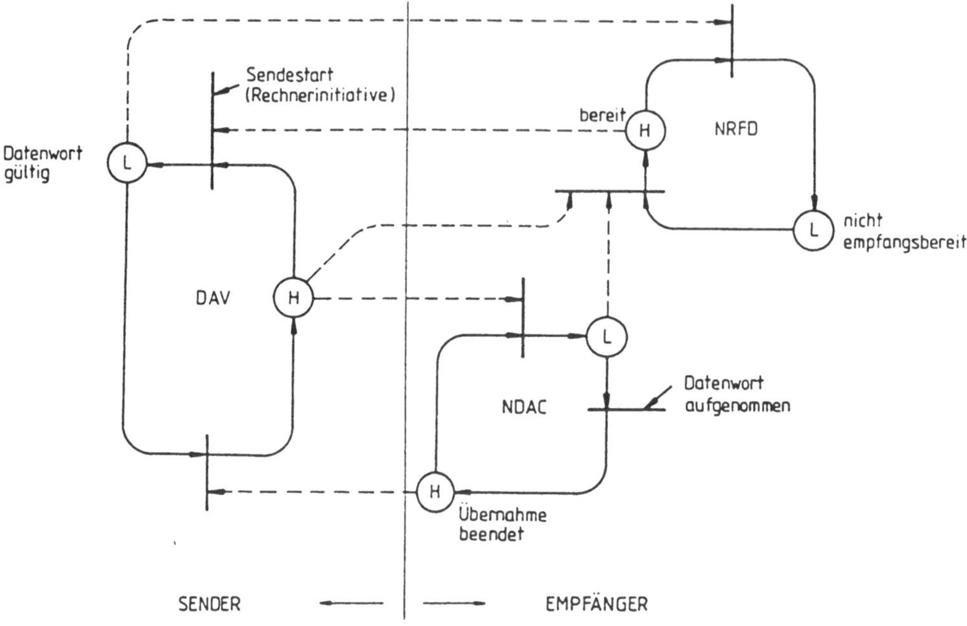

Bild 9-13 Funktion des Steuer-Quittier-Zyklus mit dem IEC-Transferbus (Hi: high, Li: low)

Der Datenbus überträgt Adressen oder Daten auf acht parallelen Leitungen. Jedes Byte stellt entweder die Adresse eines Peripheriegerätes, ein Kontroll- oder ein Datenwort dar. Der Managementbus steuert die Informationsübertragung. Von seinen fünf Signalen ist das Attention(ATN)-Signal am wichtigsten. Wenn ATN active-low ist, können nur Adressen von Peripheriegeräten zusammen mit dem Steuerbefehl, ob das Peripheriegerät als Sender oder Empfänger arbeiten soll, über den Datenbus übertragen werden. Wenn ATN high ist, können nur aktivierte Peripheriegeräte an der Datenübertragung teilnehmen. Der Transferbus mit seinen drei Leitungen überträgt bei jeder Sendung eines Bytes eine Folge von Steuer- und Quittier-Signalen zwischen Sender und Empfänger, den sogenannten Handshake-Zyklus.

Jede Informationsübertragung wird über den Steuer-Quittierzyklus abgewickelt, einen Vorgang, in dem das Prinzip zur Synchronisation zweier paralleler Prozesse (wieder) zu erkennen ist. Das Petrinetz 9-13 zeigt den Zustandsgraph einer Drei-Draht-Steuer-Quittier-Übertragung mit den betreffenden Zuständen der drei Binärsignale des IEC-Transfer-Busses DAV (data valid), NRFD (not ready for data) und NDAC (not data accepted).

9.5 Zuverlässigkeit und Sicherheit

Die qualitativen Begriffe Zuverlässigkeit und Sicherheit insbesondere für informationelle Prozeßsteuerungssysteme zu präzisieren ist schwierig.

Allgemein versteht man unter Zuverlässigkeit eine Eigenschaft, beabsichtigte Funktionen unter bestimmten Bedingungen und in festgelegten Zeiträumen zu erfüllen [9-41 bis 9-43]. Als Maße für die Zuverlässigkeit einer Prozeßsteuerung können hinsichtlich des Gerätesystems, wo insbesondere ein Ausfall zum Versagen der beabsichtigten Funktion führt, die bekannten und definierten Größen wie z. B. Ausfallrate, Überlebenswahrscheinlichkeit, Verfügbarkeit usw. herangezogen werden [9-44, 9-45].

Möglichkeiten zur Beeinflussung der Zuverlässigkeit eines technischen Systems sind die Bemessung seiner einzelnen Komponenten und die Konfiguration der zusammenspielenden Elemente. So wird einerseits die Widerstandsfähigkeit individueller Komponenten gestärkt [9-57], andererseits können, durch Erweiterung der unbedingt zur Funktion notwendigen Teile um weitere, diese Reserveeinheiten ausgefallene Funktionen übernehmen. Das letzte Strukturprinzip wird, wenn auch nicht ganz zutreffend, allgemein als Redundanz bezeichnet, die zugehörige Eigenschaft der sogenannten Fehlertoleranz oder besser „Ausfalltoleranz" zugeschrieben.

Eine Zuverlässigkeit von Informationssystemen in allgemein anerkannten Kategorien zu klassifizieren, geschweige zu parametrieren, besteht kein Konsens. Hier ist die Diskussion um Definition und Gültigkeit charakterisierender Begriffe und Kenngrößen im Gang [9-46]. Mögliche Kenngrößen für diesen Bereich, wo ein Fehler im Informationssystem zum Versagen der beabsichtigten Funktion führt, sind z. B. Softwarezuverlässigkeit, Korrektheit und Fehlerwahrscheinlichkeit. Fehler sind in ein Informationssystem sozusagen von vornherein eingebaut; sie sind in den kreativen Phasen des Systementwurfs und bei der Programmierung entstanden. Dadurch besteht eine Abhängigkeit dieser Kenngrößen vom Entwurf selbst, von der Entwurfsmethode und von den Beschreibungsmitteln und ist damit menschlichen Ursprungs.

Dieses Fehlerpotential wird erst bei der praktischen Anwendung aktiviert, so daß sich Fehler auch als Auftreten von Ausfällen durch äußere Beanspruchung deuten lassen [9-46]. Die spätere, stationäre Konfiguration des realisierten Informationssystems hat hingegen hier keinen Einfluß mehr; in der Betriebsphase können daher zur Abwehr von Fehlern spezielle Programme, Software- oder Hardwarekonfigurationen zur Fehlererkennung und ggf. zu deren Beseitigung eingesetzt werden.

Der Blick auf die diese Kategorien zusammenfassende Tabelle 9-3 zeigt, daß trotz der qualitativ unterschiedlichen Ausführungsformen der jeweiligen Komponenten die Maßnahmen und Möglichkeiten zur Beeinflussung der Zuverlässigkeit gewisse strukturelle Ähnlichkeit aufweisen.

Tabelle 9-3 Zuverlässigkeit bei Prozeßsteuerungssystemen – Merkmale und Beeinflussungsmaßnahmen

	Gerätetechnik	Informationssystem
Kenngrößen	Ausfallrate Überlebenswahrscheinlichkeit Mittlerer Ausfallabstand Verfügbarkeit	Fehlerrate Korrektheit
Maßnahmen	Überdimensionierung Strukturierung Redundanz	 Entwurfsmethodik Diversität

Zur Beschreibung der Zuverlässigkeit von Systemen werden sogenannte „Zuverlässigkeitsmodelle“ herangezogen. Eine einfache, überschaubare Vorstellung liefert das Boolesche Zuverlässigkeitsmodell. Es besagt, daß ein System oder ein Teilsystem entweder in der Lage ist, die beabsichtigte Funktion auszuführen oder nicht, egal, was in den anderen Teilen vorgeht. Somit kann es die beiden Zustände „intakt“ oder „defekt“ einnehmen. Die Systemfunktion eines aus Teilsystemen zusammengesetzten Systems ergibt sich demnach durch kombinatorische Verknüpfung seiner Teilzustände. Infolge nicht exakt vorhersehbarer Zustandswechsel in einem Teilsystem sind diese nur für größere Betrachtungszeiträume bzw. für eine größere Anzahl von Betrachtungseinheiten statistisch beschreibbar. Daher müssen die zeitlichen Zuverlässigkeitskenngrößen für aus mehreren Teilsystemen bestehende Systeme durch eine Kombination von Regeln der booleschen Algebra und der Statistik ermittelt werden [9-44, 9-45, 9-47].

Setzt man das Ausfallverhalten einzelner Systemkomponenten nicht mehr als unabhängig voneinander voraus, sondern z. B. als Folge bestimmter vorangegangener Systemzustände (z. B. wenn bei Ausfall einer Komponente sich die Beanspruchung der übrigen Komponenten erhöht und damit deren Ausfallwahrscheinlichkeit steigt), müssen daraus resultierende Fragestellungen zur Systemzuverlässigkeit mit Hilfe Markovscher Zuverlässigkeitsmodelle analysiert werden, was zu nicht ganz einfachen Lösungen führt [9-44].

Unter Sicherheit wird die weitergehende Eigenschaft eines Prozeßsteuerungssystems verstanden, innerhalb vorgegebener Grenzen und für eine festgelegte Zeitdauer keine Gefahr für Personen und Sachen eintreten zu lassen [9-41, 9-42]. Danach dürfen sich Ausfälle und Fehler nicht gefährlich auswirken.

9.5.1 Zuverlässigkeit von Gerätesystemen

Das einfachste Boolesche Zuverlässigkeitsmodell für ein technisches System kann als Petrinetz von Bild 9-14a dargestellt werden. Dieser Zustandsgraph gilt nur für nichtreparierbare Systeme; bei reparierbaren, d. h. in ihrer Funktionsfähigkeit wieder herstellbaren Systemen muß der Zustandsgraph zu einem geschlossenen Umlauf ergänzt werden (Bild 9-14b). Dabei kennzeichnen Betriebsdauer t_B und Ausfalldauer t_A die Markenaufenthaltszeit auf den zugehörigen Stellen.

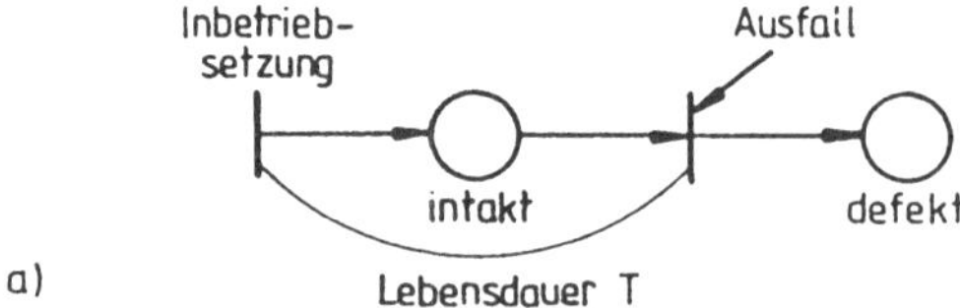

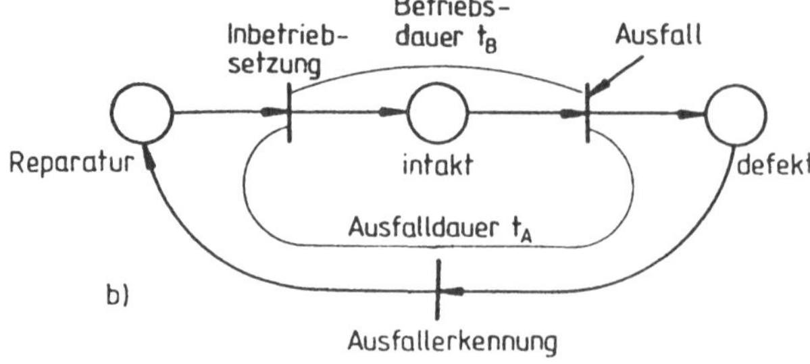

Bild 9-14
Petrinetz des Booleschen Zuverlässigkeitsmodells
a) eines nicht reparierbaren
b) eines reparierbaren Systems

Das Ausfallverhalten bestimmter Betrachtungseinheiten (Anzahl M) – je nach Dekompositionsniveau können es Systeme, Teilsysteme oder nicht weiter aufteilbare Komponenten sein – wird durch die Ausfallrate λ quantitativ angegeben. Hierunter versteht man die relative zeitliche Änderung der Anzahl ausgefallener Elemente:

$$\begin{aligned} \lambda(t) &= \left.\frac{\partial M(t)/M}{\partial t}\right|_t \\ &\approx \lim_{\Delta t \to 0} \left.\frac{\Delta M/M}{\Delta t}\right|_t \\ &\approx \lim_{\Delta t \to 0} \frac{M(t) - M(t + \Delta t)}{M(t)\,\Delta t} \end{aligned} \tag{9-4}$$

Daraus ist ersichtlich, daß die Ausfallrate nur bei Betrachtung einer größeren Zahl von Einheiten vertrauenswürdig ermittelt werden kann.

Die Wahrscheinlichkeit, daß die Lebensdauer T eines Elements größer als eine bestimmte Zeit t ist, bezeichnet man als Überlebenswahrscheinlichkeit

$$R = p(T > t). \tag{9-5}$$

Mit der Ausfallrate läßt sich die Überlebenswahrscheinlichkeit R eines Elements angeben, wenn man ansetzt, daß die Änderung der Überlebenswahrscheinlichkeit der Ausfallrate und seiner momentanen Überlebenswahrscheinlichkeit proportional ist, d. h.

$$\frac{dR}{dt} = -\lambda(t)\,R(t). \tag{9-6}$$

Die Lösung der Differentialgleichung führt auf

$$R(t) = \exp\left(\int_0^t -\lambda(\tau)\,d\tau\right). \tag{9-7}$$

Für den Fall konstanter Ausfallrate erhält man die Exponentialfunktion

$$R(t) = e^{-\lambda t}. \tag{9-8}$$

Das Komplement der Überlebenswahrscheinlichkeit ist die Ausfallwahrscheinlichkeit F (t), d. h. die Wahrscheinlichkeit, daß die Lebensdauer T kleiner als eine bestimmte Zeit t ist,

$$F(t) = p(T \leqslant t) = 1 - p(T > t) = 1 - R(t). \tag{9-9}$$

Somit kann die Ausfallwahrscheinlichkeit als Verteilungsfunktion der Lebensdauer gedeutet werden; für die Dichtefunktion der Ausfallwahrscheinlichkeit folgt so

$$f_T(t) = \frac{d}{dt} F(t). \tag{9-10}$$

Stellt man nach einem Ausfall eines reparierbaren Systems wieder seine völlige Betriebsbereitschaft her, entspricht die Lebensdauer eines nicht reparierbaren Systems der Betriebsdauer eines reparierbaren. Für den Erwartungswert der Lebensdauer bzw. die mittlere Betriebsdauer gilt

$$\Theta_B = E(t_B) = E(T) = \int_0^\infty t\, f_T(\lambda, t)\, dt = f(\lambda). \tag{9-11}$$

Für den Sonderfall konstanter Ausfallrate, d.h. bei exponentiell verteilter Ausfallwahrscheinlichkeit, erhält man

$$\Theta_B = E(t_B) = 1/\lambda; \tag{9-12}$$

dies ist z.B. bei eingeführten Systemen (nach Wegfall der „Kinderkrankheiten") mit regelmäßiger Wartung oder bei großen Systemen mit vielen Elementen der Fall.

Diese Zeit wird auch als mittlerer Ausfallabstand (meantime between failure, MTBF) bezeichnet. Entsprechend gilt für die mittlere Ausfalldauer (meantime to repair, MTTR) eines Systems und die Reparaturrate μ bei konstanter Ausfallrate der Zusammenhang

$$T_A = E(t_A) = 1/\mu. \tag{9-13}$$

Um die Zuverlässigkeit des Systems zu beurteilen, müssen sowohl Betriebsdauer wie Ausfalldauer berücksichtigt werden. Die Wahrscheinlichkeit dafür, daß sich ein System im intakten Zustand befindet, also verfügbar ist, wird als Maß für die Zuverlässigkeit angesehen. Bei nicht reparierbaren Systemen ist die Verfügbarkeit $V(t)$ mit der Überlebenswahrscheinlichkeit identisch, bei reparierbaren Systemen gilt – über einen längeren Zeitraum betrachtet – dann für die sogenannte Dauerverfügbarkeit

$$V = \frac{E(t_B)}{E(t_B) + E(t_A)}. \tag{9-14}$$

Unter der Voraussetzung konstanter Ausfall- und Reparaturraten erhält man den einfachen Zusammenhang

$$V = \frac{\mu}{\mu + \lambda}. \tag{9-15}$$

Die zur Verfügbarkeit komplementäre Größe, mit der es sich bei der kombinatorischen Verknüpfung mehrerer Teilsysteme manchmal einfacher arbeiten läßt, ist die Unverfügbarkeit

$$Q = 1 - V. \tag{9-16}$$

Galten die bisherigen Betrachtungen nur für individuelle Einheiten, so ist für die Zuverlässigkeit eines Prozeßsteuerungssystems die funktionale Konfiguration seiner gerätetechnischen Komponenten entscheidend [9-58]. Zum Vergleichen und Beurteilen verschiedener Konfigurationsvarianten dienen Boolesche Zuverlässigkeitsmodelle, aus denen Angaben über Verfügbarkeit bzw. Unverfügbarkeit des Gesamtsystems hergeleitet werden können [10-58].

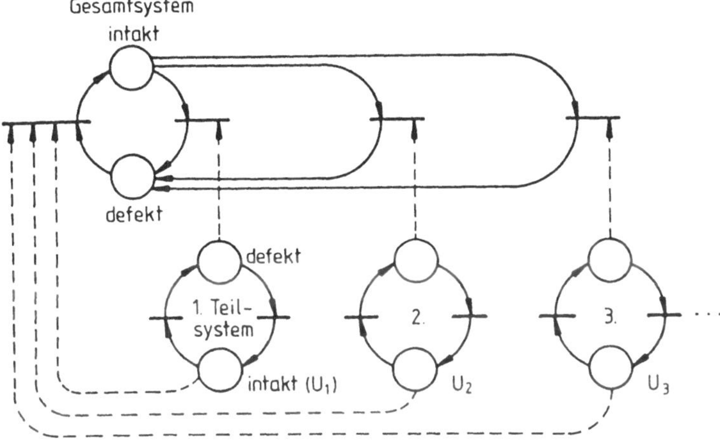

Bild 9-15 Petrinetz für das Zuverlässigkeitsmodell eines Seriensystems

Serienstruktur

Bei dieser einfachen funktionalen Grundstruktur eines Systems wird die Gesamtfunktion durch die lineare Verkettungsfolge aller Teilfunktionen der Systemelemente erreicht:

$$F_g = f_1 \circ f_2 \circ \ldots \circ f_n. \tag{9-17}$$

Ein Beispiel ist ein Steuerungssystem mit Meßwerterfassung, Informationsverarbeitung und Stellglied als technischen Trägern der Teilfunktionen. Das Bild 9-15 zeigt das Petrinetz für die Systemzustände eines Gesamtsystems und die Verknüpfungen zu den funktional seriell wirkenden Teilsystemen. Die daraus herleitbare Boolesche Systemfunktion für den Intaktzustand lautet

$$S(u_i) = u_1 \wedge u_2 \wedge \ldots \wedge u_n = \bigwedge_{i=1}^{n} u_i, \quad u_i = \{0, 1\} \tag{9-18}$$

Unter der Voraussetzung, daß alle Systemteile zuverlässigkeitsmäßig unabhängig sind und Boolesche Modelle gelten, ist die zugehörige Systemverfügbarkeit, d. h. die Wahrscheinlichkeit, daß alle Teilsysteme verfügbar sind

$$\begin{aligned} V_S &= p\,(S = 1) = p\left(\bigwedge_{i=1}^{n} u_i\right) = \prod_{i=1}^{n} p\,(u_i = 1) \\ &= V_1 \cdot V_2 \cdot \ldots V_n = \prod_{i=1}^{n} V_i. \end{aligned} \tag{9-19}$$

Für den Sonderfall, daß alle Elemente gleiche und konstante Ausfall- und Reparaturraten aufweisen und unter der realistischen Voraussetzung $\lambda \ll \mu$ gilt für die Systemverfügbarkeit

$$V_S = \left(\frac{\mu}{\lambda + \mu}\right)^n \approx \frac{1}{1 + n\,\frac{\lambda}{\mu}} \tag{9-20}$$

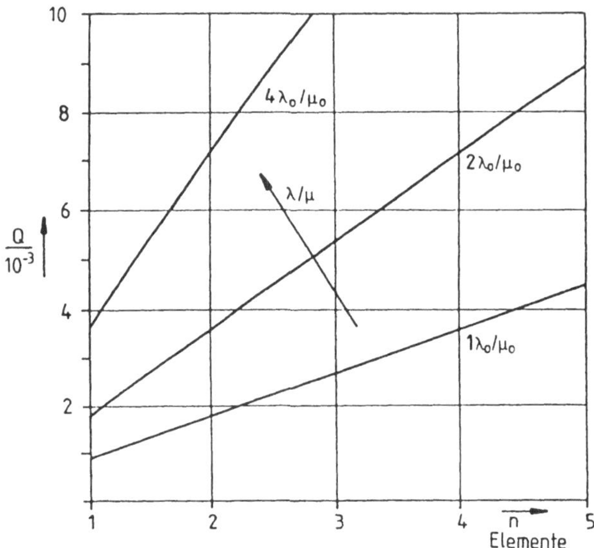

Bild 9-16
Unverfügbarkeit eines Serienverbunds mit gleichen Elementen ($1/\lambda_0$ = 1,5 Jahre, $1/\mu_0$ = 12 h)

bzw. für die Systemunverfügbarkeit

$$Q_S = 1 - V_S \approx \frac{n \frac{\lambda}{\mu}}{1 + n \frac{\lambda}{\mu}} \approx n \frac{\lambda}{\mu} \tag{9-21}$$

und somit näherungsweise ein linearer Zusammenhang zwischen Unverfügbarkeit und Anzahl der Teilsysteme. Für praktisch vorkommende Werte von λ und μ ist dieser Zusammenhang in Bild 9-16 festgehalten. Man erkennt, daß bei dieser Serienstruktur die Unverfügbarkeit schon bei wenigen Elementen rasch auf kaum akzeptable Werte ansteigt.

Parallelstruktur

Die diametrale Alternative zur Serienstruktur zeigt ein System aus mehreren Elementen, wobei jedes für sich die Gesamtfunktion ausführen kann. Jedes Teilsystem kann also die Funktion jedes anderen ersetzen.

$$F_g = f_1 \vee f_2 \vee \ldots \vee f_n . \tag{9-22}$$

Das Bild 9-17 zeigt ein Petrinetz für die Zustandsgraphen des Gesamtsystems und der parallel wirkenden Einzelsysteme mit ihren Kopplungen. Die zugehörige Boolesche Systemfunktion für den Ausfallzustand lautet

$$\overline{S}(\overline{u}_i) = \overline{u}_1 \wedge \overline{u}_2 \wedge \ldots \wedge \overline{u}_n = \bigwedge_{i=1}^{n} \overline{u}_i . \tag{9-23}$$

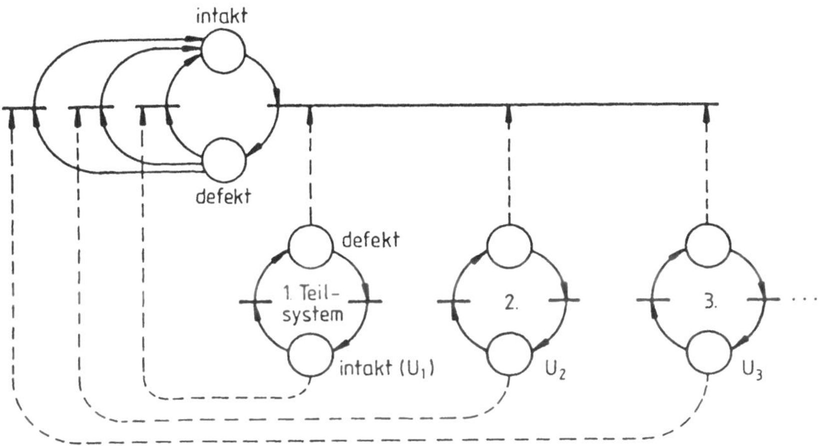

Bild 9-17 Petrinetz für das Zuverlässigkeitsmodell eines Parallelsystems

Daraus ergibt sich für die Unverfügbarkeit, d.h. Wahrscheinlichkeit, daß kein System mehr verfügbar ist bzw. alle Systeme unverfügbar sind

$$Q_S = p(\bar{S} = 1) = p\left(\bigwedge_{i=1}^{n} \bar{u}_i\right) = \Pi\, p(\bar{u}_i = 1)$$
$$= Q_1 \cdot Q_2 \cdot \ldots \cdot Q_n = \prod_{i=1}^{n} Q_i = \prod_{i=1}^{n} (1 - V_i). \tag{9-24}$$

Für die Verfügbarkeit erhält man

$$V_S = 1 - Q_S = 1 - \prod_{i=1}^{n} (1 - V_i). \tag{9-25}$$

Für den Sonderfall gleicher Verfügbarkeit aller Einzelelemente und die Annahmen $\lambda, \mu =$ const. und $\lambda \ll \mu$ folgt

$$Q_S \approx \left(\frac{\lambda}{\mu}\right)^n \tag{9-26}$$

bzw.

$$V_S \approx 1 - \left(\frac{\lambda}{\mu}\right)^n \tag{9-27}$$

Für realistische Werte ist dieser Zusammenhang in Bild 9-18 dargestellt. Man erkennt, daß bereits mit wenigen parallelen Einheiten die Unverfügbarkeit des Systems mehr gesenkt bzw. die Verfügbarkeit gesteigert werden kann als es mit einer erheblichen Verringerung der Ausfallrate möglich ist.

Entsprechend den Regeln der funktionalen Zusammenfassung lassen sich mit diesen Grundformen wie bei der Netzwerkzusammenfassung immer größere Komplexe behandeln.

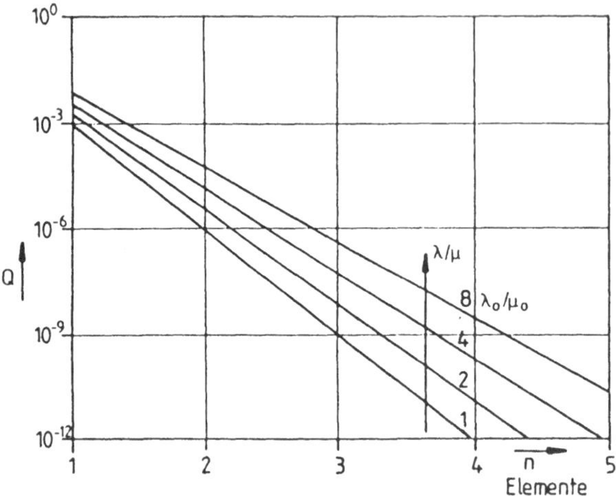

Bild 9-18
Unverfügbarkeit eines Parallelverbunds mit gleichen Elementen ($1/\lambda_0$ = 1,5 Jahre, $1/\mu_0$ = 12 h)

Auswahlstrukturen

Zwischen den beiden behandelten, gegensätzlichen Strukturen stehen alle, bei denen mindestens m von den insgesamt n technischen Funktionseinheiten des Gesamtsystems intakt sein müssen, damit die Gesamtfunktion erfüllt wird. Diese Strukturen zielen darauf ab, die Systemverfügbarkeit zu erhöhen und gleichzeitig für die individuelle Funktionsfähigkeit jedes Teilsystems durch Vergleich seiner erzeugten Steuerungsinformation ein Ausfallkriterium anzugeben [9-49, 9-50]. Ist

$$m > n/2, \tag{9-28}$$

spricht man von Mehrheitsentscheidungssystemen bzw. von Majoritätsredundanz. Bild 9-19 zeigt ein zugehöriges Petrinetz für den Fall m = 2 und n = 3. Der Vergleich mit den Netzen der Bilder 9-15 und 9-17 zeigt, daß die Serien- und Parallelstrukturen auch in der allgemeinen m-aus-n-Stuktur enthalten sind, nämlich im n-aus-n bzw. im 1-aus-n-System.

Läßt sich die Auswahl nicht in den Teilsystemen selbst treffen, ist mindestens ein sogenannter Voter zusätzlich erforderlich, der die m-von-n-Entscheidung trifft. Wegen der zuverlässigkeitsmäßigen Serienschaltung beeinflußt dieses Entscheidungselement stark die Gesamtverfügbarkeit [9-48, 9-49]. Zahlreiche Varianten von Ausfällen beherrschenden Geräte- und Programmstrukturen (fault-tolerant systems) wurden in letzter Zeit ersonnen [10-49 bis 10-56], um informationsverarbeitende Steuerungssysteme für Aufgaben mit hohen Verfügbarkeitsanforderungen annehmbar zu machen.

9.5.2 Strategien der Reservehaltung

Wenn bestimmte Anforderungen an die Zuverlässigkeit eines Prozeßsteuerungssystems bei bekannten Zuverlässigkeitskenngrößen seiner Einzelelemente erfüllt werden sollen, muß man sich über die zeitlichen Abläufe und Strategien zur Wiederherstellung der Funktionsfähigkeit nach bemerkten Ausfällen und Fehlern im klaren sein. Die Varianten zur Rekonfiguration intakter Funktionen aus dem Repertoire der Systemplanung unterscheiden sich durch die Zeit, bis das System nach einem Defekt wieder funktioniert. Das

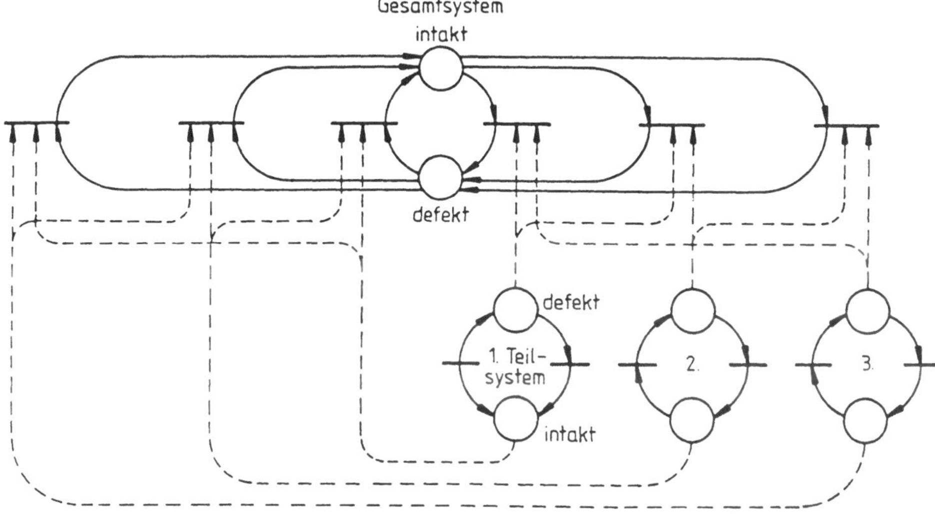

Bild 9-19 Petrinetz für das Zuverlässigkeitsmodell eines 2v3-Auswahlsystems

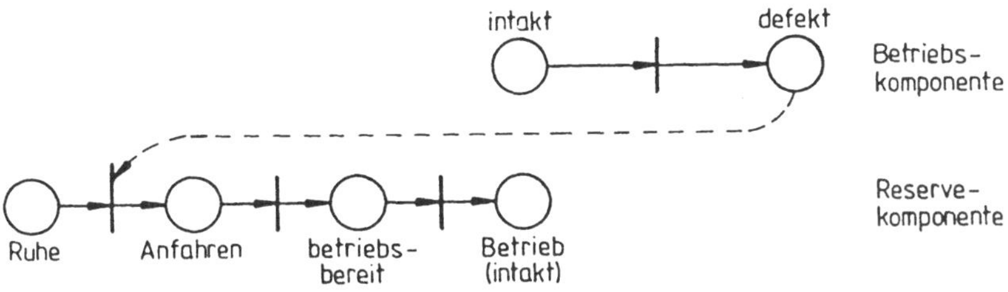

Bild 9-20 System mit kalter Reservehaltung (cold stand-by)

hängt davon ab, in welchem Zustand sich die Reserveeinheit, die die Funktion einer defekten Komponente übernehmen soll, vor ihrer aktiven Nutzung befindet [9-47].

Kalte Reserve

Die Reserveeinheit befindet sich nicht im Betrieb oder erledigt andere Aufgaben. Erst bei Ausfall ihrer zugeordneten Komponente wird sie hierfür aktiviert, wie das Petrinetz von Bild 9-20 zeigt. Diese kostengünstige Art der Reservehaltung ist natürlich nur dann sinnvoll, wenn die Dauer des Anfahrvorgangs nicht ins Gewicht fällt, z. B. bei trägen Objektprozessen, oder wenn systeminterne Pufferungen, z. B. bei Stromversorgungen mit Speichern, diese Zeitspanne überbrücken.

Warme Reserve

Um bei Defekt einer Komponente deren Funktion ohne wesentliche Verzögerung direkt fortführen zu können, werden betriebsbereit vorgehaltene Reserveeinheiten vorgesehen

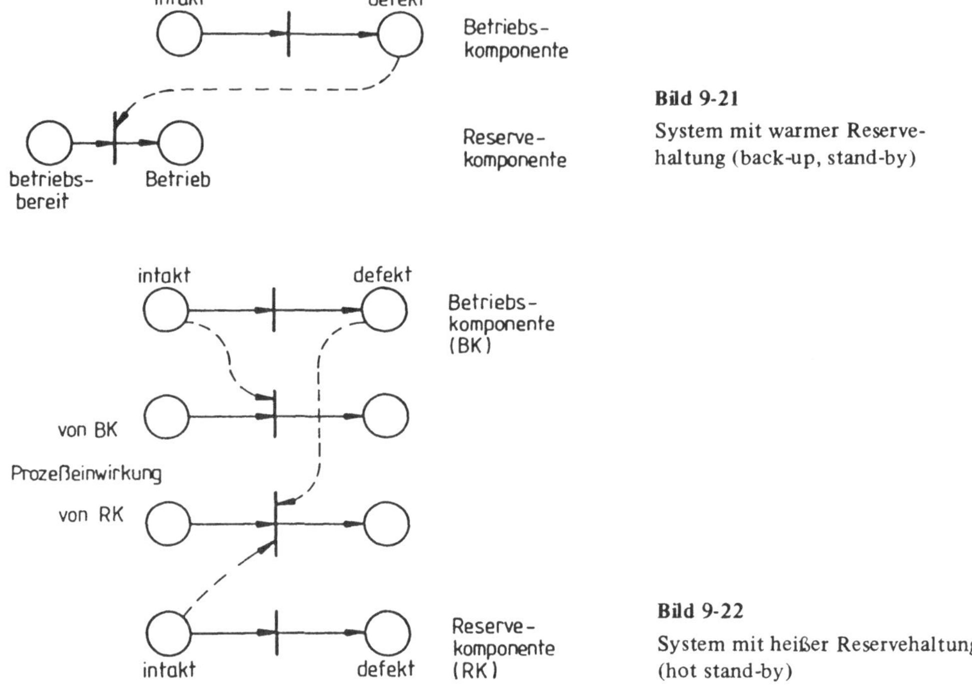

Bild 9-21
System mit warmer Reservehaltung (back-up, stand-by)

Bild 9-22
System mit heißer Reservehaltung (hot stand-by)

(back-up), (Bild 9-21). Beispielsweise können ganze Rechnerregelungen im Notfall durch konventionelle hydraulische oder elektromechanische Regelsysteme dezentraler Anordnung übernommen werden.

Bei Rechnersystemen in warmer Reserve (stand-by) wird der Arbeitsspeicher des Bereitschaftssystems in regelmäßigen Abständen mit neuen Daten der momentanen Prozeßsituation aktualisiert, um bei Ausfall des Betriebsrechners die Prozeßsteuerung sofort mit nicht zu alten Informationen fortführen zu können.

Heiße Reserve

Muß bei bestimmten Prozessen die Steuerung auch bei Ausfall einer Komponente unmittelbar mit aktuellen Informationen weitergeführt werden, müssen mindestens zwei Informationsprozesse parallel und unabhängig die Prozeßsteuerung vollziehen. Bei Defekt einer Komponente – was z. B. durch gegenseitiges Testen oder durch einen übergeordneten Voter festgestellt werden kann [9-49] – übernimmt, wie das Petrinetz vom Bild 9-22 zeigt, die sich im gleichen intakten Betriebszustand befindliche Komponente die Funktion (hot stand-by). Braucht nur ein Teil des Prozesses im Störungsfall weitergeführt werden, reicht eine kleinere Reserveeinheit für die Aufrechterhaltung dieser Funktionen.

9.5.3 Korrektheit von Informationssystemen

Während mit dem Begriff Zuverlässigkeit bei der Gerätetechnik die physikalisch bedingte Arbeitsweise technischer Einrichtungen charakterisiert wird, verbindet man damit bei

Informationssystemen nicht nur die Fähigkeit, eine beabsichtigte Funktion zu erfüllen, sondern eher die Eigenschaft, daß die spezifizierte Funktion, d. h. ihre Zielvorstellung, mit der implementierten Funktion übereinstimmt. Dieser Sachverhalt wird mit dem Begriff Korrektheit benannt [9-46, 9-59].

Sind bei Gerätesystemen vor allem physikalisch und chemisch faßbare Defekte an Bauelementen und Verbindungen sowie elektromagnetische Störungen Ursachen für Ausfälle [9-57] – setzt man eine ausgereifte und damit funktional fehlerfreie Gerätetechnik voraus – so ist der einzige gerätetechnisch bedingte Grund für eine Informationsverfälschung ein sporadischer (Hardware-)Ausfall. Die Auswirkungen können in jedem Fall mit Fehlerbäumen analysiert werden [9-58].

Im Prinzip ist die korrekte Arbeitsweise von Informationssystemen eine Frage des semantischen Gehalts der erzeugten Information und nicht der statistischen Informationstheorie. Für die Prozeßsteuerung ist es beispielsweise bei gleicher Bitfehlerrate wesentlich, ob dadurch die höherwertigen oder niederwertigen Bits einer Steuerungsinformation verfälscht werden.

Bei Informationssystemen ist insbesondere von Bedeutung, daß sie – abstrakt gesehen – keiner Beanspruchung nach ihrer Fertigstellung ausgesetzt sind, in der Summe aber erst während des Betriebs Fehler des Informationssystems wie Ausfälle der Gerätetechnik bemerkt werden [9-71]. Danach müssen die Ursachen für eine fehlerhafte Funktion, gemessen an der Vorstellung von der Leistung des Informationssystems, d. h. der Spezifikation, im Herstellungsprozeß liegen, die weitgehend „menschliche Fehlermechanismen" als Ursprung haben. Nach [9-41] zählen hierzu: Fehler bei der Systemanalyse (Spezifikation, Software-Entwurfsfehler, Dokumentationsfehler, falsche Lösungsmethode), mangelhaftes Testen des Informationssystems, Fehler bei der Bereitstellung der Eingabedaten (Codierfehler, Eingabe- und Bedienfehler, Dokumentationsfehler); hinzu kommen noch absichtliche Fehler wie Störungen, ggf. Vandalismus und Sabotage.

Ausfallwirkungen lassen sich leichter, Fehlerfolgen hingegen schwerer durch darauf ausgerichtete Architekturen und Betriebsstrategien der Steuerungssysteme in Hard- und Software, sogenannte Fehlertoleranzstrategien, einschränken. Beispiele sind mehrkanalige Rechnerstrukturen mit gegenseitiger Überwachung, wobei alle Spielarten mit gleicher oder unterschiedlicher (diversitärer) Hard- und Software denkbar sind.

Analysen zeigen, daß der Großteil aller Fehler in den Anfangsphasen der Herstellung von Informationssystemen, d. h. beim Entwurf entsteht. Aufgrund der immensen Bedeutung dieses Faktors bei der Prozeßsteuerung mit Rechnern, z. B. hinsichtlich des volkswirtschaftlichen Verlustes, versucht man seit einiger Zeit, diesen Ursachen mit verbesserten Methoden und speziellen Techniken beim Entwurf entgegenzuwirken (vgl. Kap. 11).

Eine Vorgehensweise zum Entwurf korrekter Systeme ist, größere Systeme aus fehlerfreien Teilsystemen nach anerkannten, fehlervermeidenden Regeln aufzubauen und nachträglich nach speziellen, fehleraufdeckenden Verfahren zu testen [9-60]. Aufgrund der Komplexität von Informationssystemen, bedenkt man z. B. nur die kombinatorische Vielfalt an möglichen Variablen- und Ereigniszuständen, kann ein Test nur einen Bruchteil von Entwurfsfehlern aufdecken [9-61]. Größere Chancen kommt der vorbeugenden Vermeidung von Entwurfsfehlern, insbesondere in den frühen Phasen, der sogenannten Perfektionsstrategie, zu.

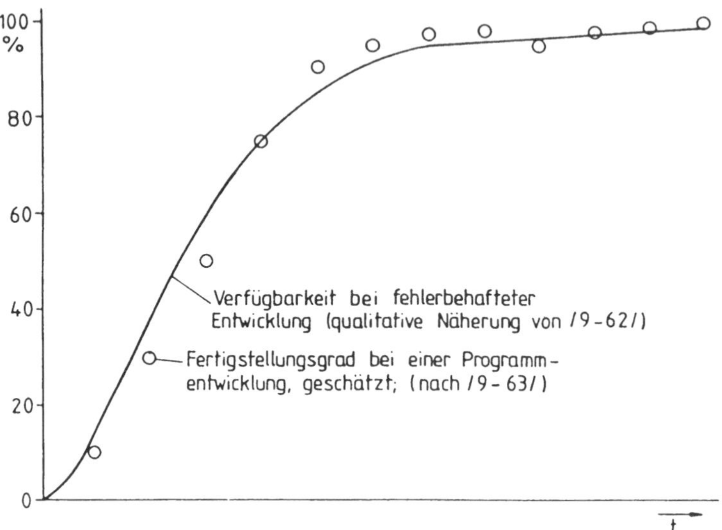

Bild 9-23 Verfügbarkeitsverlauf bei der Systementwicklung

In dem Maß, wie Information zu einer wichtigen Komponente für ein Prozeßsteuerungssystem geworden ist, sind mathematische Modelle für die Zuverlässigkeit von Informationssystemen notwendig, um ihren Einfluß auf das Gesamtverhalten abzuschätzen [9-46]. Die Diskussion über Zuverlässigkeit von Informationssystemen krankt daran, daß noch viele Softwareelemente Unikate sind, nicht den gleichen Beanspruchungen ausgesetzt sind und sich so einer statistischen Erfassung entziehen. Ansätze zur quantitativen Beschreibung greifen eher beim Entstehungsprozeß, wo z. B. bei Annahme bestimmter Entwurfsfehler- und Korrekturraten die zeitliche Verfügbarkeit eines Informationsprozesses berechnet wird [9-62]; diese deduzierten Ergebnisse korrelieren qualitativ auffällig mit Angaben aus der Praxis [9-63], wie Bild 9-23 zeigt.

9.5.4 Sicherheit

Bei einer Reihe von Objektprozessen, z. B. in Kernkraftwerken, bei chemischen Reaktoren oder im Verkehrswesen sind die Prozesse selbst nicht ungefährlich, so daß Fehlfunktionen ihres Steuerungssystems zu bedrohlichen Situationen führen können. Humane und gesellschaftliche Gründe verlangen die justitiable Sicherheit derartiger Gesamtsysteme, d. h. die Fähigkeit, innerhalb vorgegebener zeitlicher und räumlicher Grenzen keine Gefährdung für Personen und Sachen zu bewirken oder eintreten zu lassen [9-42, 9-43, 9-64, 9-65].

Damit geht der Sicherheitsbegriff weit über den der Zuverlässigkeit hinaus. Für die Sicherheit müssen insbesondere die unzulässigen Systemzustände sorgfältig analysiert werden. Hier wird zwischen erkannten Fehlzuständen, aufgrund derer das System in einen gefahrlosen Zustand gesteuert wird und unerkannten Fehlzuständen, bei denen das Risiko einer Gefährdung bleibt, unterschieden [9-43, 9-64].

Bei einem aus Objektprozeß und Steuerung bestehenden Prozeßsteuerungssystem kann jedes Teilsystem grundsätzlich einen intakten oder defekten Zustand einnehmen, wie es aus dem Petrinetz von Bild 9-14b hervorging. Um zu verhindern, daß der Objektprozeß einen sicherheitskritischen, d. h. unzulässigen Zustand einnimmt, entweder infolge eines Defekts im Objektsystem oder eine Defekts im Steuerungssystem, sind zwei verschiedene Sicherungskonzepte anwendbar.

Kausalsicherung. Durch eine von der Prozeßsteuerung unabhängige und getrennte Sicherung wird der Prozeß beobachtet. Der Prozeß kann hierbei der durch die Steuerung beeinflußte Objektprozeß oder der Steuerungsprozeß selbst sein. Wird ein unzulässiger Prozeßzustand erkannt, so wird der Prozeß durch Maßnahmen der Sicherung in einen sicheren Zustand überführt, wie das Petrinetz von Bild 9-24 zeigt. Diese klare Trennung zwischen

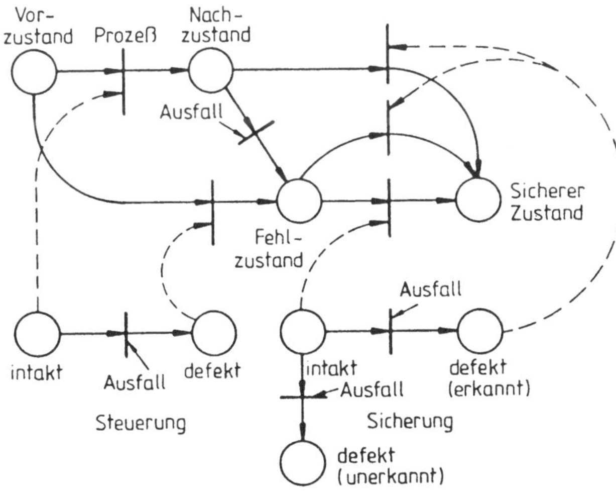

Bild 9-24
Systemzustände bei der Kausalsicherung

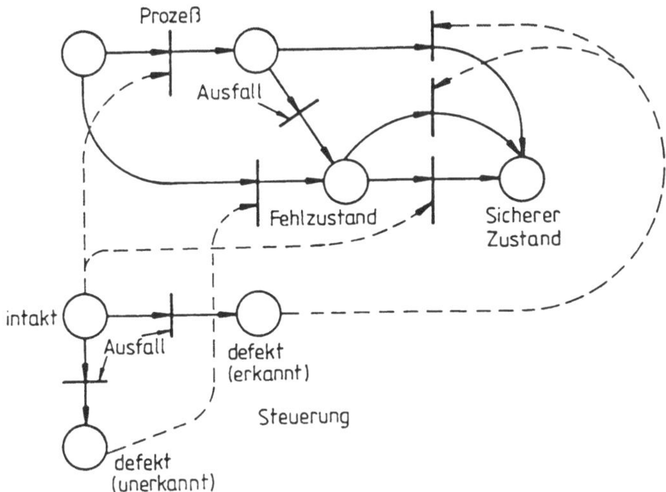

Bild 9-25
Systemzustände bei der Präventivsicherung

Steuerung und Sicherung erlaubt einfache und überschaubare informationelle wie technische Lösungen der Sicherungsfunktionen.

Präventivsicherung. Hier ist die Steuerung selbst sicher, d. h. alle Funktionen der Steuerung müssen sicherungstechnischen Prinzipien gehorchen. Bild 9-25 zeigt ein Petrinetz für dieses Konzept. Dieses Sicherungskonzept, bei dem nicht mehr zwischen Steuern und Sichern getrennt wird, muß überall dort angewendet werden, wo ein unerkannter Defekt des Steuerungssystems nicht mehr akzeptiert werden kann. Das ist beispielsweise immer der Fall, wo das Objektsystem selbst keinen sicheren Zustand aufweist.

Zur Verwirklichung der Sicherungskonzepte muß neben geeigneten Strukturen der Informationssysteme eine entsprechende Gerätetechnik vorliegen. Dabei wird meist versucht, mit geeigneten Strukturen auch eine möglichst hohe Zuverlässigkeit zu erzielen, was u. U. wegen der großen Anzahl notwendiger Elemente kostspielig wird; diesem Faktor muß man aber Verluste und Schäden infolge Systemdefekten entgegenhalten.

Einfachere Lösungen setzen bei der Erkennung von Fehlzuständen im Steuerungs- bzw. Sicherungsystem an, um dann das System mit einfachen Mitteln in einen gefahrlosen sicheren Zustand zu steuern. Als Folge dieser vorübergehenden Betriebsunterbrechung leidet allerdings die Verfügbarkeit des Gesamtsystems.

Damit bei verschiedenen sicherheitskritischen Anwendungsfällen das Gefährdungsrisiko akzeptabel niedrig gehalten werden kann – hier muß man von Fall zu Fall differenzieren – werden individuell abgestimmte Strategien und Systemarchitekturen angewendet [9-49, 9-66 bis 9-70].

10 Dynamik und Regelkreisverhalten

Die Dynamik eines Prozeßsteuerungssystems umfaßt die Gesamtheit des zeitlichen Verhaltens aller Zustandsänderungen des stofflich-energetischen Objektsystems wie seines informationsverarbeitenden Steuerungssystems. Neben der jeweiligen Eigendynamik des Objekt- und des Steuerungsprozesses resultiert die Systemdynamik vor allem aus der gegenseitigen und gleichzeitigen Wechselwirkung; einmal aufgrund des Eingriffs der Steuerung in den Prozeß, zum anderen aufgrund der Reaktion der Steuerung auf das Geschehen im Objektsystem. Die sich dabei abspielenden Teilprozesse werden durch das zeitliche Auftreten bestimmter Ereignisse oder durch tatsächliche Werte bestimmter Zustände aufeinander abgestimmt.

Die übergeordnete Aufgabe, einen Objektprozeß zielgerichtet unter vorliegenden Anforderungen ablaufen zu lassen, verlangt auch, die Dynamik von vornherein zu planen. Hier interessiert vor allem, wie – unabhängig von der algorithmischen Formulierung der Steuerungsaufgabe – sich die Konzeption der Steuerung, d. h. die Kooperation der Einzelaufgaben, die Steuerungsmechanismen des Echtzeitbetriebs und die Konfiguration auf das zeitliche Verhalten des Gesamtsystems auswirken.

Die Beschreibung und Erfassung des dynamischen Verhaltens in Prozeßrechensystemen wird in drei Stufen vorgenommen. Zuerst werden Modelle für das dynamische Betriebsverhalten des Steuerungssystems allein vorgestellt, wobei äußere Anforderungen substituiert werden müssen. Ergebnis sind unterschiedliche, die Besonderheiten charakteristischer Arbeitsweisen und Strukturen repräsentierende Modelle [10-1, 10-2]. Weil damit aber nur das quantitative Betriebsverhalten hinsichtlich formaler Kategorien beschrieben wird, müssen in einem zweiten Schritt die davon abhängigen inhaltlichen Wirkungen der Signalverarbeitung in der Prozeßsteuerung berücksichtigt werden.

Erst auf dieser Basis läßt sich schließlich die Dynamik eines aus Prozeß und Steuerung bestehenden, geschlossenen Wirkungskreises analysieren, wie sie sich in einem Regelkreis am deutlichsten offenbart. Hier werden Auswirkungen der Forderungen nach Rechtzeitigkeit, Gleichzeitigkeit und Vollständigkeit diskutiert. In den geschlossenen Regelkreis integrierte Verhaltensmodelle zeigen den Einfluß insbesondere der Dynamik der Informationsverarbeitung auf das Verhalten des Gesamtsystems, was vor allem aus anwendungsorientierter Sicht wichtig ist.

10.1 Betriebsverhalten und Prozeßsteuerung

Die verschiedenen dynamischen Anforderungen an die Informationsverarbeitung resultieren aus dem eigengesetzlichen und dem beabsichtigten zeitlichen Verhalten des Objektprozesses. Die Prozeßdynamik wird im zeitlichen Verlauf aller Größen sichtbar, die von der Steuerung erfaßt werden müssen und die steuernd in den Informationsprozeß eingreifen [10-3]. Bei zeitzyklischen Vorgängen kann die Arbeitsweise der Prozeßsteuerung mit Hilfe deterministischer Modelle beschrieben werden. Sind in der Regel zeitlich nicht exakt vorhersehbare Eingriffe vom Bedienungspersonal, von Nachbar- oder weisungsberechtigten Teilsystemen oder aus dem Objektprozeß zu erwarten, helfen stochastische Modelle weiter. Hier findet man die bekannte Unterscheidung in zeit- und ereignisgesteuerte Systeme wieder (vgl. Kap. 7.5.3, 8.1).

In Tabelle 10-1 werden alle möglichen zeit- und ereignisgesteuerten Anstöße als Typen von Bedienungsanforderungen klassifiziert. Die Tabelle enthält auch beispielhafte Anforderungen aus den einzelnen Kategorien.

Für daraus in 8.1 abgeleitete, qualitative Kriterien und Anforderungen an die Bedienung von Steuerungsprozessen, nämlich Gleichzeitigkeit, Rechtzeitigkeit und Vollständigkeit, wurden in Kap. 8.2 Mechanismen angegeben, um ein Steuerungssystem mit seinem Objektprozeß schritthaltend zu betreiben. Zur Bearbeitung der Steuerungsaufgabe sind die einzelnen Betriebsmechanismen z. B. gemäß einer bestimmten Koordinationsstruktur (vgl. 7.5) einzusetzen. Die einzelnen Zustände, die, von seiten eines Steuerungsprogramms her gesehen, bei seiner zeit- oder ereignisgesteuerten Bedienung auftreten, zeigt das Petrinetz Bild 10-1 im Detail. Aufgrund der Bearbeitungszeiten für die Mechanismen und Algorithmen der Informationssteuerung und -verwaltung und der Schaltungstechnik besitzen sie eine bestimmte Dauer. Die Zeiten für bestimmte Zustandsfolgen sind durch die Angabe im Netz definiert.

Im Hinblick auf den beabsichtigten Einsatz stellt sich dann die Frage, ob ein derartig organisierter Echtzeitbetrieb auch die geforderte Dynamik besitzt [10-4] bzw. welche quantitativen Gesetzmäßigkeiten die Dynamik beschreiben. Voraussetzung für die Beschreibung und Organisation des Verhaltens der Prozeßsteuerung ist die Kenntnis der

Tabelle 10-1 Bedienungsanforderungen bei Prozeßsteuerungen

Auftreten der Bedienungsanforderung	Beschreibungsmerkmale bzw. -parameter	Beispiel
einmalig determiniert	Eintrittszeitpunkt	Bedienung, Start, Stop
einmalig unvorhersehbar	Eintrittswahrscheinlichkeit	Gerätedefekt Grenzwertüberschreitung
mehrmalig determiniert	Eintrittszeitpunkte	Zeitplansteuerung, An- und Abfahrvorgänge, Inspektion, Optimierung, Datenübertragung mit Quittung
mehrmalig periodisch	Periodendauer (Zykluszeit)	Protokollierung Meßwerterfassung, Regelung
mehrmalig stochastisch	Wahrscheinlichkeitsverteilung	Betriebssystemanforderungen Anwenderprogrammanforderungen Mehrrechnerbetrieb, Rechnerverbund schwere Störungen Datenübertragung, Rechnerkopplungen Dialogbetrieb, Bedienung

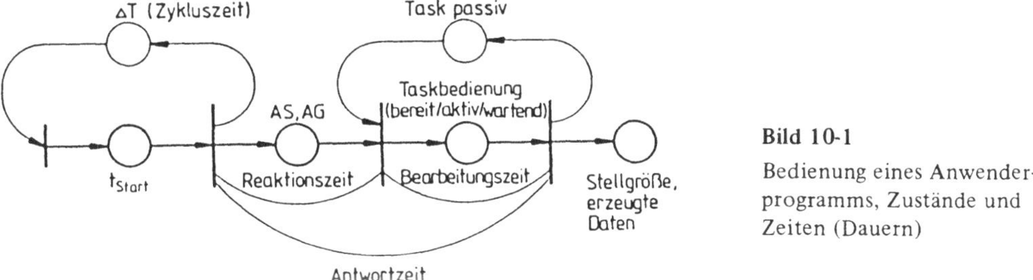

Bild 10-1
Bedienung eines Anwenderprogramms, Zustände und Zeiten (Dauern)

Bearbeitungsdauer jeder Task, wenn diese ohne Unterbrechung bearbeitet wird. Ist die Dauer bei rekursiv-iterativen Algorithmen, z. B. zur Optimierung, von Fall zu Fall unterschiedlich und stark parameterabhängig, z. B. von Anfangswerten oder Abbruchschranken, so ist bei der Implementierung linearer Algorithmen kaum eine nennenswerte Laufzeitstreuung infolge Parametervarianz zu verzeichnen. Von größerer Bedeutung ist, daß die Ausführungszeiten von der gewählten Programmiersprache und der damit verbundenen Aufbereitung des Maschinencodes abhängen. Bei gleichen Programmiersprachen variiert noch die Rechnerleistungsfähigkeit die Dauer im Bereich einer Zehnerpotenz [10-5].

Im Hinblick auf die zeitliche Arbeitsweise spannt sich das Spektrum möglicher Programmstrukturen von der synchronen oder seriellen bis zur asynchronen oder parallelen Programmierung [10-6].

Bei der *synchronen Programmierung* wird die Bedienung der Teilprogramme zeitgesteuert, indem ein von der Rechneruhr starr getaktetes Zeitraster entsprechende Alarme veranlaßt. Für die im Taktraster angeforderten Bedienungen ist eine gewisse Grundlast des Betriebssystems nicht zu vermeiden. Manchmal werden unnötige Abfragen verlangt (vgl. 5.6); die Zykluszeit für jeden Neuaufruf muß immer abgewartet werden. Bild 10-2 zeigt ein Petrinetz und ein Ablaufdiagramm für diesen Fall.

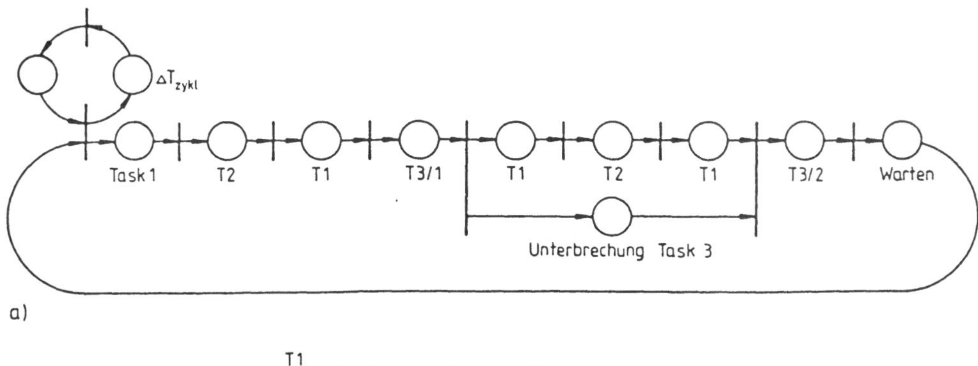

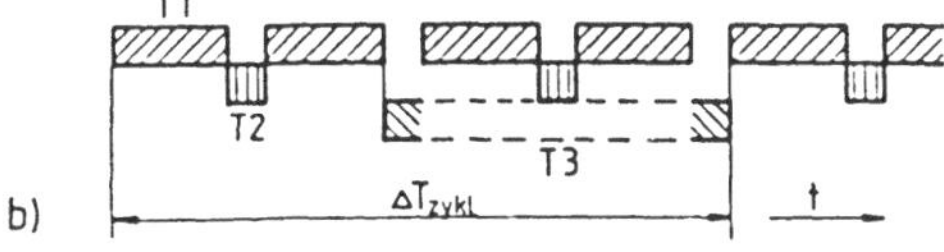

Bild 10-2 a) Petrinetz und b) Ablaufdiagramm für synchrone Programme

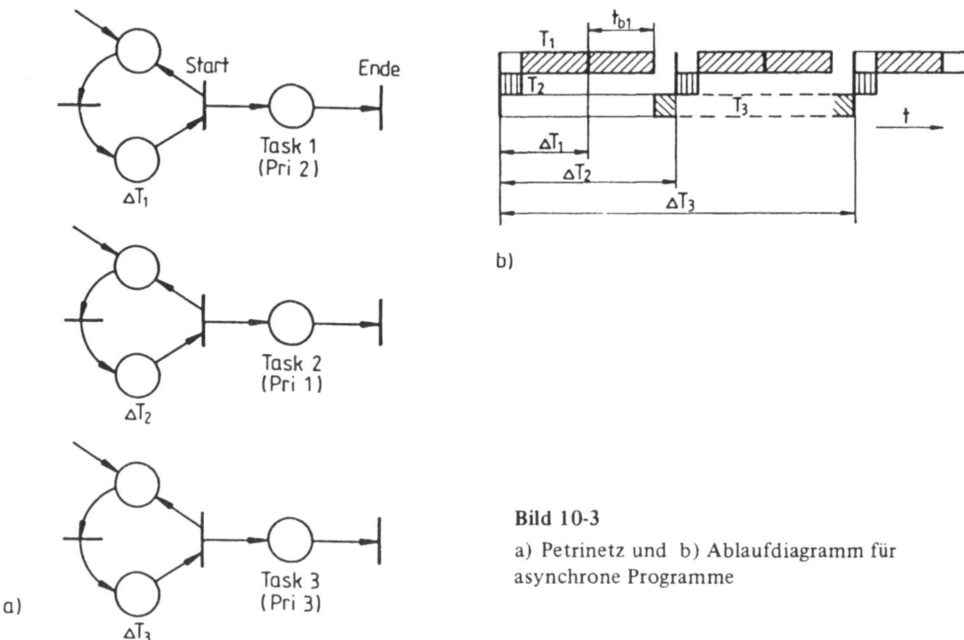

Bild 10-3
a) Petrinetz und b) Ablaufdiagramm für asynchrone Programme

Die *asynchrone Programmierung* verlangt keine Festlegung und weitere Voraussetzung für den Bedienungstermin. Die Programme laufen nur ereignisgesteuert und somit zu beliebigen Zeitpunkten. Ihre zeitliche Folge ist nicht vorgegeben und nicht genau vorhersehbar, ihre zeitliche Distanz unterliegt Schwankungen. Konflikte werden durch Bearbeitungs- bzw. Abfertigungsstrategie und Prioritätsvergabe vermieden. Die Gleichzeitigkeit offenbart sich durch das zeitliche Ineinanderschachteln von Programmen, wobei niederpriore u. U. zeitlich gedehnt werden. Bild 10-3 zeigt Petrinetz und Ablaufdiagramm für diesen Fall.

Zusammenfassend können die synchrone Programmierung durch ein determiniertes Modell, die asynchrone durch ein stochastisches beschrieben werden; praktisch kommen jedoch immer Mischformen vor.

10.1.1 Stochastisches Verhalten konzentrierter Systeme

Eine Grundfrage bei der Bearbeitung von Programmen in einem Prozeßsteuerungssystem ist, welche Zeit vom Auftreten einer Bedienungsanforderung bis zu Beginn und Ende ihres zugehörigen Reaktionsprogramms verstreicht. Mit dieser Frage ist das Problem eng verwandt, für das Betriebsverhalten von Echtzeit-Rechensystemen mit vielen Teilnehmern Gütekriterien hinsichtlich ihrer Effektivität, insbesondere der Bearbeitungsstrategien ihres Betriebssystems, anzugeben. Dort ist die Berechnung mit verkehrstheoretischen Modellen in bezug auf Dimensionierung der Rechnerbetriebsmittel sowie der Ablaufsteuerung hilfreich, wenngleich nicht ganz leicht anzuwenden [10-1, 10-2, 10-7]. Für die Modellbildung muß das Verhalten einer Prozeßsteuerung verkehrstheoretisch (bedientheoretisch) analysiert werden, wozu Wahrscheinlichkeitsrechnung, Statistik und die Theorie von Warteschlangen herangezogen werden müssen [10-8]. Sind sehr weitgehende Modelle mit detaillierter Nachbildung einzelner Betriebsmittel und Belastungsfälle erforderlich, reicht die Verkehrstheorie nicht mehr. Dann ist die Simulation angebracht [10-9].

Die jeweils individuelle Steuerungsprozesse auslösenden Bedienungsanforderungen (vgl. 8.1) werden verkehrstheoretisch durch einen *Ankunftsprozeß* beschrieben, indem die Verteilungsfunktion der Wahrscheinlichkeit, daß der Ankunftsabstand t_a höchstens gleich der beliebigen Zeit t ist, angegeben wird,

$$A(t) = p\,\{t_a \leqslant t\}. \tag{10-1}$$

Der mittlere Ankunftsabstand ist α, die mittlere Ankunftsrate demnach

$$\lambda = 1/\alpha = 1/E(t_a). \tag{10-2}$$

Da es oft an praktisch ermittelten Ergebnissen mangelt, werden zum Vorteil einer einfacheren analytischen Behandlung Ankunftsprozesse oft als Markovsche oder Poissonprozesse negativ exponentieller Dichte angenommen, wie Bild 10-4 zeigt.

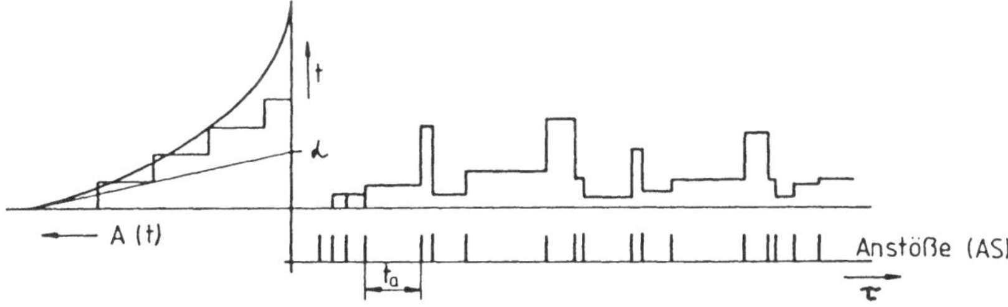

Bild 10-4 Dichtefunktion und zeitlicher Verlauf bei Auftreten eines Markovschen Ankunftsprozesses

Die individuellen Steuerungsprozesse werden summarisch in ihrem zeitlichen Verhalten durch einen *Endeprozeß* (Bedienprozeß) beschrieben, indem man die Verteilungsfunktion der Wahrscheinlichkeit dafür angibt, daß die Dauer der Rechnung ohne Unterbrechung t_b, das ist die Bedienungs- oder Bearbeitungsdauer, höchstens gleich der beliebigen Zeit t ist,

$$B(t) = p\,\{t_b \geqslant t\}. \tag{10-3}$$

Die mittlere Bediendauer ist β, die mittlere Bedienrate demnach

$$\mu = 1/\beta = 1/E(t_b). \tag{10-4}$$

Die einzelnen Bediendauern sind oft bekannt bzw. können hinreichend genau geschätzt werden, so daß sie durch eine passende Verteilungsfunktion angenähert werden können.

Ankunfts- und Bedienprozeß können jetzt miteinander in Bezug gesetzt werden (Bild 10-5), wobei nach Maßgabe einer bestimmten Rechner- und Organisationsstruktur und einer geeignet realisierten Koordinierungs- und Abfertigungsstrategie die die Dynamik charakterisierenden Werte analytisch ermittelt werden können. Dazu gehören Auslastung, Durchsatz, Warte- bzw. Reaktionszeit und Verweil- bzw. Antwortzeit und Warteschlangenlänge; sie werden absolut oder als Verteilung mit ihren Momenten angegeben.

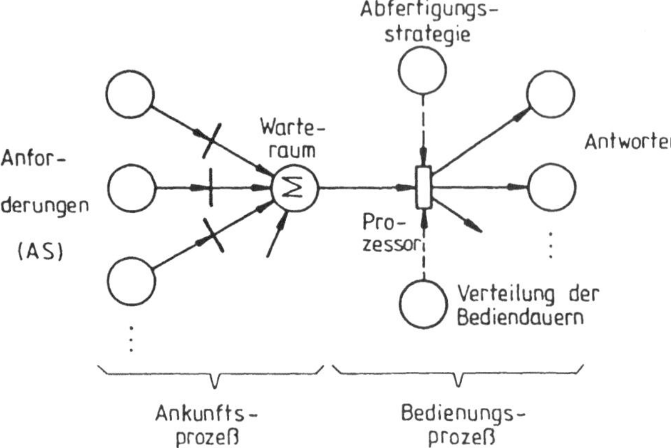

Bild 10-5
Petrinetz für Ankunfts- und Bedienungsprozesse in einem Steuerungssystem

10.1.2 Abfertigungsstrategien für stochastisches Verhalten

In Hinblick auf Rechtzeitigkeit, Gleichzeitigkeit und Vollständigkeit will man die Reaktions- und Antwortzeiten im System minimieren. Neben der Konfiguration des Steuerungssystems steht bei der Optimierung dieser Größen die Abfertigungsstrategie an zentraler Stelle. Dabei geht es um die Entscheidung über die Folgereaktion eines Betriebsmittels, die von der Prioritätsvergabe unterstützt wird. Folgende Varianten sind dabei möglich: externe Prioritäten teilt der Anwender zu (Koordination, Programmierung); interne Prioritäten legt die Abfertigungsstrategie des Betriebssystems fest; statische Prioritäten sind nicht mehr änderbar; dynamische Prioritäten sind (meist intern) noch veränderlich; nicht unterbrechende Prioritäten (non preemptive) verlangen erst die Fertigstellung auch niederpriorer Programme; unterbrechende Prioritäten (preemptive) erlauben noch die Unterbrechung durch höherpriore Programme. Die sich daraus ergebende Kombinationsbreite ist beträchtlich.

Für einen ersten Eindruck kann hier deshalb nur ein einfaches Modell betrachtet werden. Das Modell wird durch einen markovschen Ankunftsprozeß der Rate λ und einen beliebigen Bedienungsprozeß mit der mittleren Bediendauer β beschrieben. Bestimmt die Reihenfolge der Anforderungen auch die Reihenfolge der Bedienung – hier wird ohne Vergabe von Prioritäten die FIFO (first in first out)- bzw. FCFS (first come first serve)-Strategie angewandt – so müssen in der Regel immer einige Anforderungen noch auf ihre Bedienung warten, was zu Warteschlangen führt. Die sich stationär einstellende mittlere Belastung oder Auslastung des Prozessors ρ ist in diesem Fall das Produkt aus mittlerer Ankunftsrate und mittlerer Bediendauer

$$\rho = \lambda \, \beta = \lambda / \mu. \tag{10-5}$$

Die Länge der Warteschlange ist nach [10-2]

$$L = \rho + \frac{\lambda^2 \, \beta^{(2)}}{2\,(1-\rho)}, \tag{10-6}$$

die mittlere Wartezeit beträgt

$$t_R = \frac{\lambda \beta^{(2)}}{2(1-\rho)}, \tag{10-7}$$

womit ein starker Einfluß der Varianz der Bediendauerverteilung festzustellen ist. Übersteigt die Prozessorbelastung den Wert 1, wächst die Warteschlange und die Steuerung wird instabil. Bild 10-6b zeigt das zeitliche Verhalten für diese Strategievariante, den anschaulich einfacheren determinierten Idealfall zeigt Bild 10-6a.

Mit der Einführung von statischen Prioritäten kann die Prozessorbelastung über 1 hinausgehen, was aber praktisch bedeutet, daß nur noch ein Teil der Anforderungen bedient wird und keine Vollständigkeit mehr gewahrt ist. Grundsätzlich wird bei Prioritäten immer die Varianz der Wahrscheinlichkeitsverteilung der Reaktionszeiten bei allen Anforderungen vergrößert, die nicht die höchste Priorität besitzen. Bild 10-6c zeigt das zeitliche Verhalten in diesem Fall.

Bei unterbrechenden Prioritäten wird die Situation noch etwas unübersichtlicher. Hier treten weitere Wartezeiten bei der Bedienung und Verzögerungen bei der Beendigung von Steuerungsprozessen auf, da ihre Bearbeitung vorübergehend ausgesetzt werden darf, wie das Bild 10-6d veranschaulicht.

Bei dieser Vielfalt an Kombinationsmöglichkeiten von Prioritätsarten und -stufen stellt sich die Frage nach der günstigsten Variante. Eine optimale Zuordnung statischer Prioritäten kann für den Fall angegeben werden, wenn die Bediendauern negativ exponentiell verteilt sind. Um die mittleren Reaktionszeiten bei n Prioritäten zu minimieren, gilt unabhängig von der Unterbrechbarkeit, daß die Prioritäten i entsprechend den aufsteigend geordneten Bediendauern bzw. ihren Erwartungswerten β_i zu wählen sind, d. h. die kürzesten Programme sind am dringlichsten,

$$\beta_i < \beta_{i+1} \tag{10-8}$$

bzw. wenn die Wartezeiten mit dem Faktor g gewichtet werden, gilt

$$\left(\frac{\beta}{g}\right)_i < \left(\frac{\beta}{g}\right)_{i+1} \tag{10-9}$$

Die Bilder 10-6e und f zeigen entsprechende Ablauffolgen.

Neben diesen Möglichkeiten, die Bearbeitungsfolge durch Vorgabe externer statischer Prioritäten zu steuern, gibt es zahlreiche weitere, um den Durchsatz vornehmlich durch dynamische Prioritäten zu optimieren. Diese Aktivitäten sind eher Bestandteil höherer Betriebssystemschichten, da die momentane Betriebssituation dabei oft bekannt sein muß. Einige Abfertigungsstrategien dafür sind in Tabelle 10-2 zusammengestellt.

Eine der seltenen Analysen des praktischen Verhaltens von Echtzeitsystemen bei schnellen Prozeßsteuerungen zeigt interessante Ergebnisse [10-10]. Hier wurde das Verhalten zeitsynchronisierter Tasks ununterbrechbarer Priorität mit der Abfertigungsstrategie RMPA (vgl. 10.1.4) dem Verhalten nach der Abfertigungsstrategie RU mit unterbrechbaren Prioritäten gegenübergestellt (Bild 10-7). Der geringe Verwaltungsaufwand bei asynchroner Bearbeitung mit statischen Prioritäten macht sich bei Bedienungs- und Zykluszeit wie Prozessorauslastung erwartungsgemäß bemerkbar.

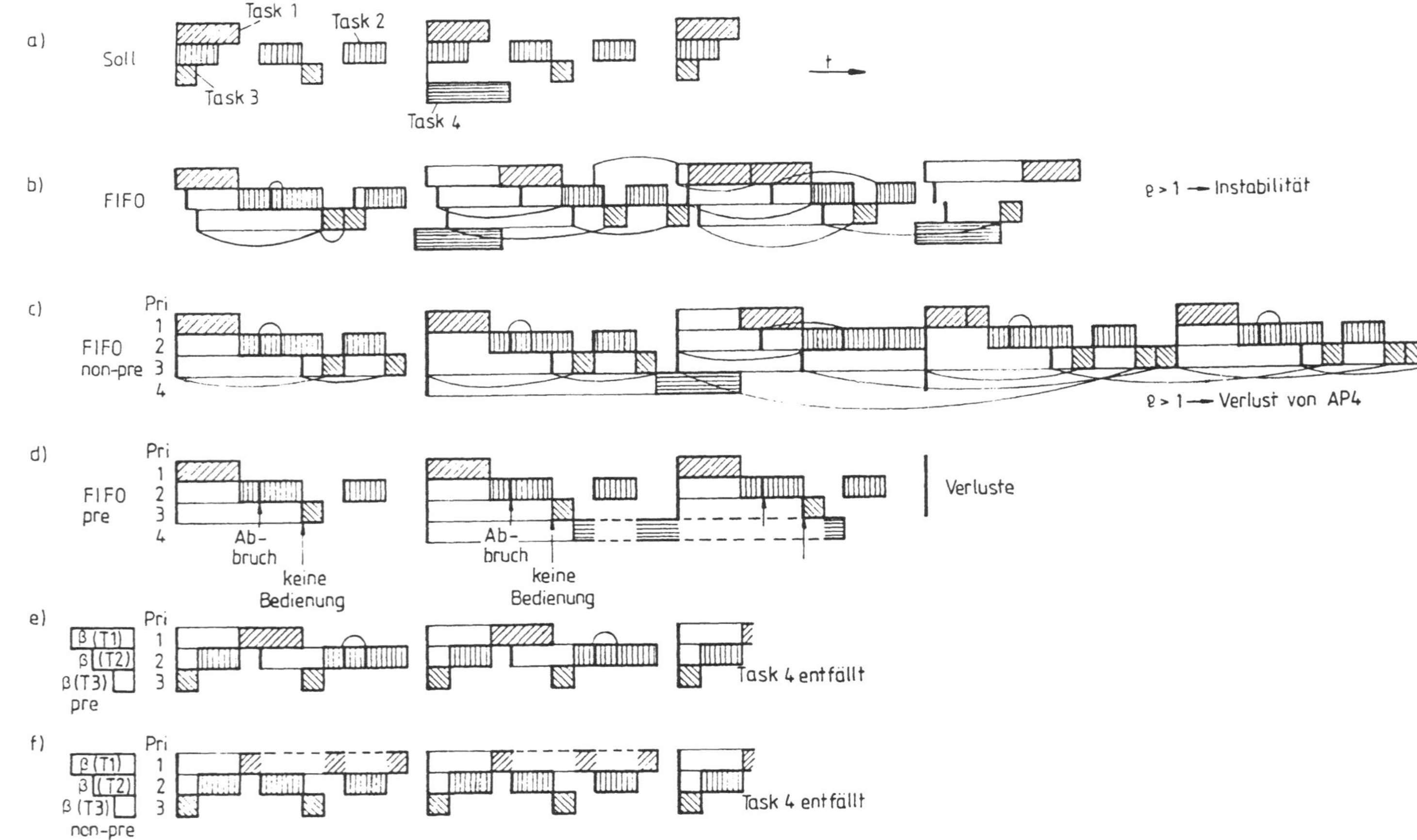

Bild 10-6 Ablaufdiagramme
a) Musterbeispiel für determinierte Anforderungen, b) FIFO-Strategie, c) FIFO-Strategie mit statischen Prioritäten, d) FIFO mit stat. unterbrechbaren Prioritäten, e) statische nichtunterbrechbare Prioritäten nach Bearbeitungsdauern geordnet, f) statische unterbrechbare Prioritäten nach Bearbeitungsdauern geordnet

Tabelle 10-2 Abfertigungsstrategien mit dynamischer Prioritätszuweisung

Name	Beschreibung	Optimierungsziel
SJF	shortest job first	bei bekannten Bediendauern wird die mittlere Wartezeit optimiert
FCFS/FIFO	first come first serve	keine Überholung
SRPT	shortes remaining processing time (pre)	wie SJF
SET	shortest elapsed time (der am wenigsten angeforderte Prozeß wird zugeteilt)	Wartezeitoptimal bei unbekannten Bediendauern
SERPT	shortest expected remaining processing time first	Wartezeitoptimal bei bekannter Bediendauerverteilung
RU	relative urgency	hält Termine unter Beachtung zeitlich relativer Wichtigkeiten ein

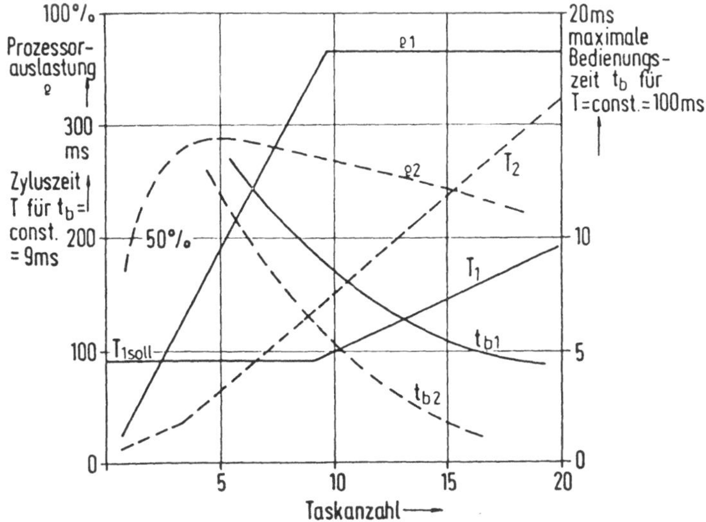

Bild 10-7 Auswertung des Echtzeitbetriebsverhaltens nach [10-10] (RMPA 1 ——; RU 2 ---)

10.1.3 Determiniertes Verhalten konzentrierter Systeme

Bei periodischen Bedienungsanforderungen von Tasks voraussehbarer Laufzeit, z. B. bei der Anforderung eines Regelungsalgorithmus mit bestimmter Abtastrate, einer periodischen Meßwerterfassung oder einer in bestimmtem Zeitraster durchgeführten Abfrage angeschlossener Terminals, läßt sich zumindest diese Arbeitsweise von vornherein überschauen [10-2, 10-11, 10-12].

Benötigt jede Task i eine bestimmte Bearbeitungszeit t_{bi} für ununterbrochene Bedienung und wird sie mit konstanter Rate λ_i bzw. der Periode $T_i = 1/\lambda_i$ angefordert, so ist die relative Prozessorbeanspruchung jeder Task entsprechend (10-5)

$$\rho_i = \lambda_i\beta_i = t_{bi}/T_i, \tag{10-10}$$

d. h. für alle Steuerungsaufgaben ist die Belastung insgesamt

$$\rho = \sum_{i=1}^{n} \rho_i = \sum_{i=1}^{n} t_{bi}/T_i. \tag{10-11}$$

Damit jede Forderung bedient werden kann, muß die hinreichende Bedingung

$$\rho \leqslant 1 \tag{10-12}$$

eingehalten werden. $\rho = 1$ stellt den Idealfall vollständiger Prozessorauslastung dar, der nur unter bestimmten Voraussetzungen erreicht werden kann, wie gleich gezeigt wird.

10.1.4 Abfertigungsstrategien für determiniertes Verhalten

Um die drei bekannten Anforderungen auch in diesem Fall einzuhalten, führen Variationen statischer Prioritätszuteilung und ihrer Unterbrechbarkeit für bestimmte Verhältnisse bei Bedienungsraten und -dauern zu einer Regel zum Minimieren von Reaktions- und Antwortzeiten. Diese optimale Abfertigungsstrategie besagt, Anforderungen mit der höchsten Anforderungsrate die höchste Dringlichkeit zuzuteilen und keine Unterbrechung zuzulassen, d. h. für die i-te Priorität gilt

$$\lambda_i > \lambda_{i+1}\,. \tag{10-13}$$

Diese Strategie RMPA (rate monotonic priority assignement) gewährleistet eine vollständige Bearbeitung von n verschieden prioren Tasks aber nur, wenn die maximale Belastung

$$\rho_0 = n\,(2^{1/n} - 1) \tag{10-14}$$

nicht überschritten wird [10-12].

Schon bei 4 Tasks sinkt diese Belastung auf ca. 75 %. Bild 10-8 zeigt ein entsprechendes Ablaufdiagramm. Unter bestimmten Bedingungen kann man auch bei vollständiger Bedienung noch eine höhere Auslastung erzielen, wenn alle Periodendauern T_i in einem ganzzahligen Verhältnis zueinander stehen, d. h.

$$T_n/T_i = n,\ n \in N,\ i = 1, 2 \ldots n-1. \tag{10-15}$$

Die technische Realisierung ist u. U. problematisch, wenn nicht synchronisierte Zeitgeber verwendet werden. So führt diese Möglichkeit im Grunde auf die Lösung durch synchrone Programmierung.

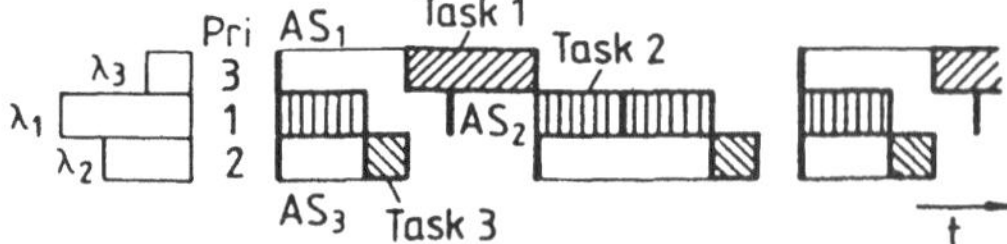

Bild 10-8
Ablaufdiagramm nach RMPA-Strategie

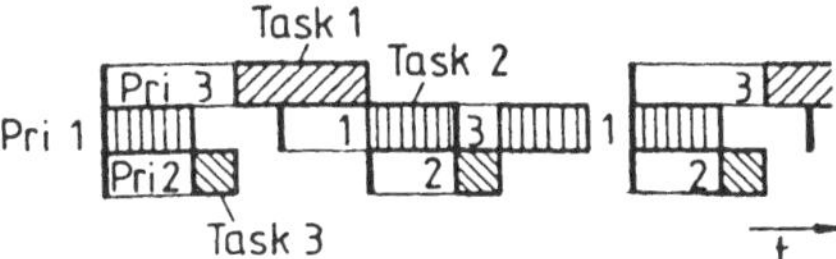

Bild 10-9
Ablaufdiagramm nach LTTG-Strategie mit dynamischen Prioritäten

Eine grundsätzlich andere Strategie, eine 100%ige Prozessorauslastung bei vollständiger Bedienung zu erreichen, besteht darin, die Prioritäten dynamisch zuzuweisen. Um jede Anforderung noch rechtzeitig vor dem nächsten Zyklus abzuarbeiten, reicht es, der Anforderung die höchste Priorität zuzuweisen, für die die Zeit zur nächsten (periodischen) Anforderung am kleinsten ist. Diese Strategie LTTG (least time to go) stellt gewisse Ansprüche an das Betriebssystem. Das zugehörige Ablaufdiagramm Bild 10-9 zeigt das zeitliche Verhalten, wobei ebenfalls Schwankungen der Abtastzeit in Kauf genommen werden müssen.

Mit dem zunehmend günstigeren Preis-Leistungsverhältnis bei Rechnern verblaßt die hohe Auslastung als Optimierungsziel, was somit ein transparenteres Betriebsverhalten ermöglicht.

10.1.5 Determiniertes Verhalten verteilter Systeme

Verteilte Systeme mit determinierter Arbeitsweise ihrer einzelnen Elemente erfordern gegebenenfalls eine andere mathematische Behandlung, mit deren Hilfe Antwortzeiten und die Dauer von Bearbeitungszyklen berechnet werden können [10-13]. Verteilte Systeme können einmal topologisch verteilte Steuerungen sein, wo z. B. Prozeßerfassung, Berechnung des Steuerungsalgorithmus und Prozeßbeeinflussung in getrennten individuellen Komponenten ausgeführt werden, die jedoch durch Übertragungseinrichtungen wirkungsmäßig linear verkettet sind. Ein anders verstandenes verteiltes System ist eine zentrale Steuerung, in der einzelne Tasks individuell z. B. Prozeßerfassung, Steuerungsberechnung und Stellgrößenausgabe ausführen, aber durch Kommunikation und Synchronisation inhaltlich und dadurch wieder wirkungsmäßig eine Sequenz bilden.

Für die Berechnung des dynamischen Verhaltens eines derartigen, abstrakt gesehenen Verbunds werden folgende Eigenschaften für eines seiner Elemente vorausgesetzt: Das Element E_i hat einen Eingangsspeicher, der mit jedem neuen Eingangssignal $x_i(\nu)$ sofort überschrieben wird. Im Sinne einer schnellen Prozeßdatenverarbeitung wird so immer die jüngste Eingabe berücksichtigt. Das Element E_i benötigt zur Ausführung seiner inneren Funktion (z. B. ein Reglerprogramm) eine bestimmte konstante Bearbeitungsdauer t_{bi}. Nach Ablauf der Bearbeitungszeit erscheint bis zur nächsten Ausgabe ein neuer (konstanter) Wert $y_i(\nu)$ am Ausgang. Das Element E_i bearbeitet seine Funktion mit einer bestimmten konstanten Periodendauer T_i. Ein Verbund besteht aus einer Menge von Elementen, deren Ausgangs- und Eingangssignale miteinander verknüpft sind (Bild 10-10a). Zunächst wird die Antwortzeit für einen einfachen, aus zwei Elementen bestehenden Verbund hergeleitet. Besteht der Verbund aus zwei selbständigen Elementen zweier unterschiedlicher Periodendauern T_1, T_2, ist seine Antwortzeit nach Bild 10-10b

$$t_{A\nu} = t_{b1} + t_{b2} + \Delta t_\nu (T_1, T_2). \qquad (10\text{-}16)$$

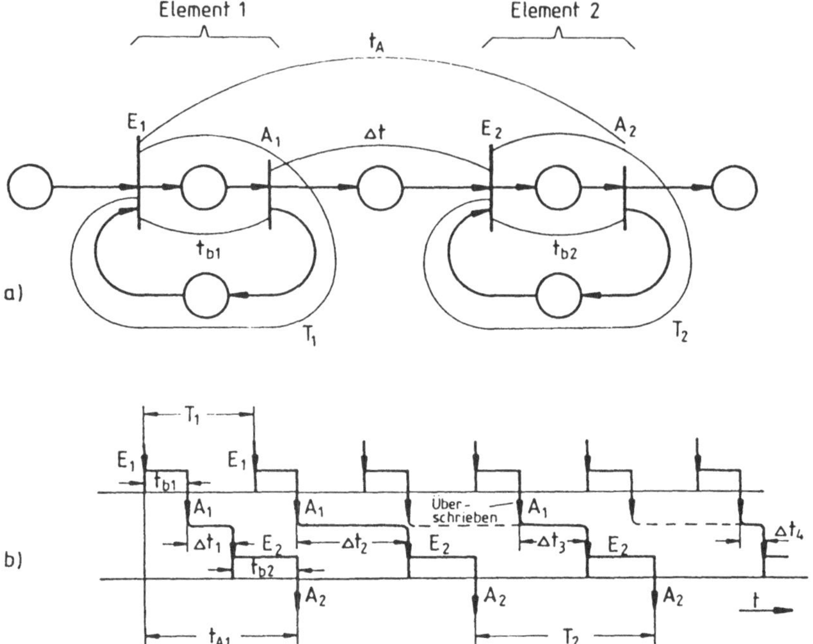

Bild 10-10 a) Elementarverbund aus zwei Elementen, b) zeitliches Verhalten des Elementarverbunds

Die unterschiedlichen Verzögerungszeiten Δt_ν ergeben sich, weil wegen der unterschiedlichen Perioden und einer möglichen Phasenverschiebung der Ausgangswert des ersten Elements nicht sofort vom zweiten bearbeitet werden kann.

Läßt sich das Verhältnis der Perioden nicht als gebrochen rationale Zahl darstellen, ist die Folge Δt_ν nicht periodisch. Dieser Fall tritt praktisch bei allen technischen Systemen auf. Bei vielen Anwendungen reicht die einfache Beschreibung mit den Mittel- und Extremwerten aus:

$$\begin{aligned} \Delta t_{max} &= \min(T_1, T_2), \\ \overline{\Delta t} &= \min(T_1, T_2)/2, \\ \Delta t_{min} &= 0. \end{aligned} \tag{10-17}$$

Die Zeit, nach welcher der Verbund eine neue Ausgangsinformation ausgibt, hängt von der größeren Zykluszeit im Verbund ab. Die Zykluszeit des Verbunds ist demnach

$$T = \max(T_1, T_2). \tag{10-18}$$

Besteht der Verbund aus mehr als zwei aufeinanderfolgenden Elementen, vereinfacht sich die Berechnung, wenn man auf die explizite, zeitabhängige Beschreibung verzichtet und zu einer statistischen Betrachtungsweise übergeht. Die charakteristischen Werte lassen sich dann einfach bestimmen, indem man für den in der Wirkungskette ersten Elementarverbund aus zwei Elementen dessen charakteristischen Werte berechnet und dann diesen Verbund als Einzelelement auffaßt, der mit dem nächsten Element wieder einen Elementarverbund darstellt. Diesem Vorgehen durch schrittweise Zusammenfassung entspricht die statistische Betrachtungsweise mit Addition von Mittel- und Grenzwerten bei Verteilungen. Für einen Verbund aus drei Elementen lauten die Werte somit

$$t_A = t_{b1} + t_{b2} + t_{b3} + \Delta t\,(t, T_1, T_2, T_3). \tag{10-19}$$

$$\begin{aligned} \Delta t_{max} &= \min(T_1, T_2) + \min(\min(T_1, T_2), T_3), \\ \overline{\Delta t} &= \Delta t_{max}/2, \\ \Delta t_{min} &= 0, \\ T &= \max(\max(T_1, T_2), T_3) \\ &= \max(T_1, T_2, T_3). \end{aligned} \tag{10-20}$$

Mit der Beziehung

$$\min(a, b) = a + b - \max(a, b) \tag{10-21}$$

läßt sich (10-20) umformen und man erhält für die maximale Verzögerungszeit

$$\begin{aligned} \Delta t_{max} &= T_1 + T_2 + T_3 - \max(T_1, T_2, T_3) \\ &= T_1 + T_2 + T_3 - T. \end{aligned} \tag{10-22}$$

Für einen Verbund aus n aufeinanderfolgenden Elementen lassen sich durch sukzessives Einsetzen unter Verwendung von (10-21) die charakteristischen Werte angeben, wenn man (10-20) und (10-22) verallgemeinert:

$$\begin{aligned} t_A &= \sum_{i=1}^{n} t_{bi} + \Delta t, \\ \Delta t_{max} &= \sum_{i=1}^{n} T_i - T, \\ \overline{\Delta t} &= \Delta t_{max}/2 \\ \Delta t_{min} &= 0, \\ T &= \max_i (T_i). \end{aligned} \tag{10-23}$$

Innerhalb der in (10-23) angegebenen Grenzwerte ist die Häufigkeit der Verzögerung allerdings nicht mehr gleichverteilt, sondern sie verändert sich mit wachsender Elementzahl. Die Verteilung der Antwortzeiten wird jetzt als Wahrscheinlichkeitsverteilung aufgefaßt, da bei mehreren Elementen näherungsweise eine kontinuierliche Verteilung auftritt.

Zusammenfassend läßt sich die Dynamik eines Verbunds aus selbständigen Elementen durch zwei Aussagen kennzeichnen: die Antwortzeit hängt von der Summe der Bearbeitungszeiten und den kürzeren Perioden ab, die gesamte Bearbeitungsfrequenz dagegen von der längsten Periodendauer.

Die Simulation der Arbeitsweise in einem größeren Verbund sternförmiger Topologie veranschaulicht die Aussage der hergeleiteten Beziehungen. Der hier untersuchte Fall behandelt die Informationsübermittlung von einer Endstation über eine Übertragungseinrichtung, die Zentrale und eine weitere Übertragung zur Nachbarendstation (Bild 10-11a).

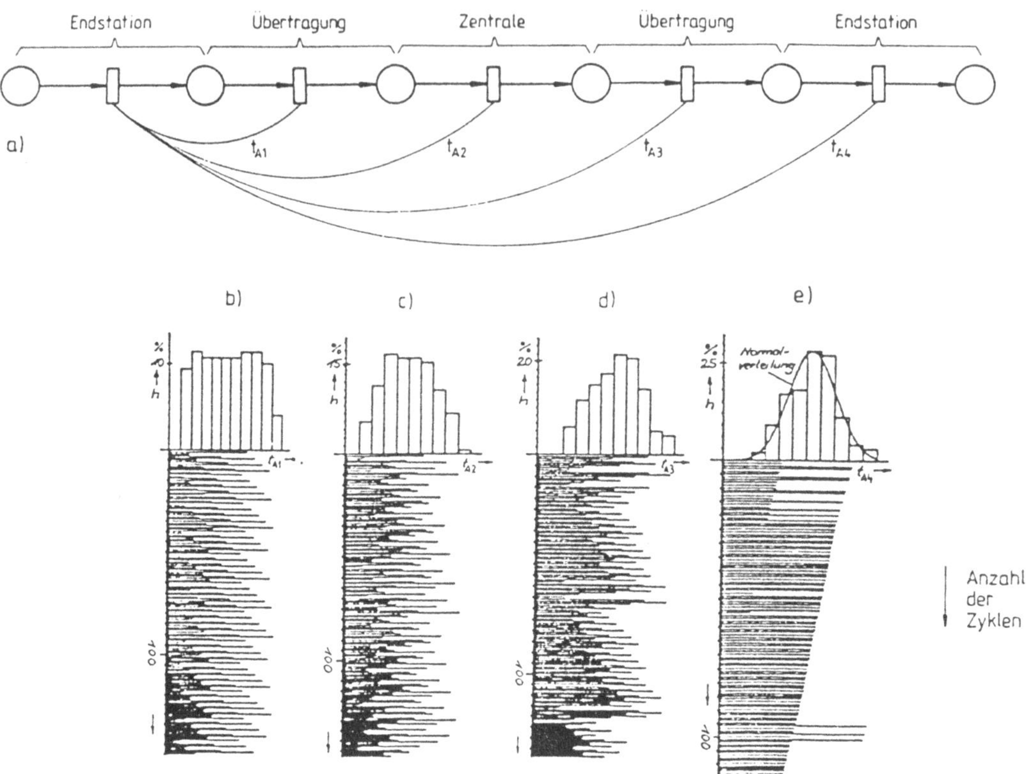

Bild 10-11 a) Verbund mit sternförmiger Topologie.
Zeitlicher Verlauf und Häufigkeitsverteilung der Antwortzeiten nach b) einem, c) zwei, d) drei, e) vier Folgeelementen

Bild 10-11b bis e zeigt die zeitliche Folge der Antwortzeiten nach jedem Element für diesen Informationspfad und die entsprechende statistische Auswertung der Simulationsergebnisse. Man erkennt, wie sich die periodische Folge und die Rechteckverteilung nach Durchlauf durch zwei Elemente zu immer weniger durchschaubaren Verläufen nach weiteren Elementen verändert und wie sich die Häufigkeitsverteilung immer mehr der Normalverteilung annähert.

10.2 Signalverhalten von Prozeßsteuerungen

Für die Dynamik des Signalverhaltens eines Prozeßsteuerungssystems ist hauptsächlich die langfristige Wirkung seiner mehrkanaligen Bedienungen maßgebend, die insbesondere zyklisch zu bearbeitende Steuerungsalgorithmen aktivieren.

Algorithmen in Form algebraischer oder Differentialgleichungen mit einer Verknüpfung von Eingangs-, Ausgangs- und Speichergrößen x, y, z

$$A(x, \dot{x}, \ldots, y, \dot{y}, \ldots, z_1, \ldots) = 0 \tag{10-24}$$

werden mit Rücksicht auf den ν-ten Berechnungszyklus oft als Differenzengleichung formuliert

$$y(\nu) = A(y(\nu-1), y(\nu-2), \ldots, x(\nu), x(\nu-1), \ldots) \tag{10-25}$$

und als Rekursions- oder Summenformel implementiert

$$y := A(x, y, z). \tag{10-26}$$

10.2.1 Konzentrierte Steuerungen mit determiniertem Verhalten

Im Idealfall wird das Verhalten einer Steuerung mit Rechnern dadurch beschrieben, daß der Algorithmus mit einer starren Abtastperiode T berechnet wird. Der Einfluß der Periodendauer muß bei zeitabhängigen Algorithmen in den Koeffizienten der Differenzengleichung berücksichtigt werden:

$$y(\nu) = A(y(\nu-1), y(\nu-2), \ldots, x(\nu), x(\nu-1), \ldots, T). \tag{10-27}$$

Verstreicht noch eine definierte Bearbeitungszeit t_{bi}, bis die neuen Ausgangsgrößen erscheinen, kann diese bei der Beschreibung des dynamischen Verhaltens der Steuerung noch berücksichtigt werden:

$$y(\nu) = A(y(\nu-1), y(\nu-2), \ldots, x(\nu), x(\nu-1), \ldots, T, t_b). \tag{10-28}$$

Derartige Abtastsysteme werden mit Hilfe der z-Transformation kompakt beschrieben; hierfür ist die Abtasttheorie weit fortgeschritten [10-14 bis 10-16].

10.2.2 Verteilte Steuerungen mit stochastischem Verhalten

Da bei Prozeßsteuerungen oft mehrere Aufgaben bis hin zu einer Vielzahl von einem einzigen Rechengerät ausgeführt werden bzw. mehrere Einzelgeräte bei der Ausführung einer Aufgabe zusammenwirken, kommt es oft dazu, daß gewünschte periodische Bedienungsanforderungen bei Steuerungsaufgaben nur im statistischen Mittel eingehalten werden, die momentanen Abtastdauern hingegen statistisch beschreibbaren Schwankungen unterliegen. Daher muß man beantworten, wie sich diese Erscheinung auf das Verhalten des aus Steuerungs- und Objektsystem bestehenden Gesamtkomplexes auswirkt [10-17]. Diese Frage wurde bislang kaum diskutiert.

Bei der Analyse des dynamischen Verhaltens eines realen Prozeßrechners und dessen Einfluß auf von ihm erzeugte und verarbeitete Signalfolgen wird von folgendem Ansatz ausgegangen: Die deterministischen Ein- und Ausgangssignalverläufe eines idealen Prozeßrechners mit konstanter Programmlaufzeit und konstanter Abtastperiode werden dem Signalverlauf eines realen Prozeßrechners mit stochastischem Verhalten gegenübergestellt. Die statistische Analyse der Differenzsignale am Ein- und Ausgang liefert Ansätze für eine einfache Beschreibung des dynamischen Verhaltens eines realen Prozeßrechners, dessen Arbeitsweise in folgender Weise charakterisiert werden kann:

Für eine bestimmte Prozeßsteuerungsaufgabe soll ein Anwenderprogramm periodisch mit der konstanten Anforderungsrate als Kehrwert der Abtastperiode T rechtzeitig und vollständig bearbeitet werden. Das Anwenderprogramm beginnt mit dem Einlesen von Prozeßzustands- und Zieldaten x, darauf folgt die Bearbeitung nach dem Steuerungs-

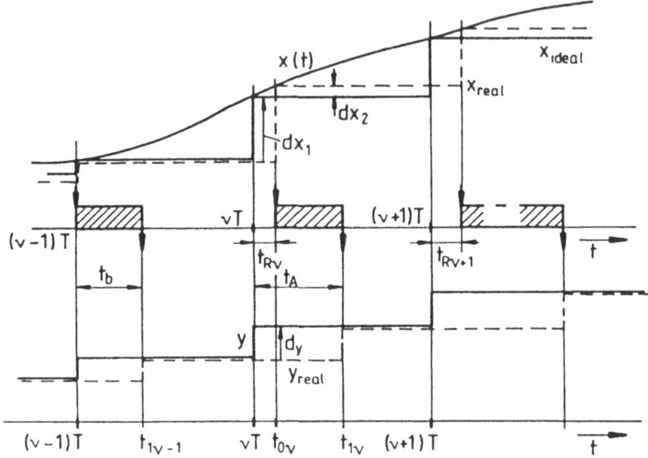

Bild 10-12
Verläufe von Ein- und Ausgangsgrößen bei einem Prozeßrechner

algorithmus und endet mit der Ausgabe neu berechneter Prozeßsteuerdaten y. In Bild 10-12 sind die bei einem Prozeßrechner auftretenden Aktivitäten mit den zeitlichen Verläufen von Ein- und Ausgangsgrößen grafisch zusammengefaßt.

Da das Anwenderprogramm (AP) u. U. nicht unmittelbar nach seiner Anforderung bedient werden kann, weil z. B. noch ein anderes Programm höherer Priorität bearbeitet wird, verstreicht eine gewisse Reaktionszeit $t_{R\nu}$, bis es zum Zeitpunkt $t_{0\nu}$ bedient wird,

$$t_{0\nu} = \nu T + t_{R\nu}. \quad (10\text{-}29)$$

Je nach Abfertigungsstrategie S kann die Verteilung der Reaktionszeit angegeben werden,

$$w(t_R) = f(\lambda, S). \quad (10\text{-}30)$$

Im günstigsten Fall hat der Rechner die Task mit der minimalen Programmlaufzeit t_b für ununterbrochene Bearbeitung zum Zeitpunkt

$$t_{1\nu\,min} = t_{0\nu} + t_b \quad (10\text{-}31)$$

beendet und gibt ggf. ihre Steuerwerte ab. Es muß jedoch damit gerechnet werden, daß die Task bei unterbrechbaren Prioritäten nicht in einem Zuge bearbeitet wird, wenn weitere Anforderungen während ihrer Bedienung eintreffen. Dann verlängert sich der Antwortzeitpunkt $t_{1\nu}$, d. h.

$$t_{1\nu} = \nu T + t_{A\nu} \quad (10\text{-}32)$$

und variiert nach einer durch Ankunftsraten-, Abfertigungsstrategie und Programmdurchlauf bedingten Wahrscheinlichkeitsverteilung der Antwortzeit:

$$w(t_A) = f(\lambda, AP, S). \quad (10\text{-}33)$$

Unabhängig vom Steuerungsalgorithmus werden dadurch die zeitlichen Eingangs- und Ausgangssignalverläufe infolge der stochastischen Schwankungen von Abtastdauer und Antwortzeiten im Vergleich zu idealen Verhältnissen verändert, wie Bild 10-12 zeigt.

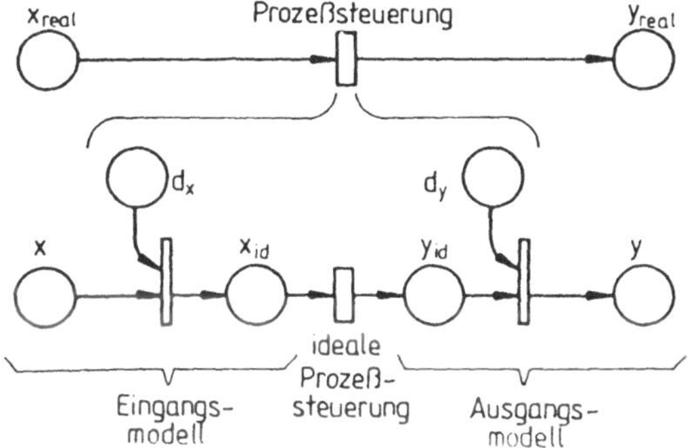

Bild 10-13
Separationsmodell für das Signalverhalten eines realen Prozeßrechners

Interpretiert man die tatsächlichen Signale als Summe aus einer idealen Signalfolge und einem Differenzsignal als Störung des idealen Verlaufs, wie in Bild 10-13 symbolisiert, ist eine genaue Analyse der Differenzsignale von Nutzen

$$\begin{aligned} x_{id} &= x + d_x, \\ y_{id} &= y + d_y. \end{aligned} \qquad (10\text{-}34)$$

Für das *Rechnereingangsmodell* bedeutet das noch eine gewisse Änderung des idealen Eingangssignals (Prozeß- oder Steuerzustand) selbst infolge der nicht exakt synchronen Abtastung, d. h. es besteht eine Variation der Abtastzeitpunkte mit Signaländerung infolge stochastischer Abtastung kontinuierlicher Signalverläufe. Beschränkt man sich auf den hauptsächlich störenden Kurzzeit-Mittelwert des Differenzsignals zwischen idealem und realem Signalverlauf, so ist das Differenzsignal entsprechend Bild 10-12 für das erste Teilintervall der ν-ten Abtastperiode

$$[\nu T, \nu T + t_{R\nu}) : d_{x1}(\nu) = x(\nu T) - x(\nu T - T + t_{R\nu-1}) \qquad (10\text{-}35a)$$

und im zweiten Teilintervall

$$[\nu T + t_{R\nu}, \nu T + T) : d_{x2}(\nu) = x(\nu T) - x(\nu T + t_{R\nu}). \qquad (10\text{-}35b)$$

Daraus folgt der Mittelwert des Eingangsdifferenzsignals während der ν-ten Abtastperiode

$$\overline{d_x}(\nu) = [x(\nu T + t_{R\nu}) - x(\nu T - T + t_{R\nu-1})]\, t_{R\nu}/T + x(\nu T) - x(\nu T + t_{R\nu}). \qquad (10\text{-}36)$$

Mit einer abgebrochenen Reihenentwicklung für die Signalverläufe in der Umgebung ihrer idealen Abtastzeitpunkte nach

$$x(\nu T + t_{R\nu}) \approx x(\nu T) + \Delta x(\nu T - T)\, t_{R\nu}/T \qquad (10\text{-}37)$$

und mit

$$\Delta x(\nu T - T) = x(\nu T) - x(\nu T - T) \qquad (10\text{-}38)$$

folgt für den fortlaufenden Mittelwert der Folge $\overline{d_x}(\nu)$ nach Umstellung und Zwischenrechnung

$$\begin{aligned} \overline{d_x}(\nu) = {} & \left(\frac{t_{R\nu}}{T}\right)^2 [x(\nu T) - x(\nu T - T)] \\ & - \frac{t_{R\nu-1}}{T} \frac{t_{R\nu}}{T} [x(\nu T - T) - x(\nu T - 2T)]. \end{aligned} \qquad (10\text{-}39)$$

Der Übergang auf den momentanen Erwartungswert des Differenzsignals bei vorgegebener, statistisch unabhängiger Verteilung von t_R führt mit (10-39) auf

$$E[\overline{d_x}(\nu)] = \int \overline{d_x}(\nu)\, w\left(\frac{t_R}{T}\right) d\left(\frac{t_R}{T}\right)$$

$$= \int_0^{t_{R\,max}/T} \left(\frac{t_R}{T}\right)^2 w\left(\frac{t_R}{T}\right) d\left(\frac{t_R}{T}\right) [x(\nu T) - x(\nu T - T)]$$

$$- \int_0^{t_{R\,max}/T} \frac{t_{R\nu-1}}{T} \frac{t_{R\nu}}{T} w\left(\frac{t_R}{T}\right) d\left(\frac{t_R}{T}\right) [x(\nu T - T) - x(\nu T - 2T)]$$

$$= \frac{\overline{t_R^2}}{T^2} [x(\nu T) - 2x(\nu T - T) + x(\nu T - 2T)]. \tag{10-40}$$

Mit Hilfe der z-Transformation schreibt sich der Ausdruck (10-40) in der Form

$$E[\overline{d_x}(z)] = \frac{\overline{t_R^2}}{T^2} \Delta^2 x(z) = \frac{\overline{t_R^2}}{T} \frac{z^2 - 2z + 1}{z^2} x(z). \tag{10-41}$$

Das weist auf eine zweifach differenzierende Wirkung hin, allerdings mit dem – auf die Abtastperiode bezogenen – quadratischen Mittelwert der Auftragsverzugsverteilung gewichtet, was u. U. diesen Einfluß in günstiger Weise abschwächt.

Für das *Rechnerausgangsmodell* ist zu untersuchen, wie sich nicht genau äquidistante Ausgabezeitpunkte auf den Signalverlauf der Ausgangsgröße im Hinblick auf Abweichungen vom idealen Verlauf auswirken, d. h. es besteht eine Variation der Abtastzeitpunkte ohne Signaländerung infolge stochastischer Abtastung diskreter Signale.

Wie Bild 10-12 veranschaulicht, nimmt das Differenzsignal in einer Abtastperiode während des Intervalls $[\nu T, \nu T + t_{A\nu})$ den Wert der Differenz zweier aufeinanderfolgender Ausgangswerte und während der übrigen Zeit $[\nu T + t_{A\nu}, \nu T + T)$ den Wert Null an, da jetzt das reale Signal dem idealen gleicht. Damit ist der Mittelwert des Differenzsignals während einer Abtastperiode

$$\overline{d_y}(\nu) = [y(\nu) - y(\nu - 1)]\, t_{A\nu}/T. \tag{10-42}$$

Da das Vorkommen der t_A nur statistisch beschrieben wird, ist ein exakter, von der momentanen Antwortzeit abhängiger Mittelwert zum Zeitpunkt νT nicht angebbar. Stattdessen kann aber mit der bekannten Wahrscheinlichkeitsverteilung $w(t_A)$ auf den Erwartungswert des Differenzsignals zum Zeitpunkt νT geschlossen werden. Der Erwartungswert als charakteristische Angabe für den Wert des Differenzsignals zum Zeitpunkt νT ist dann

$$E[\overline{d_y}(\nu)] = \int_0^{t_{A\,max}} \overline{d_y}(\nu)\, w(t_A)\, d t_A \tag{10-43}$$

und mit (10-42)

$$E\,[\overline{d_y}(\nu)] = [y(\nu) - y(\nu-1)]\,1/T \int_0^{t_{A\,max}} t_A\, w(t_A)\, d\,t_A = [y(\nu) - y(\nu-1)]\, E(t_A)/T. \tag{10-44}$$

In der Schreibweise der z-Transformation lautet (10-44)

$$z\,E\,[\overline{d_y}(z)] = (z-1)\,y(z)\,E(t_A)/T. \tag{10-45}$$

Damit ist der zeitabhängige Erwartungswert des Differenzsignals der – mit dem auf die Abtastperiode bezogenen Erwartungswert der Antwortzeit gewichteten – zeitlichen Ableitung des idealen Ausgangssignals proportional. Mit der Schreibweise der z-Transformation kann die Wirkung des Prozeßrechnerausgangsmodells zweckmäßig durch den entsprechend formulierten Algorithmus des Anwenderprogramms kompensiert werden.

10.3 Gesamtsystemverhalten

Die vorangegangenen Teilkapitel liefern Voraussetzungen, um die Dynamik aus Steuerung und Objekt bestehender Systeme zu erfassen. Oft ist wichtig, wie Erscheinungen der Steuerung das Verhalten des Gesamtsystems beeinflussen, da sowohl über die Ausgabe von Stellsignalfolgen an den Prozeß wie bei der Erfassung von Zustandssignalfolgen aus dem Prozeß gegenseitige Wechselwirkungen bestehen, die bei einer geschlossenen Wirkungskette u. U. sogar das geplante Systemverhalten verändern können.

10.3.1 Diskretisierungseffekte

Für eine Prozeßsteuerung mit periodisch diskretem Stelleingriff aufgrund bestimmter Steuerungsalgorithmen muß vorher die Periodendauer bestimmt werden. Dabei orientiert man sich an der Eigendynamik des Objektprozesses, die experimentell oder analytisch ermittelt wird. Oft liegen dafür auch Prozeßmodelle in Form von Übertragungsfunktionen oder Zustandsdifferentialgleichungen vor. Aus diesen Angaben werden die charakteristischen Eigenfrequenzen und Zeitkonstanten des Objektsystems bestimmt.

Zur zielgerichteten Beeinflussung definierter Zustandsgrößen kontinuierlicher Prozesse muß die dominante Periode des betreffenden Steuerungsprozesses mindestens kleiner als die halbe Eigenperiode seines zugehörigen Objektprozesses sein, um das Abtasttheorem nicht zu verletzen, was sonst zu Instabilität im Prozeßsteuerungssystem führt. Üblicherweise wird die Abtastperiode kleiner gewählt, um hinreichende Stabilität und glattere Zustandsverläufe zu erzielen. Bild 10-14a zeigt anschaulich diesen Einfluß der Periodendauer bei einem sehr einfachen System. Die algorithmische und dynamische Auslegung von Rechnersteuerungen beliebiger Prozesse ist Gegenstand der diskreten Regelungstechnik [10-14 bis 10-16, 10-18 bis 10-21].

Mit dem Vordringen der Rechner zur Steuerung dynamisch anspruchsvoller Prozesse macht sich das Problem bemerkbar, daß die Abtastperioden immer kleiner werden müssen. Die Rechnerbearbeitungszeit ist jetzt relativ nicht mehr sehr viel kleiner als die Abstast-

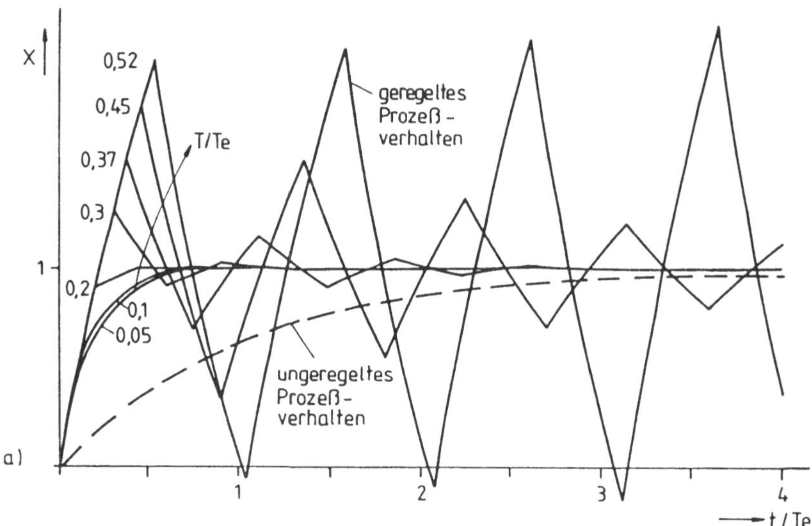

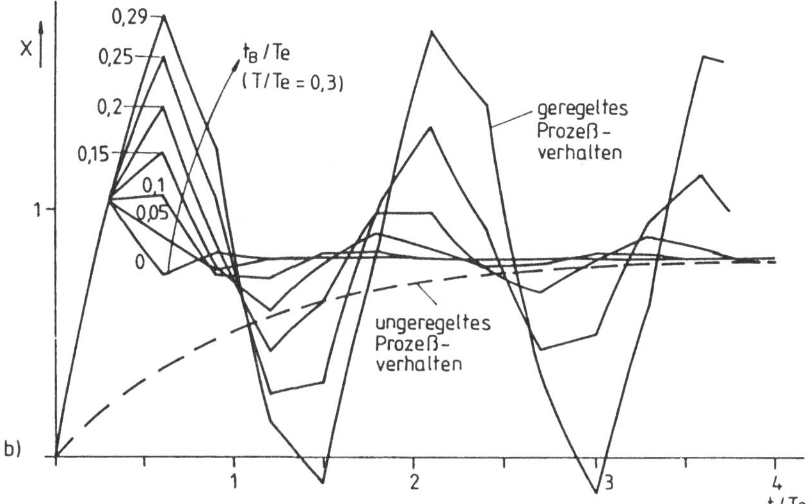

Bild 10-14 Wirkung von Diskretisierungseffekten auf das Systemverhalten (T_e: = Zeitkonstante des ungeregelten Objektprozesses)

a) Variation der (Abtast-)periodendauer T, b) Variation der Bearbeitungsdauer t_B

periode und kann auch nicht mehr, wie bisher üblich, vernachlässigt werden. Diese Tatsache wird durch die Oszillogramme in Bild 10-14b veranschaulicht. Der Einfluß der Bearbeitungszeit läßt sich aber weitgehend kompensieren, wenn die für den Stelleingriff wirkungslose Totzeit der Rechnerantwort in einer Erweiterung des Steuerungsalgorithmus oder Änderung seiner Parameter berücksichtigt wird [10-22, 10-23].

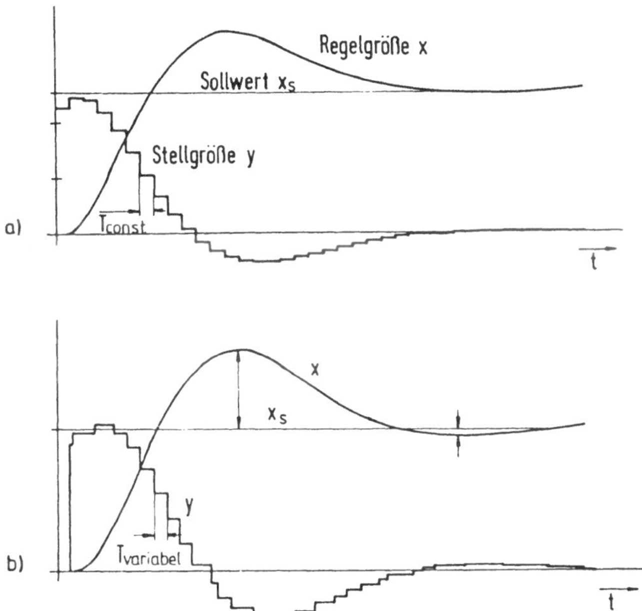

Bild 10-15 Wirkung des stochastischen Verhaltens der Prozeßsteuerung auf das Systemverhalten a) konstante Abtastperiode b) stochatische Variation der Abtastperiode

Werden Abtast- und Bearbeitungszeiten aufgrund stochastischen Verhaltens der Steuerung nicht exakt eingehalten, macht sich dies ebenfalls ungünstig infolge verringerter Stabilität des Gesamtsystemverhaltens bemerkbar. Das zeigt der Vergleich zwischen dem geplanten idealen und dem tatsächlichen realen Verhalten einer Prozeßregelung (Bild 10-15). Auch hier kann jedoch das gewünschte Systemverhalten bei bekannten Einflußfaktoren, wobei eine statistische Beschreibung reicht, durch Modifikation des Steuerungsalgorithmus erzielt werden [10-13]. Bild 10-16 zeigt Beispiele, wie bei einem verteilten System mit determinierter Arbeitsweise trotz unterschiedlicher Abtast- und Bearbeitungszeiten das Großsignalverhalten eines geregelten Gesamtsystems bei unveränderter Prozeßdynamik nur durch Parameterveränderung gewahrt bleibt [10-14]. Reicht diese pauschale Kompensation nicht aus, kann unter Messung der momentanen Abtastzykluszeit der Algorithmus bei jedem Abtastschritt individuell für die Parameter der Augenblickssituation berechnet werden [10-25].

10.3.2 Quantisierungseffekte

Jeder Steuerungsalgorithmus verlangt die numerische Verknüpfung von Zahlen, so daß zwangsläufig der erforderliche Zahlenbereich nach oben wie unten expandiert. Aufgrund pragmatischer Gegebenheiten, sei es der Prozessorarithmetik oder der Programmiersprache, stehen jedoch nur begrenzte Wortlängen zur Verfügung, so daß bei Ganzzahl- wie Gleitkomma-Arithmetik nur ein begrenzter Bereich genutzt werden kann [10-26]. Um die gegenüber idealer Berechnung des Algorithmus real auftretenden Abweichungen zu

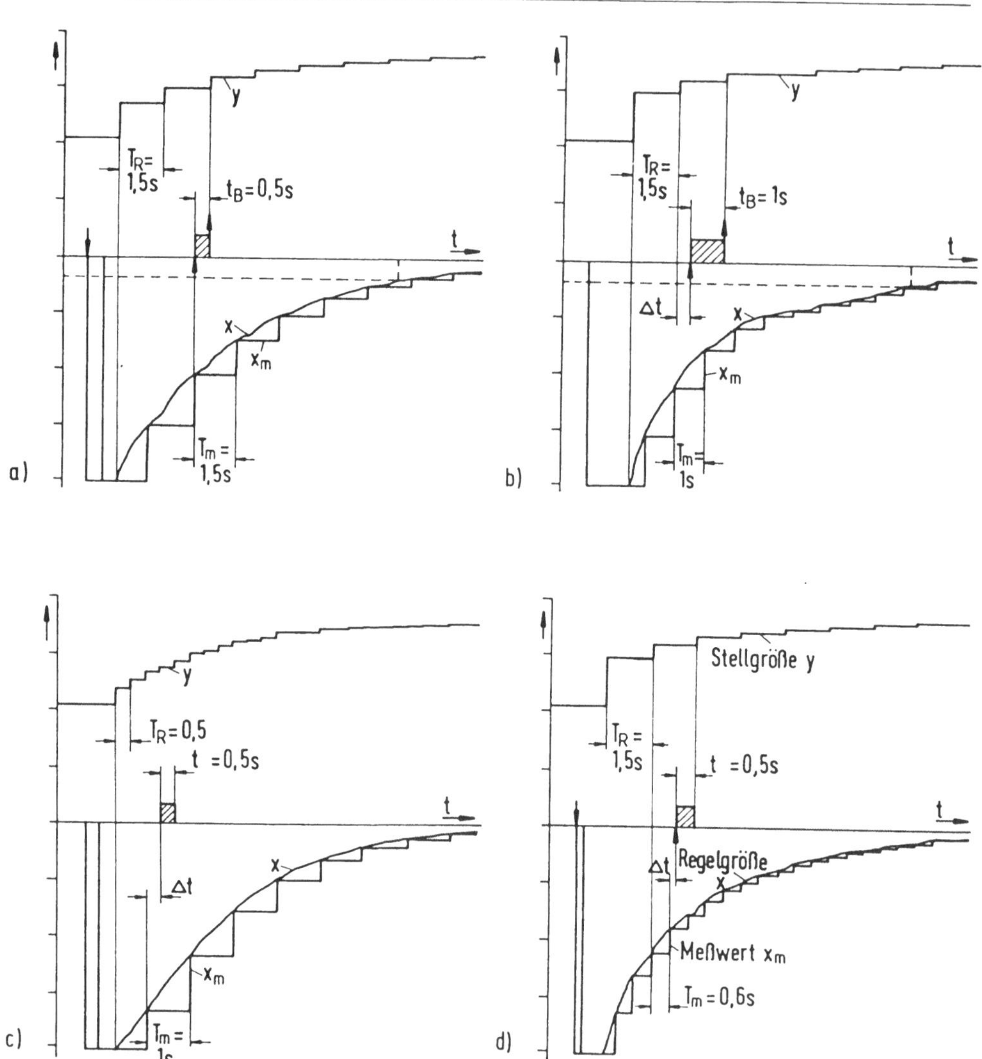

Bild 10-16 Unabhängigkeit des Großsignalverhaltens bei veränderten Abtast- und Bearbeitungszeiten

minimieren, bietet auch bei gegebenen Bedingungen die Implementierung des Algorithmus, d. h. die Feinorganisation seiner Arbeitsschritte, noch viele Freiheitsgrade [10-27].

Die Abweichungen vom Ideal machen sich bei rekursiven Algorithmen besonders bemerkbar, z. B. bei Iterationsrechnungen, integral wirkenden Regelungen und Prozeßbeobachtern, die sich allgemein als digitale Filter klassifizieren und untersuchen lassen, was zu folgenden Ergebnissen führt [10-28]: Im Grunde ist bei Berechnungen mit Unterläufen das Runden dem Abschneiden vorzuziehen; der manchmal erhöhte Aufwand lohnt praktisch jedoch kaum. Mit wachsender Wortlänge nimmt der mittlere quadratische Fehler näherungsweise exponentiell ab, die Rate beträgt etwa 6% pro bit. Rechnungen mit Überläufen ohne Vorkehrungen zeigen erwartungsgemäß instabiles Verhalten. Dagegen sind Begrenzungen nach Additionen oder Multiplikationen zwar nicht fehlerminimal, wirken jedoch stabilisierend. Mit fortschreitender Entwicklung insbesondere bei Mikrorechnern zu größerer Wortbreite und höherer Verarbeitungsgeschwindigkeit verliert der Einfluß numerischer Effekte an Bedeutung.

Wie Diskretisierungseffekte bei der Berechnung insbesondere das Signalverhalten an den Schnittstellen zum bzw. vom Prozeß beeinflussen, sind Quantisierungseffekte auch an den gleichen Stellen wirksam, nämlich bei der Digitalisierung kontinuierlicher Prozeßsignale wie bei der Analogumsetzung digitaler Stellzustände (vgl. 5.5).

Insbesondere treten bei Einsatz von AD- bzw. DA-Umsetzern grobstufigerer Auflösung bei geschlossenen Wirkungskreisen, z. B. Regelkreisen nichtlineare Dauerschwingungen auf, die sich aber durch Kunstgriffe der rechentechnischen Behandlung bzw. Modifikation von Führungsgrößen unterdrücken lassen [10-29 bis 10-31]. Grundsätzlich sollte die Quantisierung der Umsetzer bei Ein- und Ausgabe aufeinander abgestimmt, d. h. in etwa gleich sein, während die interne Wortbreite noch darüber hinausgehen sollte [10-15]. Mit den Auswirkungen der Fortschritte der Halbleitertechnik bei Umsetzern treten diese Phänomene aufgrund von Quantisierungseffekten jedoch immer mehr in den Hintergrund.

11 Entwurf von Informationssystemen zur Prozeßsteuerung

Systeme zeichnen sich durch Komplexität aus, d.h. sie weisen sehr viele Freiheitsgrade auf, z.B. einmal in der Konfiguration und Funktion ihrer Elemente, dann in der Typenvielfalt der einzelnen Teile selbst und schließlich im dynamischen Verhalten der Elemente und ihrer Verknüpfungen untereinander. Ein System wird hier verstanden als Ganzes aus vielen Teilen, die zusammen die Funktion des Ganzen erfüllen, in sich aber Funktionsschwerpunkte vereinigen. Systeme werden deutlich als Ordnung von Teilen zur Erfüllung eines Zwecks. Die Ordnung des Systems tritt in seiner Struktur und Dynamik hervor. Dabei schafft nur der von einer umfassenden Betrachtungsweise ausgehende Entwurf in Analyse und funktioneller Aufteilung die Grundlage für den Aufbau eines Systems durch seine Komponenten.

Ein Entwurf umfaßt alle Stadien, ausgehend von einer bestimmten Aufgabenstellung über eine Idee, die schon wesentliche Momente und Konturen einer Lösung enthält, bis hin zum Plan in Form eines ersten konkreten Produkts, z.B. einer Dokumentation. Die Schritte und Phasen auf dem Weg von der Idee zum Produkt, d.h. einer konkreten technischen Anweisung sind im Petrinetz von Bild 11-1 gezeigt. Da solch ein Weg kaum ohne Berichtigungen oder Umwege beschritten werden könnte, sind an geeigneten Stellen Kontrollen, Prüfungen oder Überarbeitungen notwendig. Leicht einzusehen ist dabei, daß im gedanklichen Frühstadium eines Entwurfs eingebaute Korrekturen wesentlich effektiver sind, als wenn Fehleinschätzungen Mängel in der technischen Ausführung hervorrufen, die erst dann entdeckt werden.

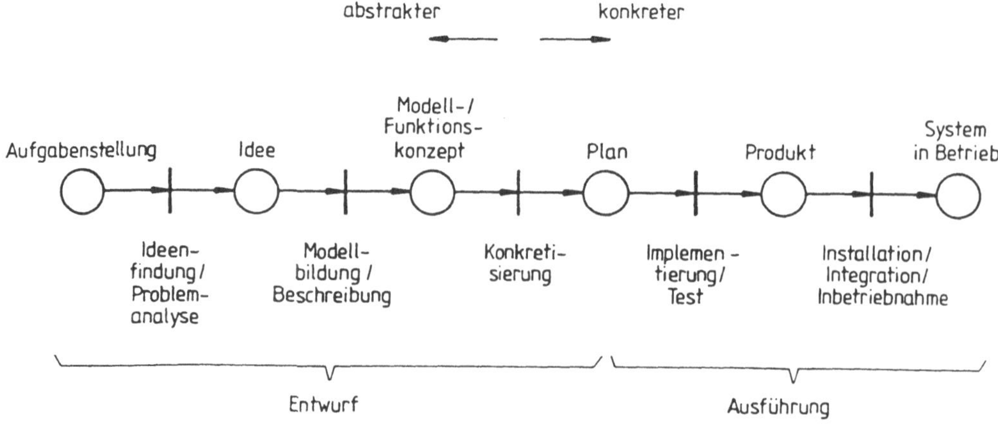

Bild 11-1 Phasen eines Systementwurfs

Eine grundsätzliche Voraussetzung für den Entwurf eines Systems und gleichzeitig auch für die Analyse ist ein vorstellungsgemäßes Abbilden des Systems mit seinen Strukturen und in seinem Verhalten, die Modellbildung. Das verlangt einerseits ein Beschreibungsmittel, das Modell, andererseits eine Anleitung, wie eine Systemvorstellung im Modell repräsentiert wird bzw. wie das System im Modell abstrahiert wird, d. h. eine Methode. Beschreibungsmittel und Methode sind beide miteinander verbunden und voneinander abhängig.

Auch wenn man in vielen Bereichen erprobte Methoden zur Hand hat, besteht in einigen Disziplinen, insbesondere beim Entwurf von informationsverarbeitenden Steuerungssystemen, gerade in den abstrakteren Entwurfsphasen offenkundig eine Lücke. Die Merkmale dafür sind vielfältig: die Entwurfsdauer bzw. der -umfang ist nicht schätzbar, die Kosten laufen davon, die Produkte entsprechen nicht den Anforderungen, sie sind schlecht wartbar, nicht transparent, nicht übertragbar und nur Unikate [11-1 bis 11-4].

Diese Schwierigkeiten erklären viele Gründe; hier werden zwei gewichtige angeführt: In den ersten, abstrakten Phasen eines Entwurfs läßt sich bei manchen Bearbeitern eine gewisse, rational kaum begründete Aversion feststellen, sich in dieser Phase von Methoden und Schemata vermeintlich einengen zu lassen.

Der zweite Punkt hängt mit dem ersten zusammen und ist vielleicht ein Grund oder zumindest der Schlüssel zum Verständnis für die Haltung der Entwerfer. Versucht man herauszufinden, welche Hilfsmittel, Methoden, systematische Anleitungen entwickelt, bekannt und verwendet werden, um eine Idee im Entwurf zu realisieren, so ist die Situation unübersichtlich: Methoden gibt es genug, nur passen sie nicht immer; passen sie, sind sie nicht universell genug; sind sie für alle Zwecke einsetzbar, ist ihre Handhabung umständlich.

Maß muß in dieser Situation jedoch zugeben, daß es äußerst schwierig ist, das Vorgehen auf dem abstrakten Entwurfsniveau von der Aufgabenstellung und den ersten Ideen bis zum ersten Plan durch konkrete Methoden zu erleichtern, dabei Fehler zu vermeiden, Widersprüche frühzeitig aufzudecken, die Vollständigkeit zu überprüfen und die prinzipielle Funktionsfähigkeit nachzuweisen und dann noch die Tür für verschiedene technische Lösungsmöglichkeiten offen zu halten. Fast erscheint dieser Anspruch unerfüllbar.

11.1 Überblick über Entwurfsmethoden

Um die angedeuteten Schwierigkeiten beim Systementwurf besser zu verstehen, werden zuerst einige Entwurfsmethoden für technische Systeme in ihren einzelnen Anwendungen vorgestellt und charakterisiert. An Modelltypen werden beim Entwurf grundsätzlich grafische, mathematische und physikalische Modelle zur Systembeschreibung und -simulation verwendet. Grafische Modelle sind für den Systementwurf prädestiniert, da mit ihnen viele der genannten Freiheitsgrade in anschaulicher Form faßbar werden.

Beim Geräteentwurf trifft man auf ausgeprägte grafische Beschreibungsmittel. Werden auf verallgemeinerndem Niveau Blockschaltbilder benutzt, bevorzugt man in der analogen und digitalen Schaltungstechnik die Darstellung in Netzwerkform. Neben der Anschaulichkeit ist dabei die Existenz entsprechender mathematischer Theorien von Vorteil.

Bei der Implementierung von Software wird die Entwicklung durch alle Arten von „... grammen“ begleitet. Am geläufigsten sind Flußdiagramme. Als Untermenge davon, um die Anzahl der Freiheitsgrade, damit die freizügige Programmgestaltung und insofern die möglichen Fehlerquellen, einzuschränken, haben hier Struktogramme einen wichtigen Platz eingenommen [11-5, 11-6].

Bei der Anwendung im kaufmännisch-wirtschaftlichen Bereich z. B. sind Datenverwaltung und -ordnung vorrangig; hier haben verschiedene Datenmodelle Eingang gefunden. Auch sind Entscheidungstabellen als mehr mathematisch abstrakter und weniger grafisch orientierter Modelltyp dort von Bedeutung [11-7].

Bei der Prozeßdatenverarbeitung als fachübergreifende Disziplin wurden hingegen notwendigerweise Anleihen aus vielerlei Fachgebieten gemacht. Zu den erwähnten Grammen gesellen sich hier z. B. Signalflußdiagramme oder dynamische Prozeßmodelle [11-8, 11-9]. Sie verwenden mathematische Theorien wie z. B. die Abtasttheorie für zeitdiskrete technische Prozesse oder die Bedientheorie für den Prozeßrechner mit seiner Umgebung [11-10, 11-11].

Diese Entwurfsmethoden werden selten explizit gelehrt, vielmehr durch den Umgang mit der Materie implizit vermittelt, intuitiv erfaßt und schließlich routiniert gehandhabt.

Daneben gibt es jedoch überaus zahlreiche, vielleicht deswegen nicht so bekannte Methoden zum Entwerfen von Systemen, die weniger an speziellen Anwendungsbranchen oder Technologien orientiert sind. In erster Linie wurden diese Methoden für den Entwurf von Systemen im Bereich der Informationsverarbeitung konzipiert [11-12, 11-13].

Entsprechend einer Entwicklung von der Idee zum Produkt unterstützen Phasenmodelle den Entwurf in seiner temporären Folge; sie teilen die Durchführung schwerpunktartig in meistens 5 bis 7 Phasen ein, z. B. Problemanalyse/Anforderungsdefinition, Strukturentwurf/Systemspezifikation, Komponentenentwurf/Komponentenspezifikation, Implementierung/Installation, Betrieb/Wartung. Die einzelnen Phasen beinhalten verschiedene Detaillierungsgrade, die bei voranschreitendem Entwurf immer stärker ausgefeilt werden. Damit weist dieses Verfahren auch Merkmale des sogenannten „Top-Down-Entwurfs“ auf. Auch die Umkehrung dieser Vorgehensweise ist bekannt: Mit dem Schlagwort “Bottom-Up” wird – zumeist wenn schon Komponenten auf unterster Ebene existieren – in schrittweiser Abstrahierung ein Modell zusammengestellt. Bedeutung hat diese Vorgehensweise auch bei der iterativen Prüfung der Top-Down-Strategie.

Für eine weitere Gruppe von Entwurfsmethoden, die insbesondere die charakteristischen Eigenschaften der Informationsverarbeitung berücksichtigen, hat sich der Name „Spezifikationssprachen“ eingebürgert. Das weist einerseits auf die unterlagerte, konkrete Ebene der Programmiersprachen hin, andererseits auf den bereits bei dem Phasenmodell erwähnten Begriff der Problemspezifikation, welcher der abstrakteren Lösungsfindung zugerechnet werden muß.

Da der Bereich der methodischen Systementwicklung – wie bereits erwähnt – bisher nicht ausreichend beachtet wurde und so zu Problemen bei Entwurf und Anwendung von Datenverarbeitungssystemen führte, sind im letzten Jahrzehnt im Hochschul- wie im Industriebereich, z. T. mit staatlicher Unterstützung im In- und Ausland erhebliche Anstrengungen unternommen worden, die Situation zu verbessern. Die Ergebnisse, die Programmentwicklung von der Idee zum Produkt methodisch durchzuführen, sind Legion. Deshalb ist es schwierig, sie gegeneinander abzugrenzen, abzuwägen und zu beurteilen. Eine herausragende Gegenüberstellung verschiedener Methoden wurde von einer gemeinsamen Arbeitsgruppe der Gesellschaft für Informatik und der Gesellschaft für Meß- und Regelungstechnik erarbeitet, indem fast zwanzig verschiedene Verfahren an einem einzigen Beispiel, der Steuerung einer Paketverteilanlage (vgl. 3.4) angewendet und untersucht wurden [11-14]. Unter ihnen befinden sich z. B. auch bekanntere Verfahren wie

- EPOS (Entwurfsunterstützendes Prozeß-orientiertes Spezifikationssystem),
- SADT (Structured Analysis and Design Technique),
- HIPO (Hierarchy plus Input-Process-Output),
- Jackson (Datenstrukturierter Software-Entwurf).

Diese mehr oder weniger formalen Hilfsmittel zur Softwareentwicklung wurden nach folgenden Kriterien begutachtet: Darstellung durch Text oder Grafiken; Rechnerunterstützung bei Erstellung, Änderung, Dokumentation und Prüfung auf Konsistenz und Vollständigkeit; Formalisierungsart und -grad bei Syntax und Semantik und schließlich der jeweilige Stand der Technik.

Darüber hinaus gibt es noch viele weitere Methoden, denn an Spezifikationssprachen und Methoden herrscht eine Vielfalt, die weit über die von Programmiersprachen hinausgeht. Die Folgen davon – teils bereits erwähnt – sollen nochmal zusammengefaßt werden.

- Die interdisziplinäre Kommunikation wird erschwert, was insbesondere bei umfangreicheren Projekten das gemeinsame Vorgehen behindert. Hier müssen Hersteller, Anwender oder Gutachter erst und u. U. bei jeder Aufgabe erneut in die spezielle oder geforderte Entwurfsmethode eingewiesen werden.
- Die Spezialisierung der Beschreibungsmittel – einerseits für Datenverarbeitungssysteme, andererseits für die Anlagentechnik – schließt möglicherweise einen einheitlichen Systementwurf von einer übergreifenden Warte, wo noch Wechselwirkungen erfaßt werden, aus.
- Die z. T. geringe mathematische Grundlage vieler Verfahren verhindert die automatische Entwurfsprüfung einmal in struktureller Hinsicht und zum anderen – und dies ist noch seltener realisiert – in dynamischer Beziehung. Damit muß sich die Verifikation aller Anforderungen oft in die Phase der Implementierung und Inbetriebnahme hinauszögern, wo Änderungen u. U. schwerwiegende Folgen haben.

Als Auswege aus der aufgezeigten Situation bleiben Weiterentwicklung und Suche nach übergeordneten Methoden und Darstellungsweisen mit festen Regeln für den Systementwurf, nach Möglichkeit auf mathematischer Grundlage, welche die genannten Probleme vermeiden und offensichtliche Vorteile aufweisen. Aus diesen Forderungen resultiert eine Reihe von Kriterien, die zur Beurteilung einer Systementwurfsmethode heranzuziehen sind (Tabelle 11-1).

11.2 Entwurf mit Netzen

Eine Methode, die bei der funktionalen Analyse der Systemeigenschaften (vgl. 2.1) das Objekt und seiner Darstellung mit Netzen ansetzt, kann möglicherweise die Schwierigkeiten beim Entwerfen von Steuerungssystemen vermeiden. Zur funktionalen Analyse

Tabelle 11-1 Kriterien zur Bewertung von Entwurfsmethoden

Kriterien	Bewertungsparameter
Benutzerakzeptanz bzw. -identfikation	Anschaulichkeit (wenige Symbole) Erlernbarkeit (einfache Regeln)
Anwendung	Hardware-, Softwaresysteme Objektprozesse, Steuerungsprozesse
Technisch unabhängige Beschreibung	Keine Einschränkung von Lösungswegen (z. B. sequentielle Lösungen, Nebenläufigkeit, interdisziplinäre Kommunikation)
Strukturdarstellung	Verknüpfung von Zuständen und Aktivitäten, Objekten und Funktionen in graphischer Form
Erfassung der Dynamik	Markierung aktueller Zustände
Erfassung der Logik und Kausalität	Symbolik für Bedingungen und Abhängigkeiten
Formalisierbarkeit	Dokumentationsfähigkeit manuelle und maschinelle Simulation und Prüfung in jeder Abstraktionsebene auf Vollständigkeit, Widerspruchsfreiheit (Konsistenz), Eindeutigkeit, Funktionsfähigkeit
Vereinfachung	Zusammenfassung zu weniger detaillierten Strukturen, Einheiten und Funktionen auf verschiedenen Ebenen
Auffächerung	Verfeinerung zu weiter detaillierten Strukturen, Einheiten und Funktionen auf verschiedenen Ebenen

müssen die Menge der Funktionen und die Struktur der inneren Wechselwirkungen des Systems aufgrund der Anforderungen entwickelt oder aufgedeckt werden. Der grundlegende Gedanke ist, diese funktionalen und strukturellen Beziehungen dann mit den formalen Hilfsmitteln der Netztheorie zu beschreiben und zu behandeln.

11.2.1 Modellbildung mit Netzen

Wie Systeme mit Hilfe von Instanzen- und Petrinetzen modelliert und dargestellt werden, wurde in Kap. 2.1 gezeigt (vgl. Tabelle 2-1). Dabei wurden die aktiven Elemente eines Systems in Instanzen und später Transitionen abgebildet; die vorwiegend speichernden und weiterleitenden Systemelemente entsprachen den Kanälen und nachher den Stellen; die Relationen zwischen den Systemelementen wurden durch gerichtete Netzkanten symbolisiert. Die Anwendung dieses Strukturkonzepts bei der Systemanalyse und -repräsentation war Leitidee in den vorangehenden Kapiteln.

Die Vorgehensweise beim Systementwurf verlangt auch eine abstrakte Darstellungsform, die den jeweiligen Stand der Erkenntnis in seinem prinzipiellen Gehalt festhält. Dafür muß das System unabhängig vom jeweiligen Detaillierungsgrad dargestellt werden können. Instanzennetze können die beschriebene Anforderung erfüllen. Zum einen können Instanzen sowie auch Kanäle, die global beschriebene Funktionen ausführen und sie verknüpfen, als abstrakte Gebilde angesehen werden, deren Details noch nicht bekannt sind. Zum anderen sind diese Funktionen selbst und in ihrem Zusammenhang jedoch endgültig durch Petrinetze beschreibbar. Die Instanzen sind somit (später) eindeutig definiert.

11.2.2 Funktionskonzept

Jeder Systementwurf beginnt mit der Feststellung von Anforderungen und technisch-räumlichen Voraussetzungen. Für den Entwurf eines Steuerungssystems ist die funktionale Analyse des zu steuernden Objektsystems eine gute Grundlage. Verbindungen nach außen und Grenzen werden aus der Definition der Systemumgebung bestimmt. Sowohl logisch-kausale wie dynamische Anforderungen können aufgezeigt werden. Informelle Darstellungen enthalten oft bereits den Ansatz funktionaler Lösungen. Dafür werden die Systemanforderungen verbal ausgedrückt. Eine grammatische Betrachtung führt auf die ersten Zusammenhänge. Subjekte und Objekte bezeichnen oft Systemzustände, -teile und -objekte, Prädikate dagegen die Funktionen, verbunden mit Attributen dynamische oder kausal-logische Eigenschaften.

Das Funktionskonzept des Steuerungssystems muß besonders sorgfältig entwickelt werden. Eine intensive Durchdringung des Problems, d. h. der Zielsetzung, der Aufgabe, der Anforderungen und des betroffenen Objekts erleichtern das Entwerfen wesentlich.

Ausgehend von den systembestimmenden Lösungsansätzen einer Ideenfindung werden Teilaufgaben definiert, für die grundsätzliche Lösungen zu formulieren sind. Bei mehreren Möglichkeiten ist hier das Optimum herauszufinden. Zwischen den jeweiligen Lösungsansätzen der Teilaufgaben bestehen oft inhaltliche wie technische Wechselwirkungen, die manchmal bereits netzartig dargestellt werden können. Das so entstandene Funktionskonzept ist die Grundlage für die weitere Aufbereitung des Systems als Voraussetzung für seine Implementierung und technische Realisierung.

11.2.3 Funktionsstruktur und Dekomposition

Um die funktionale Gliederung eines Systems aufzudecken, muß man sich von einer sequentiellen, programmorientierten Denkweise lösen. Ohne Berücksichtigung irgendwelcher Randbedingungen einer Verarbeitungstechnik – d. h. alle Funktionen und Verbindungen können zeitlich und inhaltlich parallel ausgeführt werden – sind folgende Fragen zu beantworten:

- Welche Funktionen sind für die Bearbeitung der einzelnen Teilaufgaben erforderlich?
- Welche Zustände kommen im System vor und welche Zustände muß das System annehmen?
- Wo existieren Wirkungslinien zwischen den Funktionen und Zuständen?
- Wo sind starke und wo schwache Wechselwirkungen zwischen den Funktionen und Zuständen?

Die strukturelle Informationsverkettung eines Systems erhält man durch die Fragen:

- Welche Zustände beinhalten welche Information?
- Welche Zustände bzw. Informationen werden für die Ausführung von Funktionen benötigt?
- Welche Zustände bzw. Informationen werden von Funktionen erzeugt und wo werden sie gespeichert?

Funktionen mit relativ starken Wechselwirkungen werden in Instanzen konzentriert. Die inhaltlichen Verbindungen der Instanzen untereinander sollten dagegen schwächer sein. Kopplungen über Zustände bzw. Informationen werden in Kanälen zusammengefaßt.

Ergebnis dieser Phase ist die vorläufige Definition interner Instanzen sowie die Spezifikation der die Instanzen umgebenden Kanäle.

Durch schrittweise Dekomposition, d. h. indem die noch unbekannten oder nicht näher definierten Details jeder Instanz wieder für sich in ihrer Feinstruktur aufgeschlüsselt werden, werden die Instanzen und Kanäle eines Netzes Stufe um Stufe genauer beschrieben. Dabei erzwingt die besondere Beschreibung mit Petri- und Instanzennetzen die Trennung informationstragender Bausteine (Kanäle, Zustände) von informationsverarbeitenden (Instanzen, Transitionen). Welche Funktionen die Instanzen im einzelnen ausführen und welche genauen Zustandsinformationen die Kanäle tragen, zeigen erst Instanzennetze niedrigerer Abstraktionsebenen bzw. Petrinetze.

Bei der von einer übergeordneten Systemvorstellung ausgehenden Dekomposition dürfen in einer höheren Ebene noch Unklarheiten und sogar Fehler enthalten sein, die erst in einer späteren Detaillierungsphase entdeckt und beseitigt werden. Beispielsweise kann sich ergeben, daß in einer höheren Abstraktionsebene angenommene Funktionsverknüpfungen sich durch die Festlegung der Detailbausteine als falsch oder unvollkommen erweisen. Erst hier können Wechselwirkungen zwischen Funktionen bemerkt werden, die zuvor noch nicht sichtbar waren. Aus diesen Gründen ist es erforderlich, nach jedem Dekompositionsschritt zur Überprüfung die vorliegenden Instanzennetze höherer Ebenen konsistent zu rekonstruieren und die Netze gegebenenfalls entsprechend anzupassen. Die grundsätzlichen Funktionen der Instanzen dürfen jedoch nicht verändert werden, damit eine vollständige Erfüllung ihrer Anforderungen gewährleistet ist. Erst die letzte Stufe muß eine lückenlose und fehlerfreie Beschreibung des Systems vorweisen. Typisch für diese Vorgehensweise ist jedoch, daß der unterschiedliche Erkenntnisstand zwar im Detail Veränderungen bewirken kann, die konzeptionelle Einteilung aber nicht beeinflußt. In einer Dokumentation sind alle Abstraktionsebenen fehlerfrei darzustellen.

So wird zunächst auf der Grundlage des Funktionskonzepts eine funktionale Gliederung des Systems vorgenommen und inhaltlich die logische Wechselwirkung der Elemente bestimmt. Durch schrittweise Dekomposition erhält man immer detailliertere Instanzennetze, bis für jede (Unter-)Instanz auf der niedrigsten Abstraktionsebene ein übersichtliches Petrinetz oder mehrere oder nur eine einfache Transition vorliegt. Einzelne Transitionen können noch Algorithmen enthalten, die nicht als Petrinetz dargestellt zu werden brauchen. Insgesamt sind konsistente und ähnliche Aufzeichnungen der verschiedenen Abstraktionsebenen vorhanden. Es ist so möglich, schnell vom Allgemeinen zum Speziellen und zu Sonderproblemen überzugehen.

Für die Implementierung des Steuerungssystems in einem Rechnersystem kann man bereits jetzt für jede Unterinstanz einen Programmabschnitt (Task) aufstellen. Hierfür sind das Detailpetrinetz und die algorithmischen Beschreibungen maßgebend, aus denen, falls erforderlich, noch ein Struktogramm oder Flußdiagramm abgeleitet werden kann, nach dem dann programmiert wird. Besonderes Augenmerk ist auf die Übereinstimmung der Ein- und Ausgangsvariablen mit den instanzverbundenen Kanälen zu legen. Auch hier ist wiederum die Konsistenz zu prüfen. Die entstandenen Programme können schon jetzt entweder in einer Test- oder einer Simulationsumgebung hinsichtlich verschiedener Kriterien geprüft und untersucht werden. Dabei gewonnene Erkenntnisse können in den späteren Entwurf des Hauptprogramms einfließen.

11.2.4 Funktionsverkettung

Nach dem Entwurf der untersten Petrinetzebene wird aus den strukturellen Zusammenhängen des Systems die logisch-kausale und dynamische Funktionsverkettung zwischen den Instanzen ermittelt. Aus dieser resultiert – unter Berücksichtigung technisch-räumlicher Bedingungen – der wiederum durch Petrinetze darstellbare Wirkungsfluß im System. Erst am Ende dieses Entwurfsstadiums muß die erforderliche Gerätetechnik ausgewählt (Konfiguration) und das Programmsystem durch das Hauptprogramm und die Speicherzuweisungen bzw. -belegung vervollständigt werden (Koordinierung).

Was die Wirkung der Detailpetrinetze in den Unterinstanzen nach außen betrifft, kann ihr Wirkungsfluß in Petrinetzen mit wenigen Transitionen vereinfacht werden. In übergeordneten Petrinetzen werden diese Transitionen bzw. Transitionsnetze in Verbindung mit den Zuständen der sie umgebenden Kanäle gebracht. Anhand dieser Netze wird festgehalten,

– wo externe Prozeßzustände in das Netz eintreten und eine Aktivierung von Transitionen erfordern, d. h. welche Tasks bedient werden müssen,
– welche Aktivität einen Folgezustand erzeugt,
– welche inneren Ereignisse bzw. Zustände die Aktivität von Tasks auslösen (z. B. Änderung einer Eingangsgröße, Anforderung einer Ausgangsgröße, direkter Anstoß).

Durch Verfolgung der Funktionsverkettung jedes auslösenden Zustands über die Instanzen hinweg unter Berücksichtigung der jede Task auslösenden Bedingungen entsteht für jeden Systemanstoß ein eigenes Petrinetz. Der im System enthaltene dynamische und kausal-logische Wirkungs- bzw. Ereignisfluß wird somit transparent. In der Gesamtmenge sind alle einzeln überlagerten Petrinetze mit dem vollständigen Instanzennetz des Systems deckungsgleich.

Mit diesem Analyseschritt existieren – noch unabhängig von der Gerätetechnik des Steuerungssystems – wichtige Voraussetzungen für die weitere dynamische Kooperation, etwa unter Verwendung von Betriebssystemfunktionen oder Anweisungen höherer Prozeßprogrammiersprachen. Aus der Funktionsverkettung geht eindeutig hervor, wie die Steuerungsprozesse ablaufen müssen, 1. ob simultan oder in bestimmter Sequenz, 2. wo kritische Bereiche den gegenseitigen Ausschluß erfordern und 3. wo bzw. wie Tasks kommunizieren und wie sie zu synchronisieren sind.

11.2.5 Dynamische Kooperation

In einer weiteren Phase muß nun die Frage gelöst werden, wie bei unterschiedlichen Aktivierungsanforderungen die einzelnen Teilaufgaben zu bearbeiten sind,

– um die gesamte Funktionsverkettung zu berücksichtigen (Vollständigkeit)
– um zeitliche Randbedingungen und Anforderungen zu erfüllen (Rechtzeitigkeit),
– wenn mehrere Initialzustände beliebiger Kombination betrachtet werden müssen, weil es dann aufgrund der Funktionsverkettung zu schwerer überschaubaren nebenläufigen Prozessen kommen kann (Gleichzeitigkeit).

Diese Fragen können erst nach einer Entscheidung über die zugehörige Gerätetechnik oder bei vorliegender Konfiguration gelöst werden. Die im folgenden beschriebene Vorgehensweise zur Ermittlung der für einen Rechner erforderlichen (sequentiellen) Bearbeitung läßt sich ohne Schwierigkeiten auch für ein Mehrrechnersystem abwandeln.

Der rein funktional bedingte Wirkungsfluß muß in eine Kooperationsstruktur eingebettet werden, um die Steuerungssystemprozesse ohne Blockaden und zügig abzuwickeln. Dabei hilft die Modellierung mit Petrinetzen, aus dem Kausalgefüge geeignete Ordnungsstrukturen und Bearbeitungsstrategien abzuleiten. Mögliche Strategien zum Bearbeiten der einzelnen Aufgaben sind:

- Entsprechend gleicher oder ähnlicher Wirkungsflüsse oder entsprechend Wirkungsflüssen mit hohem gemeinsamen Flußbereich (Überdeckungsgrad) wird eine lineare Prozeßfolge definiert. Diese Folge wird durchlaufen, wobei die jeweilige Ausgangssituation an Initialzuständen für einen Durchlauf als fest angesehen wird (vgl. 7.5.1, statische Koordinierung).
- Eine lineare Prozeßfolge wird wie oben beschrieben definiert. Diese Folge wird durchlaufen, wobei die jeweilige Situation der Initialzustände bei entscheidenden Ereignissen während des Prozeßablaufs berücksichtigt wird (vgl. 7.5.2, dynamische Koordinierung).
- Für jede Kombination von Initialzuständen wird eine eigene Prozeßfolge definiert. Je nach Situation der Initialzustände wird dann der hierfür erforderliche Prozeß begonnen. Entweder wird er vollständig abgearbeitet, wobei dann die Initialzustände bis zum Endzustand als fest angesehen werden, oder das Auftreten einer neuen Kombination an Initialzuständen bewirkt einen Abbruch und dann die Bearbeitung der jetzt zugehörigen Prozeßfolge (vgl. 7.5.3, ereignis- und zeitgesteuerte Koordinierung).

Überlagerungen und Vermischungen dieser reinen Strategieformen sind selbstverständlich möglich und auch zweckmäßig.

Weil die Steuerung in einem Rechnerprogramm implementiert werden soll, entsprechen die Kanäle dann Speicherstellen, Funktionsprozeduren oder externen Informationsquellen oder -senken. Durch die (über Kommunikationslinien) ständig zur Verfügung stehenden Zustandsgrößen in den Speichern können die Transitionen im gezeichneten Modell jederzeit schalten. Diese parallele Aktivierung der Informationsverarbeitung ist in einem Einrechnersystem nicht möglich.

Mit Kenntnis von ermittelten Programmlaufzeiten einzelner Tasks kann man auf Reaktionszeiten bei verschiedenen Hardware-Konfigurationen schließen. Nach der technisch-räumlichen Gliederung können die Kanäle ggf. endgültig durch Petrinetze definiert und Rechnerkopplungen durch Kanalprogramme bzw. Speicherkopplungen durch Kommunikationsdienste realisiert werden. Vor der Implementierung des Gesamtprogrammsystems ist eine dynamische Simulation des Steuerungssystems auf der Basis eines zeit- und ereignisgesteuerten Markenspiels in den Petrinetzen für die dynamische Kooperation und die Funktionsverkettung zweckmäßig, um vor der Integration die logische und dynamische Struktur zu überprüfen und Aufschluß über die Funktionsfähigkeit und das Laufzeitverhalten zu erhalten.

Der Entwurf des Programmsystems, das den Ablauf und die Kooperation der Tasks, d. h. die funktionalen Teilaufgaben synchronisiert, koordiniert und den Speicherzugriff organisiert, berücksichtigt so

- die technisch-räumliche Gliederung (Konfiguration),
- die dynamischen Anforderungen an das System (Bearbeitungszeit und Anforderungsrate der Ereignisse, Gleichzeitigkeit, Rechtzeitigkeit),
- den Wirkungsfluß von Ereignissen (Funktionsverkettung, Synchronisation, Koordination, Vollständigkeit),
- die Bearbeitungszeit von Unterprogrammen (Koordination, Vollständigkeit, Rechtzeitigkeit),
- die Kommunikation mit dem Prozeß und unter den einzelnen Tasks.

11.2.6 Fehleranalyse und -vermeidung

Eine gute Entwurfsstrategie muß eine Fehleranalyse und -vermeidung unterstützen. So verlangt der ständige Wechsel zwischen Transitionen und Stellen bzw. Instanzen und Kanälen, sich darüber klar zu werden, welcher Ereignisse es bedarf, um einen gewünschten Systemzustand zu erreichen. Weiter muß die Zugriffsberechtigung auf Systemgrößen eindeutig dargestellt werden. Der Zwang, die kausalen Zusammenhänge widerspruchsfrei zu beschreiben, erleichtert die Entscheidung über die Bearbeitungsreihenfolge, und mit den konsistenten Detail-Petrinetzen kann schließlich die vollständige Bearbeitung der Funktionen überprüft werden.

Während der Modellierung eines Systems mit Petrinetzen müssen wichtige Fragestellungen zum Systemkonzept beantwortet werden: Existieren z. B. Zustandsübergänge, die man nicht berücksichtigt hat? Gibt es Zustände, die nie erreicht werden können, sogenannte tote Stellen? Können bestimmte Markenkonstellationen nicht mehr aufgelöst werden, d. h. befindet sich das System in einer Blockade?

Ein Steuerungssystem unterliegt bereits während des Entwurfs ständigen Wandlungen und Anpassungen, wobei gerade Änderungen von Details oft unübersehbare Auswirkungen haben. Die Entwicklung statischer Instanzennetze mit den eindeutigen Übergängen der Abstraktionsebenen trifft dagegen Vorkehrungen. Instanzennetze bieten eine gute Grundlage für Detailänderungen, da ihre Auswirkungen auf funktionale Zusammenhänge darin leicht auf die verschiedenen Abstraktionsebenen übertragbar sind. Mit Hilfe des Petrinetzes für den Wirkungsfluß können auch rasch die neuen dynamischen Anforderungen ermittelt werden.

Zusammenfassend kann man feststellen, daß die Syntax von Netzen und die Regeln des Markenspiels Aufschluß über die grundsätzliche Funktionsfähigkeit des entworfenen oder analysierten Systems geben. Das liegt daran, daß den Netzen ein Formalismus zugrunde liegt, der einerseits in der relativ einfachen und anschaulichen Darstellungsweise zutage tritt; dies ist ein Argument für die Benutzerfreundlichkeit. Andererseits eröffnet sich dadurch aber auch die Analyse des Entwurfs auf mathematischer Grundlage und mit Unterstützung durch Rechner (vgl. Kap. 1.3 und 2.1).

11.2.7 Rechnerunterstützung

Bei größeren Systemen und dementsprechend umfangreicheren Netzen werden die Verhältnisse so komplex, daß sie nicht mehr von vornherein überschaubar sind. Das gilt für die Prüfung der Konsistenz und syntaktischen Eigenschaften ebenso wie für die Simulation der Netzdynamik. Diese Problematik führte dazu, daß für den Systementwurf auf der Basis von Petrinetzen Rechner zu Hilfe gezogen wurden [11-5 bis 11-17].

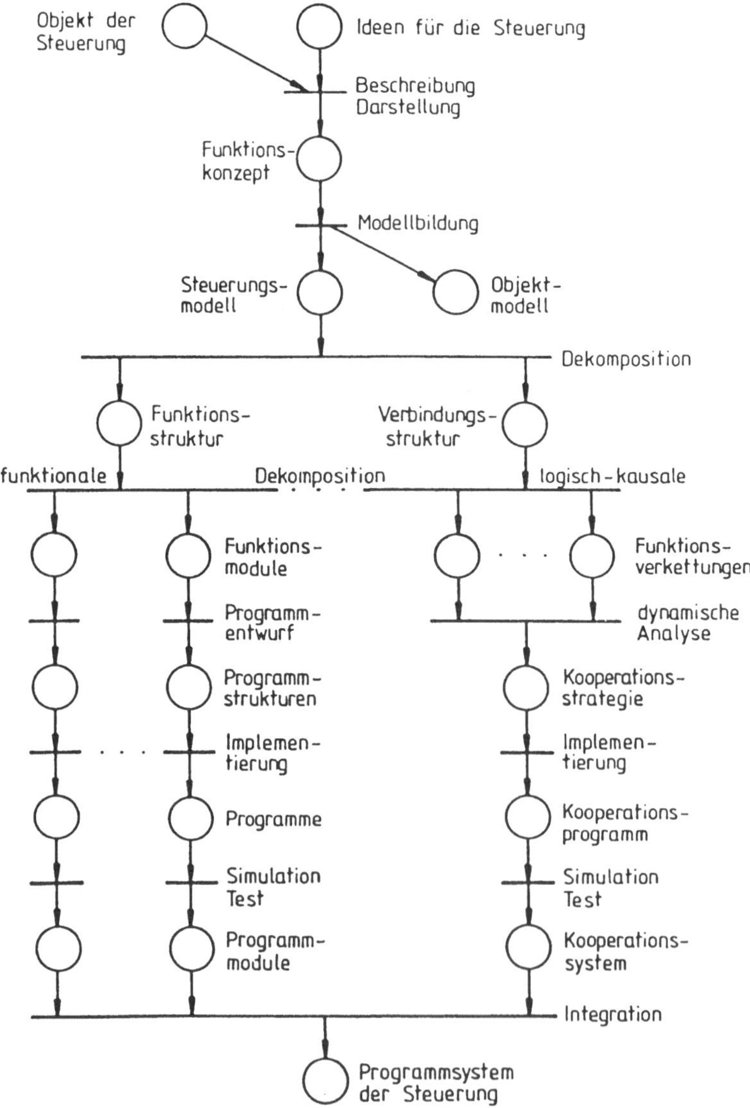

Bild 11-2 Netz für den Entwurfsprozeß von Steuerungssystemen mit Netzen

Die für diesen Zweck entwickelten und auf größeren Rechnern ablauffähigen Programmpakete erlauben es, Netze zu entwerfen, ihr dynamisches Verhalten zu studieren und zu analysieren. Für diese verschiedenen Zwecke besitzen diese Petrinetz-Entwurfs-Systeme die im Prinzip immer erforderlichen Komponenten Editor (Synthese, Grafik), Simulator (Aktivator) und Analysator.

11.2.8 Zusammenfassung und Wertung

Ein technischer Entwurf erstreckt sich über mehrere Entwicklungsphasen, in denen eine einheitliche formale Beschreibung des Problems von der funktionalen Lösung bis in die Implementierung offensichtlich vorteilhaft ist. Während dieser Phasen dienen Petri- und Instanzennetze dazu, strukturelle Realisierungen für die Lösung eines Problems zu finden, die auf allen Ebenen und in allen Phasen dokumentiert und geprüft werden können. Ein Netz für den Entwurfsprozeß zeigt Bild 11-2.

Beim Entwurf nach dieser Methode lassen sich mit der kollektiven und statischen Zustands-, Informations- und Funktionsvernetzung durch Instanzennetze formale und logische Fehler vermeiden oder rechtzeitig entdecken; mit der individuellen und dynamischen Funktions- und Zustandsverkettung durch Petrinetze lassen sich aufgrund der logisch-kausalen Zusammenhänge durch Simulation und mathematisch-formale Analyse Systemfehler aufdecken, analysieren und lokalisieren. Dies ist insofern ein entscheidender Vorteil, da man lange vor dem Nachweis der Korrektheit des fertigen Programms – der sich eigentlich nie vollständig erbringen läßt – die Korrektheit des Entwurfs auf jeder Stufe nachweisen (validieren) und u. U. sogar beweisen (verifizieren) kann.

Von besonderer Bedeutung bei dieser Methode ist, daß nach der Spezifikation der Teilaufgaben – jeweils unabhängig voneinander – einmal die Teilaufgaben für sich schon programmiert und getestet werden können und andererseits auch die kausal-logische Funktionsverkettung analysiert werden kann, aus der sich der Rahmen für die dynamische Kooperation zwangsläufig ergibt. Dadurch enthält der Entwurf nebenläufige Phasen. Wenn diese möglicherweise von einzelnen Teams getrennt und gleichzeitig bearbeitet werden, führt das zu einem erheblichen Zeitvorsprung gegenüber sequentiellen Entwurfsfolgen.

12 Literatur

Allgemeine und ergänzende Lehrbücher

Anke, K, Kaltenecker, H., Oetker, R.: Prozeßrechner – Wirkungsweise und Einsatz. R. Oldenbourg Verlag, München, Wien 1970.

Birck, H., Swik, R.: Mikroprozessoren und Mikrorechner und ihre Anwendung in der Automatisierungstechnik. R. Oldenbourg Verlag, München 1980.

Blatt, E., Fleissner, H.: Prozeßdatenverarbeitung. Eine Einführung für den Praktiker. VDI-Verlag, Düsseldorf, 1976.

Diehl, W.: Prozeßrechner – kurz und bündig. Vogel Verlag, Würzburg 1975.

Färber, G.: Prozeßrechentechnik. Springer-Verlag, Berlin, Heidelberg, New York 1976.

Fritzsch, W.: Prozeßrechentechnik. Hüthig Verlag, Heidelberg 1981.

Heller, E.: Projektierung von Prozeßrechenanlagen – Hinweise für Entwurf und Ausführung. Siemens AG Berlin, München, 1981.

Hengstenberg, J., Sturm, B. und *Winkler, O. (Hrsg.):* Messen, Steuern und Regeln in der Chemischen Technik. 3. Aufl., 3., 4. und 5. Band. Springer Verlag, Berlin, Heidelberg, New York, Tokyo 1981, 83 und 84.

Hotes, H.: Digitalrechner in technischen Prozessen. W. de Gruyter Verlag, Berlin 1967.

Hultzsch, G.: Prozeßdatenverarbeitung. Teubner Verlag, Stuttgart 1980.

Koch, G., Rembold, U.: Einführung in die Informatik für Naturwissenschaftler und Ingenieure. Teil 1: Grundlagen und Technik der Datenverarbeitung. Carl Hanser Verlag, München, Wien 1977.

Koch, G., Rembold, U., Ehlers, L.: Einführung in die Informatik für Naturwissenschaftler und Ingenieure. Teil 2: Programmsysteme, Anwendungen und technologische Perspektiven. Carl Hanser Verlag, München, Wien 1980.

Kussl, V.: Programmieren von Prozeßrechnern. VDI-Verlag, Düsseldorf 1975.

Kussl, V.: Technik der Prozeßdatenverarbeitung, Aufbau und Wirkungsweise der Prozeßrechner. Carl Hanser Verlag, München, Wien 1973.

Lauber, R.: Prozeßautomatisierung. Springer-Verlag, Berlin, Heidelberg, New York 1976.

Ledig, G.: Prozeßrechentechnik. Uni-Taschenbücher (UTB) 318 1974.

Martin, T.: Prozeßdatenverarbeitung. (Zusammenfassende Beschreibung des Prozeßrechners und seiner Anwendung als Automatisierungsmittel). Elitera-Verlag, Berlin 1976.

Martin, W., Klotz, U.: Mikrocomputer in der Prozeßdatenverarbeitung, Aufbau und Einsatz der Mikrocomputer zur Überwachung, Steuerung und Regelung. Carl Hanser Verlag, München erw. Aufl. 1981.

Mielentz, P.: Der Prozeßrechner mit seinen Koppelelementen. VDI-Verlag, Düsseldorf 1974.

Müller, R. u. a.: Projektierung von Automatisierungsanlagen. VEB Verlag Technik, Berlin 1979.

Paul, M., Puttkammer, E.: Struktureller Aufbau von Prozeßrechnern. VDI-Verlag, Düsseldorf 1974.

Rembold, U.: Prozeß- und Mikrorechnersysteme, Planung und Implementierung. R. Oldenbourg Verlag, München, Wien 1979.

Schäfer, P., Wiczorke, M.: Lexikon der Prozeßrechnertechnik. Siemens AG, Berlin, München 1979.

Schöne, A.: Prozeßrechensysteme. Carl Hanser Verlag, München, Wien 1981.

Töpfer, H., Rudert, S.: Einführung in die Automatisierungstechnik. VEB Verlag Technik, Berlin 3. Aufl. 1979.

Regelmäßig erscheinende Berichte und Zeitschriften

INTERKAMA-Kongresse.

Syrbe, M. und Thoma, H. (Hrsg.): Fachberichte Messen – Steuern – Regeln. 1. Band (1977), 5. Band (1980), 10. Band (1983). Springer-Verlag, Berlin, Heidelberg, New York, Tokyo.

Fachtagungen Prozeßrechner.
Lecture notes in computer science, Vol. 12 (1974): Informatik-Fachberichte, 7. Band (1977), 39. Band (1981), 86. Band (1984). Springer-Verlag, Berlin, Heidelberg, New York, Tokyo.
Angewandte Informatik.
Vieweg Verlag, Braunschweig, Wiesbaden.
Elektronische Rechenanlagen mit Computerpraxis.
R. Oldenbourg Verlag, München.
Messen, Steuern, Regeln.
Wissenschaftlich-technische Zeitschrift für die Automatisierungstechnik. VEB Verlag Technik, Berlin.
Regelungstechnische Praxis.
Zeitschrift für Meß- und Automatisierungstechnik (mit rtp-Softwaretechnik), ab 1985: Automatisierungstechnische Praxis. R. Oldenbourg Verlag, München.

Normen

Welfonder, R. (Hrsg.): Systematische Übersicht über Empfehlungen, Richtlinien und Normen für den Einsatz von Prozeß- und Mikrorechnersystemen. VDI/VDE-Gesellschaft für Meß- und Regelungstechnik, Düsseldorf 1982.

12.1 Literaturverzeichnis zu Kapitel 1

[1-1] *Rembold, U.:* Trends bei technischen Mitteln bei der Automatisierung in der Prozeßindustrie. VDI-Berichte Nr. 451 (1982) 13–30.
[1-2] *Kriesel, W.:* Überwindung der Gründe für die Kluft Theorie-Praxis in der Automatisierungstechnik. Messen, Steuern, Regeln 25 (1982) 4, 182–184.
[1-3] *Conrad, M., Vincent, G.:* Funktionsorientierte Architektur erleichtert den Systementwurf. Elektronik (1982) 17, 61–64.
[1-4] *Stanton, B. D.:* Reduce problems in new control system design. Hydrocarbon Processing 61 (1982), 8, 67–70.
[1-5] *Krüger, G.:* Auswirkungen des Wandels der rechnergestützten Automatisierungstechnik auf die Aus- und Weiterbildung von Ingenieuren und Informatikern. 17–30. In R. Baumann (Hrsg.); Fachtagung Prozeßrechner 1981. Springer-Verlag, Berlin, Heidelberg, New York 1981.
[1-6] *Wendt, S.:* Einführung in die Begriffswelt allgemeiner Netzsysteme. Regelungstechnik 30 (1982) 1, 5–12.
[1-7] *Brauer, W. (Hrsg.):* Net theory and applications. Proceedings of the advanced course on general net theory of processes and systems, Hamburg 1979. Springer-Verlag, Berlin, Heidelberg, New York 1980.
[1-8] *Petri, C. A.:* Kommunikation mit Automaten. Dissertation, TH Darmstadt, 1962.
[1-9] *Reisig, W.:* Petrinetze. Eine Einführung. Springer-Verlag, Berlin, Heidelberg, New York 1982.
Reisig, W.: Systementwurf mit Petrinetzen. Springer-Verlag, Berlin, Heidelberg, New York 1985.
[1-10] *Rosenstengel, B., Wienand, U.:* Petri-Netze. Eine anwendungsorientierte Einführung. Vieweg Verlag, Braunschweig, Wiesbaden 1982.
[1-11] *Zuse, K.:* Petrinetze aus der Sicht des Ingenieurs. Vieweg Verlag, Braunschweig, Wiesbaden 1980.
[1-12] *Starke, P. H.:* Petri-Netze. Grundlagen, Anwendungen, Theorie. Dt. Verl. d. Wissenschaft, Berlin 1980.
[1-13] *N. N.:* Zur Geschichte der Regelungstechnik. Messen Steuern Regeln 23 (1980) 6, 345–349.
[1-14] *Kaltenecker, H.:* Funktionelle und strukturelle Entwicklung der Prozeßautomatisierung. Regelungstechnische Praxis 23 (1981) 10, 348–355.
[1-15] *Schmidt, G., Freyberger, F.:* Konzeptionelle Entwicklungen und Tendenzen in der Prozeßautomatisierung. Regelungstechnische Praxis 23 (1981) 11, 383–390.

12.2 Literaturverzeichnis zu Kapitel 2

[2-1] *Ropohl, G.:* Eine Systemtheorie der Technik. Carl Hanser Verlag, München, Wien 1979.

[2-2] *Locke, M.:* Allgemeine dynamische Systeme – Probleme, Entwicklungsstand, Anwendungen. Nachrichtentechnik Elektronik 31 (1981) 11, 461–465.

[2-3] *Schmidt, G.:* Was sind und wie entstehen komplexe Systeme, und welche spezifischen Aufgaben stellen sie für die Regelungstechnik. Regelungstechnik 30 (1982) 10, 331–339.

[2-4] *Plotkin, A. A.:* Hierarchical systems of subsets. Automation and Remote Control 42 (1981) 5, Part 2, 670–675.

[2-5] DIN 66 201 Prozeßrechensysteme.

[2-6] *Schnörr, R.:* Optimale Strukturen von Informationsverarbeitungssystemen. Elektrotechnik und Maschinenbau 100 (1983) 6, 243–251.

[2-7] *Schmidt, B.:* Informatik und allgemeine Modelltheorie – eine Einführung. Angewandte Informatik (1982) 1, 35–42.

[2-8] *Schweitzer, G.:* The impact of modelling on the operation of transportation systems. In Klamt, D., Lauber, R. (ed.): Proceedings of the 4th conference on control in transportation systems, Baden-Baden 1983, Pergamon Press, Oxford 1984, 17–29.

[2-9] *Pakhomov, V. F.:* Information approach to the aggregation problem. Engng. Cybernetics 16 (1978) 4, 22–31.

[2-10] *Litz, L.:* Dezentrale Regelsysteme. R. Oldenbourg Verlag, München, Wien 1983.

[2-11] *Page, B.:* Der Gültigkeitsnachweis von komplexen Simulationsmodellen. Angewandte Informatik (1983) 4, 149–157.

[2-12] *Oberquelle, H.:* Communication by graphic net representations. Bericht Nr. 75 des Fachbereichs Informatik, Universität Hamburg, März 1981.

[2-13] *Schumacher, F.:* Beschreibung und Auswertung diskreter dynamischer Systeme. Kernforschungszentrum Karlsruhe, KfK Bericht Nr. 2635 Mai 1978.

12.3 Literaturverzeichnis zu Kapitel 3

[3-1] *Wendt, S.:* Einführung in die Begriffswelt allgemeiner Netzsysteme. Regelungstechnik 30 (1982) 1, 5–12.

[3-2] *Oberquelle, H.:* Communication by graphic net representations. Bericht Nr. 75 des Fachbereiches Informatik, Universität Hamburg, März 1981.

[3-3] *Schnieder, E. u. a.:* Analyse und Simulation von Verkehrssystemen mit Petrinetzen am Beispiel der H-Bahn. Eisenbahntechnische Rundschau 30 (1981) 5, 409–413.

[3-4] *Wirstad, J.:* Planung und Gestaltung der Ausbildung von Prozeßwarten-Personal. Regelungstechnische Praxis 25 (1983) 1, 4–10.

[3-5] *Fleckenstein, J.:* Grafeninterpreter für die Abarbeitung von Funktionssteuerprogrammen in Mikroprozessorsteuerungen. Industrie Anzeiger 104 (1982) 42, 28–29.

[3-6] *Hoft, R. G. u. a.:* Microprocessor applications for power electronics in North America. In W. Leonhard (Hrsg.): Mikroelektronik in der Stromrichtertechnik und bei elektrischen Antrieben. ETG Fachberichte 11, 29–42, VDE Verlag, Berlin, Offenbach 1982.

[3-7] *Pfitscher, G. H., Aubry, J. F.:* Fault-detection in AC-DC-converters with direct digital control. In W. Leonhard (Hrsg.): Mikroelektronik in der Stromrichtertechnik und bei elektrischen Antrieben. ETG Fachberichte 11, 147–152. VDE Verlag, Berlin, Offenbach 1982.

[3-8] *Hommel, G. (Hrsg.):* Vergleich verschiedener Spezifikationsverfahren am Beispiel einer Paketverteilanlage. Kernforschungszentrum Karlsruhe. KfK-PDV Bericht Nr. 186, August 1980.

12.4 Literaturverzeichnis zu Kapitel 4

[4-1] *Roos, W.:* Leittechnik im Überblick. Bull. Schweizer Elektrot. Verein. SEV/VSE 73 (1982) 9, 421–424.

[4-2] *Thoma, M.:* Prozeduren für die Beschreibung und Optimierung hierarchischer Automatisierungssysteme. In D. Ernst und M. Thoma (Hrsg.): Meß- und Automatisierungstechnik – INTERKAMA-Kongreß 1980. Fachberichte, Messen, Steuern, Regeln Bd. 5, Springer-Verlag, Berlin, Heidelberg, New York 1980.

[4-3] *Isermann, R.:* Digitale Regelsysteme. Springer-Verlag, Berlin 1977.

[4-4] *Anke, K., Kaltenecker, H., Oetker, R.:* Prozeßrechner – Wirkungsweise und Einsatz. R. Oldenbourg Verlag, München, Wien 1970.

[4-5] *Liniger, W., Wuttke, B.:* Prozeßgekoppelte Mehrebenensteuerung des stationären Verhaltens dynamischer Systeme. Wiss. Zeitschrift der TH Ilmenau 27 (1981) 5, 35–62.

[4-6] *Lunt, S. T.:* Management control systems – analogies with process control systems as an aid to improved performance. Transact. of the Inst. of Measurement and control 3 (1981) 1, 3–12.

[4-7] *Rosenof, H. P.:* Successful batch control planning: a path to plant-wide automation. Control Engineering, New York 29 (1982) 10, 107–109.

[4-8] *Beuschel, J.:* Zuverlässigkeit ständig kontrollierter Automatisierungsfunktionen. Messen Steuern Regeln 25 (1982) 7, 373–376.

[4-9] *Balzer, D., Richter, W.:* Möglichkeiten und Aufgaben der Prozeßmeß- und Prozeßrechentechnik bei der Prozeßsicherung. Messen Steuern Regeln 23 (1980) 8, 428–431.

[4-10] Lessons from major accidents. IIASA Executive Report 6. Internationales Institut für angewandte Systemanalyse, Laxenburg 1982.

[4-11] *Lohmann, H.-J.:* Fail-safe date processing in railway signaling systems. Siemens Forschungs- u. Entwicklungs-Berichte 7 (1978) 6, 374–377.

[4-12] *Schnörr, R.:* Optimale Strukturen von Informationsverarbeitungssystemen. Elektrotechnik und Maschinenbau 100 (1983) 6, 243–251.

[4-13] *Färber, G.:* Architektur zukünftiger Prozeßrechnersysteme. In H. Trauboth und A. Jaeschke (Hrsg.): Prozeßrechner 1984, 22–40. Informatik Fachberichte Nr. 86. Springer-Verlag, Berlin, Heidelberg, New York, Tokyo 1984.

[4-14] *Charwat, H.-J.:* Prozeß/Rechner-Bedienungen. Regelungstechnische Praxis 24 (1982) 2, 40–48.

[4-15] *Tränkler, H. R.:* Die Schlüsselrolle der Sensortechnik in Meßsystemen. Technisches Messen (1982) 10, 343–353.

[4-16] *Doetsch, E., Klar, E.* und *Schwarz, H. G.:* Prozeßrechner. Siemens-Zeitschrift 42 (1968) Beiheft „Kernkrafttechnik", 99–110.

[4-17] *Schmidt, K.:* Einsatz eines Parallelrechners für die Untersuchung dynamischer Vorgänge in Energieversorgungsnetzen. Dissertation, TU Braunschweig 1982.

[4-18] *Lappus, G.* und *Schmidt, G.:* Supervision and control of gas transportation and distribution systems. 6th IFAC/IFIP conference on digital computer applications to process control, Düsseldorf, Oktober 1980. Pergamon Press, Oxford 1981.

[4-19] *Färber, G., Polke, M.* und *Steusloff, H.:* Mensch-Prozeß-Kommunikation. GVC-Tagung, München 1984.

[4-20] *Pavlik, E.:* Impact of the observer theory on distributed process automation. Siemens Forschungs- und Entwicklungsberichte 9 (1980), 288–293.

[4-21] *Leipert, K.:* Der Einsatz von Datenverarbeitungstechniken im Fern- und Nahverkehr. ZEV-Glasers Annalen 109 (1985) 1, 9–16.

12.5 Literaturverzeichnis zu Kapitel 5

[5-1] *Shannon, C. E., Weaver, W.:* Mathematische Grundlagen der Informationstheorie. R. Oldenbourg Verlag, München, Wien 1976.

[5-2] *Elsner, R.:* Nachrichtentheorie, Band 1: Grundlagen. Teubner Verlag, Stuttgart 1974.

[5-3] *Klaus, G.:* Wörterbuch der Kybernetik (2 Bände). Fischer Bücherei, Frankfurt, Hamburg 1969.

[5-4] *Siffling, G., Sommer, R.:* Untersuchung von DDC-Regelkreisen mit Quantisierungskennlinien. Regelungstechnik 27 (1979) 3, 70–75.

[5-5] *Schütze, H.:* Entwurf eines grenzzykelfrei arbeitenden Mikroprozessorreglers mit kurzer Wortlänge. Regelungstechnik 28 (1980) 5, 157–163.

[5-6] *Peterson, W. W.:* Prüfbare und korrigierbare Codes. R. Oldenbourg Verlag, München 1967.

[5-7] *Brack, G.:* Technik der Automatisierungsgeräte. Arbeitsbuch für die Entwicklung und Planung elektrischer und pneumatischer Automatisierungssysteme. Carl Hanser Verlag, München, Wien 1972.

[5-8] *Schneider, H. J.:* Betriebsmeßgeräte und Meßumformer. Regelungstechnische Praxis 26 (1984) 3, 99–111.

[5-9] *Leonhard, W. (Hrsg.):* Mikroelektronik in der Stromrichtertechnik und bei elektrischen Antrieben. ETG-Fachberichte 11. VDE-Verlag, Berlin, Offenbach 1982.

[5-10] *Fender, M.:* Fernwirken. Teubner Verlag, Stuttgart 1981.

[5-11] *N. N.:* Kleine Pegel – Große Probleme. Elektronik (1983) 3, 77–79.

[5-12] *Pelz, H.:* Elektromagnetische Störeinwirkungen auf elektronische Geräte. Regelungstechnische Praxis 26 (1984) 9, 383–399 und 10, 440–448.

[5-13] *Siemens AG (Hrsg.):* Messen in der Prozeßtechnik. Berlin und München 1972.

[5-14] *Tränkler, H. R.:* Die Technik des digitalen Messens. Oldenbourg Verlag, München 1976.

[5-15] *Waldschmidt, K.:* Schaltungen der Datenverarbeitung. Teubner Verlag, Stuttgart 1980.

[5-16] *Franke, G., Rülke, S.:* Zur Synchronisation der Steuerung mit dem gesteuerten Prozeß. Messen Steuern Regeln 25 (1982) 10, 559–563.

[5-17] *Pelka, H.:* Hard- und Software zur Anschaltung des A/D-Wandlers SAB 3060P an den SAB 8048 – Drei Programmvarianten. Siemens Components 18 (1980) 3, 151–155.

12.6 Literaturverzeichnis zu Kapitel 6

[6-1] *Bode, A., Händler, W.:* Rechnerarchitektur, Band I Grundlagen und Verfahren (1980), Band II Strukturen (1983). Springer-Verlag, Berlin, Heidelberg, New York, Tokyo.

[6-2] *Ganzhorn, K. E., Schulz, K. M., Walter, W.:* Datenverarbeitungssysteme. Springer-Verlag, Berlin, Heidelberg, New York, Tokyo 1981.

[6-3] *Giloi, W. K.:* Rechnerarchitektur. Springer-Verlag, Berlin, Heidelberg, New York 1981.

[6-4] *Patzelt, R., Kern, H., Schweinzer, H., Strizsik, P.:* Mikroprozessorsysteme. Elektrotechnik und Maschinenbau 99 (1982) 3, 102–113.

[6-5] Mikrocomputer-Baugruppensysteme SMP und AMS. Firmendruckschriften. Siemens AG Bereich Bauelemente, München 1983.

[6-6] Zentraleinheit 330. Technische Beschreibung. Firmendruckschrift. Siemens AG Bereich Energie- und Automatisierungstechnik, Karlsruhe 1983.

[6-7] *Weiss, R.:* Winchestertechnik: Massenspeicher mit Zukunft. Elektronik (1983) 19, 75–81.

12.7 Literaturverzeichnis zu Kapitel 7

[7.1] *Klar, R.:* Digitale Rechenautomaten. Eine Einführung, 3. Aufl., W. de Gruyter Verlag, Berlin 1983.

[7-2] *Lamport, L.:* Time, clocks and ordering of events in a distributed system. Commun. assoc. comput. mach. 21 (1978) 7, 558–565.

[7-3] *Franke, G., Rülke, S.:* Zur Synchronisation der Steuerung mit dem gesteuerten Prozeß. Messen Steuern Regeln 25 (1982) 10, 559–563.

[7.4] *Swartz, G. B.:* Polling in a loop system. Journ. assoc. comput. mach. 27 (1980) 1, 42–59.

[7-5] *Jaswa, R.:* Designing interrupt structures for multiprocessor systems. Computer design 17 (1978) 9, 101–110.

[7-6] *Rembold, U., Koch, G., Ehlers, L.:* Einführung in die Informatik. Teil 2: Programmsysteme, Anwendungen und technologische Perspektiven. Carl Hanser Verlag, München, Wien 1980.

[7-7] *Färber, G.:* Architektur zukünftiger Prozeßrechnersysteme. In Prozeßrechner 1984, 22–40. Informatik Fachberichte 86. Band. Springer-Verlag, Berlin, Heidelberg, New York 1984.

12.8 Literaturverzeichnis zu Kapitel 8

[8-1] *Rembold, U., Koch, G., Ehlers, L.:* Einführung in die Informatik. Teil 2: Programmsysteme, Anwendungen und technologische Perspektiven. Carl Hanser Verlag, München, Wien 1980.

[8-2] *Brinch-Hansen, P.:* Operating system principles. Prentice-Hall,Englewood Cliffs N. J. 1973.

[8-3] *Levi, P.:* Betriebssysteme für Realzeitanwendungen. CCG-Texte 3. Datakontext-Verlag, Köln 1981.

[8-4] *Mühlemann, K.:* Echtzeit-Betriebssysteme. Bull. Schweiz. Elektrot. Verein 72 (1981) 23, 1245–1249.

[8-5] *Wettstein, H.:* Aufbau und Struktur von Betriebssystemen. Carl Hanser Verlag, München, Wien 1978.

[8-6] *Pol, B.:* Betriebssysteme. Elektronik (1981) 2, 43–56.

[8-7] *Pieper, F.:* Einführung in die Programmierung paralleler Prozesse. R. Oldenbourg Verlag, München, Wien 1977.

[8-8] *Dijkstra, E. W.:* Co-operating sequential processes. In F. Genuys (Hrsg.): Programming Languages. Academic Press, London, New York 1968, 43–112.

[8-9] VDI/VDE-Richtlinie: Funktionelle Beschreibung von Prozeßrechner-Betriebssystemen. VDI/VDE 3554, Oktober 1982.

[8-10] *Rüb, W.:* Aufbau von Echtzeit-Betriebssystemen zur Führung technischer Prozesse. Regelungstechnische Praxis 25 (1983) 2, 60–66.

[8-11] *Mauthe, R.:* Betriebssystem unterstützt modernen 16-Bit-Computer. Elektronik (1981) 3, 73–80.

[8-12] *Rüb, W., Schrott, G.:* Automatische Generierung problemangepaßter Prozeßrechner-Betriebssysteme. Angewandte Informatik (1980) 1, 7–17.

[8-13] N. N.: Realzeit-Multitasking-Monoprozessor-Betriebssystem für SMP und AMS-M Zentralbaugruppen mit SAB 8086-, SAB 80188- und SAB 80186-Prozessoren, RMOS2. Produktinformation. Siemens AG Unternehmensbereich Bauelemente, München 1984.

[8-14] *Giloi, W. K.:* Rechnerarchitektur. Springer-Verlag, Berlin, Heidelberg, New York 1981.

[8-15] *Young, S. J.:* Real time languages: design and development. Ellis Horwood, Chichester 1982.

[8-16] *Zima, H.:* Betriebssysteme – Parallele Prozesse. Bibliographisches Institut, Mannheim, Wien, Zürich 1980.

[8-17] *Steinmetz, R.:* Darstellung von Monitoren durch Petri-Netze. Angewandte Informatik (1984) 8, 314–321.

[8-18] *Mackert, L.:* Modellierung, Spezifikation und korrekte Realisierung von asynchronen Systemen. Dissertation,Universität Erlangen Nürnberg 1983.

[8-19] *Ehling, H. J.:* RADAR 80 – Ein modulares Betriebssystem für Mikroprozessoren auf der Basis der Ada-Rendevouztechnik. Prozeßrechner 1981. Informatik-Fachberichte 39. Band. Springer-Verlag, Berlin, Heidelberg, New York, Tokyo 1981.

[8-20] *Schrott, G.:* Echtzeitbetriebssysteme für Mehrrechnerarchitekturen. Regelungstechnische Praxis 25 (1983) 3, 104–110.

[8-21] *Garetti, P., Laface, P., Rivoira, S.:* MODOSK: A modular distributed operating system kernel for real-time process control. Microprocessing and microprogramming 9 (1982) 4, 201–213.

[8-22] *Wettstein, H. (Hrsg.):* Architektur und Betrieb von Rechensystemen. 8. GI-NTG-Fachtagung, Karlsruhe, März 1984. Informatik Fachberichte 78. Springer-Verlag, Berlin, Heidelberg, New York, Tokyo, 1984.

[8-23] *Färber, G.:* Prozeßrechentechnik. Springer-Verlag, Berlin, Heidelberg, New York 1976.

[8-24] *Wirth, N.:* Toward a discipline of real-time programming. Commun. assoc. comput. mach. 20 (1977) 8, 577–583.

[8-25] *Boon, M.:* Ramifications of software in process control. Control and Instrumentation 13 (1981) 6, 43–44.

[8-26] *Mall, H.:* Kritische Würdigung der Brauchbarkeit von gängigen Realzeitsystemsprachen. VDI-Berichte Nr. 451 (1982), 93–95.

[8-27] *Schöne, A.:* Prozeßrechensysteme. Carl Hanser Verlag, München, Wien 1981.

[8-28] *Schiffke, W.:* Plant hardware and software are moving towards modularity. Control and instrumentation 13 (1981) 6, 47 und 49.

[8-29] *Rembold, U., Koch, G.* und *Ehlers, L.:* Einführung in die Informatik. Teil 2: Programmsysteme, Anwendungen und technologische Perspektiven. Carl Hanser Verlag, München, Wien 1980.

[8-30] *Kompass, E. H.* und *Morris, H. M.:* Comparing the relative complexities of programming process controllers. Control engineering 28 (1981) 7, 75–78.

[8-31] *Bülow, D.:* Realtime-Sprachen statt Assembler? Elektronik (1980) 4, 88–90.

[8-32] *Korn, G. A.:* High-speed block-diagram languages for microprocessors and minicomputers in instrumentation, control and simulation. Fachtagung Prozeßrechner 1977, 74–108. Informatik Fachberichte 7. Springer-Verlag, Berlin, Heidelberg, New York 1977.

[8-33] *Eichenauer, B. F.:* Sprachkonzepte für die Parallelprogrammierung in Ada und PEARL. Regelungstechnische Praxis 25 (1983) 2, 67–72.

[8-34] *Haase, V., Stucky, W.:* BASIC: Programmieren für Anfänger. Bibliographisches Institut, Mannheim, Wien, Zürich 1977.

[8-35] *Heinzel, W.:* Ein Konzept zur interaktiven Programmierung von Mikrorechnern in Real-Time-BASIC. Dissertation,Ruhr-Universität, Bochum 1976.

[8-36] *Kronawitter, G.:* Portabler BASIC-Interpreter mit Echtzeitmonitor reduziert Programmieraufwand für Mikrorechner-Regler. Regelungstechnische Praxis 23 (1981) 5, 171–179.

[8-37] *Duncan, F. G.:* Mikroprozessor-Software-Entwicklung und Programmierung. Carl Hanser Verlag, München, Wien 1980.

[8-38] *Kappatsch, A., Mittendorf, H., Rieder, P.:* PEARL, Systematische Darstellung für Anwender. R. Oldenbourg Verlag, München, Wien 1979.

[8-39] *Werum, W., Windauer, H.:* PEARL, Beschreibung mit Anwendungsbeispielen. Vieweg Verlag, Braunschweig, Wiesbaden 1978.

[8-40] *Frevert, L.:* Mikrorechner und PEARL. Regelungstechnische Praxis 25 (1983) 6, 246–247.

[8-41] *Plessmann, K. W.:* Bemerkungen zur Implemention von PEARL auf Mikrorechnern. Regelungstechnische Praxis 25 (1983) 6, 244–246.

[8-42] *Steusloff, H. U.:* Realzeit-Programmiersprachen. Informatik-Spektrum (1984) 7, 81–93.

[8-43] *Schwald, A.:* Ada als "common language" für große Realzeitsysteme. Automatisierungstechnische Praxis 27 (1985) 1, 33–37.

[8-44] *Lienhard, H.:* Die Echtzeit-Programmiersprache PORTAL – Eine Übersicht. Landis und Gyr-Mitteilungen 25 (1978) 2–8.

[8-45] *Steusloff, H. U.:* Mehrrechner-PEARL. PEARL-Rundschau 1 (1980) 6.

[8-46] *Taylor, R., Wilson, P.:* Process-oriented language meets demands of distributed processing. Electronics November 30 (1982) 89–95.

[8-47] *Schorn, W.:* Prozeßrechner-Systemprogramme. Franzis-Verlag,München 1983.

12.9 Literaturverzeichnis zu Kapitel 9

[9-1] *Früchtenicht, H. W., Koolmann, M.:* Sind Automatisierungssysteme allein nach Prozeßanforderungen strukturierbar? VDI-Berichte Nr. 451 (1982) 55–58.

[9-2] *Schnörr, R.:* Leittechnik. Technische Rundschau Bern (1982) 13, 4–5, 7.

[9-3] *Föllinger, O.:* Reduktion der Systemordnung. Regelungstechnik 30 (1982) 10, 367–377.

[9-4] *Siljak, D. D.:* Large scale dynamic systems. North Holland Publ., New York 1978.

[9-5] *Thoma, M.:* Prozeduren für die Beschreibung und Optimierung hierarchischer Automatisierungssysteme. In INTERKAMA-Kongreß 1980. Fachberichte Messen, Steuern, Regeln Band 5 (1980).

[9-6] *Schmidt, G.:* Was sind und wie entstehen komplexe Systeme und welche spezifischen Aufgaben stellen sie für die Regelungstechnik? Regelungstechnik 30 (1982) 10, 331–339.

[9-7] *Reinisch, K.:* Kybernetische Grundlagen und Beschreibung kontinuierlicher Systeme. VEB Verlag Technik, Berlin 1974.

[9-8] *Litz, L.:* Dezentrale Regelung. Oldenbourg Verlag, München, Wien 1983.

[9-9] *Cremer, M.:* Die Regelung des Verkehrsflusses auf Schnellstraßen. Springer-Verlag, Berlin, Heidelberg, New York 1979.

[9-10] *Papageorgiou, M.:* Mehrschichtenregelung des Verkehrsablaufs auf Schnellstraßen. Regelungstechnik 30 (1982) 5, 166–174.

[9-11] *Dressler, H.:* MICAS-Mikrocomputer für Fahrzeuge. Elektrische Bahnen 79 (1981) 12, 411–417.

[9-12] *Schnieder, E., Kraft, K. H.:* Decentralized hierarchical control of advanced guideway transit systems. In Proc. 3rd. IFAC/IFORS Symposium on large scale systems: Theory and Applications. Warschau 1983.

[9-13] *Schuchmann, H. R.:* Was ist Rechnerverbund? Elektronische Rechenanlagen 19 (1977) 3, 129–138.

[9-14] *Wettstein, H. (Hrsg.):* Architektur und Betrieb von Rechensystemen. 8. GI-NTG-Fachtagung Karlsruhe März 1984. Informatik Fachberichte 78. Springer-Verlag, Berlin, Heidelberg, New York, Toronto 1984.

[9-15] *Schmidt, K.:* Einsatz eines Parallelrechners für die Untersuchung dynamischer Vorgänge in Energieversorgungsnetzen. Dissertation,TU Braunschweig 1982.

[9-16] *Braunleder, B., Götz, P., Tanner, G.:* Parallel processing with 128 microprocessors. Siemens Forschungs- und Entwicklungsberichte 9 (1980) 6, 330–333 und 10 (1981) 1, 25–28.

[9-17] *Schrott, G.:* Echtzeitbetriebssysteme für Mehrrechnerarchitekturen. Regelungstechnische Praxis 25 (1983) 3, 104–110.

[9-18] *Hartkopf, H. O., Zillmer, A.:* Neue Stellwerksgeneration auf der Basis sicherer Mikrocomputer. Internationales Verkehrswesen 35 (1983) 5, 366–371.

[9-19] *Hofer, H.:* Datenfernübertragung. Springer-Verlag,Heidelberg 1973.

[9-20] *Infodas (Hrsg.):* Distributed process control systems. DPCS report '81, Köln, 1981. Infodas (Hrsg.): Marktübersicht über Regelungs- und Steuerungssysteme. DPCS report '83, Köln, 1983.

[9-21] *Färber, G.:* Architektur zukünftiger Prozeßrechnersysteme. In H. Trauboth und A. Jaeschke (Hrsg.): Prozeßrechner 1984, 22–40. Informatik Fachberichte Nr. 86. Springer-Verlag Berlin, Heidelberg, New York, Tokyo 1984.

[9-22] *Rembold, U.:* Prozeß- und Mikrorechnersysteme – Planung und Implementierung. R. Oldenbourg Verlag, München 1979.

[9-23] *Stalder, O.:* Computergesteuerter Rangierbahnhof. Firmendruckschrift SAZ 12047650. Siemens-Albis AG Zürich.

[9-24] *Holler, E., Drobnik, O.:* Rechnernetze. Bibliographisches Institut, Zürich 1975.

[9-25] *Kerner, H., Brucker, G.:* Rechnernetzwerke. Springer-Verlag, Wien, New York 1981.

[9-26] *Bohm, J.:* Temex: Fernwirksystem für jedermann. Computerwoche (1983) 38, 27.

[9-27] *Bennewitz, W.:* Topologie von Automatisierungsanlagen mit verteilten Mikroprozessorrechnern. Messen Steuern Regeln 24 (1981) 4, 191–193.

[9-28] *Heger, D.:* Kommunikationsverfahren für Sammelleitungssysteme und deren Leistungsbeschreibung. Regelungstechnik 27 (1979) 1, 18–25.

[9-29] *Heger, D.:* Stand und Auswirkung der Standardisierung lokaler Netzwerke für die Prozeßautomatisierung. INTERKAMA Kongreß 1983, 478–494. Fachberichte Messen Steuern Regeln 10. Band. Springer-Verlag, Berlin, Heidelberg, New York, Tokyo 1983.

[9-30] *Färber, G. (Hrsg.):* Bussysteme. R. Oldenbourg Verlag, München 1984.

[9-31] *Hentschke, S., Meierl, R., Wildenauer, P.:* Leistungsverhalten eines über einen gemeinsamen Bus kommunizierenden Mehrmikrorechner-Systems. Elektron. Rechenanlagen 24 (1982) 6, 255–262.

[9-32] *Oitzl, E.:* Mikroprozessoren in der dezentralen Automatisierungstechnik. Elektrotechnische Zeitschrift 100 (1979) 12, 603–605.

[9-33] *Wüchner, W.:* Erfahrungen mit dezentralen Systemen. VDI-Berichte Nr. 451 (1982) 59–62.

[9-34] IEC-Bus. Grundlagen, Technik, Anwendungen. Elektronik Sonderheft Nr. 47. Franzis Verlag, München 1980.

[9-35] Der PDV-Bus. Elektronik (1981) 2, 91–92.

[9-36] *Grams, T., Schäfer, M.:* Übertragungsprotokolle des PDV-Bus in Netzdarstellung. Elektronik (1979) 23, 45–50, 55.

[9-37] *Funk, G.:* Datenbusse für lokale leittechnische Funktionen. Bulletin. Schweizerischer Elektrotechnischer Verein 72 (1981) 23, 1227–1230.

[9-38] *Fleck, K. (Hrsg.):* Digitale Prozeßdaten-Kommunikations-Systeme (Bus-Systeme). VDE-Verlag, Berlin 1980.

[9-39] *Färber, G.:* Meßzahlen und Kennwerte für Prozeß-Bus-Systeme. Forschungsberichte KfK-PDV 224 (1983) 3–33.

[9-40] *Janetzky, D.:* Serielle Bussysteme in der Prozeßrechner- und Automatisierungstechnik. VDI-Berichte Nr. 451 (1982) 63–68.

[9-41] *Lauber, R.:* Zuverlässigkeit und Sicherheit in der Prozeßautomatisierung. Prozeßrechner-Tagung 1981. Informatik Fachberichte 39. Band. Springer-Verlag, Berlin, Heidelberg, New York, Tokyo 1981.

[9-42] *Pierick, K.:* Sicherheitsansprüche der Bahn im Spiegel gesellschaftlicher Bedürfnisse. Elektrische Bahnen 82 (1984) 4, 118–122.

[9-43] *Welfonder, E. (Hrsg.):* Systematische Übersicht über Empfehlungen, Richtlinien und Normen für den Einsatz von Prozeß- und Mikrorechnersystemen. VDI/VDE-Gesellschaft für Meß- und Regelungstechnik, Düsseldorf 1982.

[9-44] Messerschmitt-Bölkow-Blohm (Hrsg.): Technische Zuverlässigkeit. Springer-Verlag, Berlin, Heidelberg, New York 1971.

[9-45] *Schneeweiß, W. G.:* Zuverlässigkeits-Systemtheorie. Datakontext-Verlag, Köln 1980.

[9-46] *Kriesel, W., Chorchardin, A. W.:* Problemstellungen der Software-Zuverlässigkeit bei Automatisierungssystemen mit Mikrorechnern. Messen Steuern Regeln 24 (1981) 6, 316–320.

[9-47] *Koslow, B. A., Uschakow, I. A.:* Handbuch zur Berechnung der Zuverlässigkeit für Ingenieure. Carl Hanser Verlag,München,Wien 1979.

[9-48] *Schildt, G. H.:* Grundlagen für Vergleicher mit Sicherheitsverantwortung. Siemens Forschungs- und Entwicklungsberichte 9 (1980) 347–353.

[9-49] *Weiß, R.:* Fehlertolerante Rechensysteme. Regelungstechnische Praxis 25 (1983) 10, 408–416.

[9-50] *Trauboth, H.:* Zuverlässigkeit von DV-Systemen. In Architektur und Betrieb von Rechensystemen. Informatik Fachberichte 78, 271–295. Springer-Verlag, Berlin, Heidelberg, New York 1984.

[9-51] *Gröber, A.:* Zuverlässigkeitsbetrachtungen bei Rechnernetzwerken – eine Übersicht. Wissenschaftl. Zeitschr. d. Hochschule für Verkehrswesen, Dresden 25 (1978) 4, 835–841.

[9-52] *Beuschel, J.:* Zuverlässigkeit regelungstechnischer Prozesse unter Berücksichtigung von Mikrorechnerreglern. Messen Steuern Regeln 23 (1980) 9, 482–485.

[9-53] *Syrbe, M.:* Höhere Zuverlässigkeit von Prozeßrechensystemen und niedrige Peripheriekosten durch verteilte Mikroprozessoren. Regelungstechnik 22 (1974) 9, 264–286.

[9-54] *Will, B.:* Erhöhung der Ausfallsicherheit bei Systemen mit verteilter Intelligenz. Elektronik (1979) 7, 69–73.

[9-55] *Ayache, J.: Courtiat, J., Diaz, M.:* REBUS, a fault tolerant distributed system for industrial real-time-control. IEEE-Trans. on components C-31 (1982) 7, 69–73.

[9-56] *Dal Cin, M.:* Graphentheoretische Modelle zur Selbstdiagnose fehlertoleranter Mehrprozessor- und Mehrrechnersysteme. Informatik-Spektrum (1982) 5, 97–106.

[9-57] *Stires, C. E.:* Why controls die young. Product engineering, New York 29 (1982) 8, 44–48.

[9-58] *Schneeweiß, W. G.:* Zuverlässigkeitsanalyse von komplexen Datenverarbeitungsstrukturen mit Hilfe von Fehlerbäumen. Elektronische Rechenanlagen 19 (1977) 3, 122–128.

[9-59] NTG-Empfehlung 3004. Zuverlässigkeitsbegriffe in Hinblick auf komplexe Software und Hardware. Entwurf 1982. Nachrichtentechnische Zeitschrift 25 (1982) 5, 327–333.

[9-60] *Gmeiner, L., Hommel, G.:* Testen und Verifizieren von Prozeßrechnersoftware. PDV-Berichte KfK-PDV 179. Kernforschungszentrum Karlsruhe Dezember 1979.

[9-61] *Ehrenberger, W.:* Softwarezuverlässigkeit und Programmiersprache. Regelungstechnische Praxis 25 (1983) 1, 24–29.

[9-62] *Jung, P.:* Verallgemeinerte Zuverlässigkeitsbeschreibung von Nachrichtensystemen. Nachrichtentechnische Zeitschrift Archiv 4 (1982) 12, 381–385.

[9-63] *Grimm, R., Hertlin, I.:* Wege zu Programmsystem-Produktionsmitteln. Regelungstechnische Praxis 12 (1980) 9, 314–321.

[9-64] *Konakovsky, R.:* Definition und Berechnung der Sicherheit von Automatisierungssystemen. Vieweg-Verlag, Braunschweig 1977.

[9-65] *Kuhlmann, A.:* Einführung in die Sicherheitswissenschaft. Vieweg Verlag, Braunschweig, Wiesbaden 1981.

[9-66] *Dernoschek, F.:* Grundlagen zuverlässiger und sicherer Rechnersysteme. Regelungstechnische Praxis 25 (1983) 9, 371–375.

[9-67] *Rader, J., Hölscher, K.:* Mikrocomputer in der Sicherheitstechnik. Verlag TÜV Rheinland, Köln, 1984.

[9-68] *Lohmann, H. J.:* Fail safe data processing in railway signaling systems. Siemens Forschungs- u. Entwicklungs-Berichte 7 (1978) 6, 374–377.

[9-69] *Lauber, R. (Hrsg.):* Safety of computer control systems. Proc. IFAC workshop, Stuttgart, 1979. Pergamon Press, Oxford 1979.

[9-70] *Trauboth, H., Voges, U.:* Verfahren zur Entwicklung zuverlässiger Software für rechnergestützte Sicherheitssysteme. Atomwirtschaft-Atomtechnik 28 (1983) 1, 43–48.

[9-71] *Stübler, H. J.:* Methoden zur Bestimmung der Ausfallhäufigkeit von Prozeßrechnern. Dissertation, Ruhr-Universität, Bochum 1984.

12.10 Literaturverzeichnis zu Kapitel 10

[10-1] *Bergholz, G.:* Verhaltensmodelle von Prozeßrechnern. Akademie-Verlag, Berlin 1980.

[10-2] *Walke, B.:* Realzeitrechner-Modelle. R. Oldenbourg-Verlag, München, Wien 1978.

[10-3] *Neumann, P.:* Zur Auslegungsberechnung bei verteilten Automatisierungsanlagen. Messen Steuern Regeln 24 (1981) 5, 279–283.

[10-4] *Luttenberger, N.:* Messen und Beobachten des zeitlichen Verhaltens von Prozeßrechensystemen. Regelungstechnische Praxis 25 (1983) 8, 321–327.

[10-5] *Rajulu, R. G., Rajamaran, V.:* Execution-time analysis of process control algorithmus on microprocessors. IEEE Trans. industrial electronics 29 (1982) 4, 312–319.

[10-6] *Lauber, R.:* Prozeßautomatisierung. Springer-Verlag, Berlin, Heidelberg, New York 1976.

[10-7] *Hentschke, S.:* Mehrzweckmodell der Verkehrstheorie. Nachrichtentechnische Zeitschrift 30 (1977) 10, 794–797.

[10-8] *Hartmann, H. L.:* Stochastische Prozesse in Nachrichtensystemen. Arbeitsblätter in Nachrichtentechnische Zeitschrift 31 (1978) und 32 (1979).

[10-9] *Gordon, G.:* Systemsimulation. R. Oldenbourg Verlag, München, Wien 1972.

[10-10] *Vaughan, J. G. e.a.:* Real-time operating system performance in the control of a chopper-fed dc-motor. ETG-Fachberichte 11, 103–110. VDE-Verlag, Offenbach 1982.

[10-11] *Liu, C. L.:* Deterministic job scheduling in computing systems. In Modelling and performance evaluation of computer systems. North Holland Publishing Company 1976, 241–255.

[10-12] *Liu, C. L., Layland, J. W.:* Scheduling algorithmus for multiprogramming in a hard-real-time environment. Journ. assoc. comput. mach. 20 (1983) 1, 46–61.

[10-13] *Schnieder, E., Kraft, K. H.:* Berechnung von Reaktionszeiten in Steuerungssystemen mit verteilten Elementen. Siemens Forschungs- und Entwicklungsberichte 9 (1980) 6, 325–329.

[10-14] *Leonhard, W.:* Diskrete Regelsysteme. Bibliographisches Institut, Mannheim, Wien, Zürich 1972.

[10-15] *Isermann, R.:* Digitale Regelsysteme. Springer-Verlag, Berlin, Heidelberg, New York 1977.

[10-16] *Ackermann, J.:* Abtastregelung, 1. Band Analyse und Synthese, 2. Band Entwurf robuster Systeme. Springer-Verlag, Berlin, Heidelberg, New York, Tokyo 1983.

[10-17] *Schnieder, E., Kraft, K. H.:* Dynamische Modelle für das Signalverhalten von Prozeßrechnern. Regelungstechnik 32 (1984) 1, 12–17.

[10-18] *Auslander, D. M., Sagues, P.:* Microprocessors for measurement and control. Osborne/Mc Graw-Hill, Berkeley 1981.

[10-19] *Capellini, V., Constantinides, A. B., Emiliani, P.:* Digital filters and their applications. Academic Press, London 1978.

[10-20] *Franklin, G. F., Powell, J. D.:* Digital control of dynamic systems. Addison-Wesley, Reading Mass. 1980.

[10-21] *Kuo, B. C.:* Digital control systems. Holt-Rinehart, New York 1981.

[10-22] *Bühler, H.:* Untersuchung von Abtastregelungen im Zustandsraum unter Berücksichtigung der Reglertotzeit. Regelungstechnik 27 (1979) 5, 150–156.

[10-23] *Feind, E. G.:* Dead-beat-Regelung mit Berücksichtigung der Rechenzeit des Rechners. Messen und Prüfen/Automatik (1981) 5, 386–390.

[10-24] *Schnieder, E., Kraft, K.:* Dimensionierung von diskreten, laufzeitbehafteten Regelsystemen mit verteilten Elementen. Regelungstechnik 29 (1981) 7, 219–227.

[10-25] FSL-85. Mathematisch-Technische Anwenderbibliothek. Datenbuch. Siemens AG Bereich Bauelemente München 1979/80.

[10-26] *Kulisch, U.:* Numerisches Rechnen – wie es ist und wie es sein könnte. Elektronische Rechenanlagen mit Computerpraxis 23 (1981) 4, 155–163.

[10-27] *Schüßler, H. W.:* Netzwerke, Signale und Systeme. Band 2: Theorie kontinuierlicher und diskreter Signale und Systeme. Springer-Verlag, Berlin, Heidelberg, New York, Tokyo 1984.

[10-28] *Fromme, G.:* Digitale Filter mit Mikroprozessoren. KfK-PDV-Berichte 101. (1977) 197–215. Fachtagung: Einsatz von Mikroprozessoren zur Prozeßlenkung. Karlsruhe 1976.

[10-29] *Siffling, G., Sommer, R.:* Untersuchung von DDC-Regelkreisen mit Quantisierungskennlinien. Regelungstechnik 27 (1979) 3, 70–75.

[10-30] *Schütze, H.:* Entwurf eines grenzzykelfrei arbeitenden Mikroprozessorreglers mit kurzer Wortlänge. Regelungstechnik 28 (1980) 5, 157–163.

[10-31] *Ahmed, M. E., Belanger, P. R.:* Limit cycles in fixed-point implementation of control algorithms. IEEE trans. industr. electr. IE-31 (1984) 3, 235–242.

12.11 Literaturverzeichnis zu Kapitel 11

[1-1] *Grimm, R., Hertlin, J.:* Wege zu Programmsystem-Produktionsmitteln. Regelungstechnische Praxis 22 (1980) 9, 314–321.

[11-2] *Fiselins, G.:* Wirtschaftlichkeit umfangreicher DV-Projekte. OEVD-Online/adi (1984) 1, 55–58.

[11-3] *Zemanek, H.:* Über die Grenzen der Einsicht im Computerwesen. In H. Wettstein (Hrsg.): Architektur und Betrieb von Rechensystemen. Informatik Fachberichte Nr. 78, 2–25. Springer-Verlag, Berlin, Heidelberg, New York, Tokyo (1984).

[11-4] Autorenkollektiv: Alptraum Software. Computer Magazin (1981) 11, 37–56.

[11-5] *Witt, J.:* Programmiermethodik, Stand und Trends. In W. Hilberg und R. Piloty (Hrsg.): Mikroprozessoren und ihre Anwendungen 2, 120–131. R. Oldenbourg Verlag, München 1979.

[11-6] *Schulz, A.:* Methoden des Softwareentwurfs und strukturierte Programmierung. W. de Gruyter Verlag, Berlin, New York, 2. Auflage 1982.

[11-7] Methodology and tools for datä base design, dataid-projekt-report; North-Holland Publ., Amsterdam, New York, Oxford, 1983.

[11-8] *Söte, W.:* Eine strukturorientierte Untersuchung zur Approximation von linearen zeitinvarianten Systemen. Dissertation,Universität Hannover, 1979.

[11-9] *Prozeßmodelle 1977:* Modellbildung und Identifikation technischer Prozesse. Fachtagung Wiesbaden. VDI-Berichte Bd. 276, Düsseldorf 1977.

[11-10] *Leonhard, W.:* Diskrete Regelsysteme. Bibliographisches Institut, Mannheim, Wien, Zürich, 1972.

[11-11] *Walke, B.:* Realzeitrechner-Modelle. R. Oldenbourg Verlag, München, Wien, 1978.

[11-12] *Balzert, H.:* Die Entwicklung von Software-Systemen. Bibliographisches Institut, Mannheim, Wien, Zürich, 1982.

[11-13] *Gewald, K., Haake, G., Pfadler, W.:* Software Engineering – Grundlagen und Technik rationeller Programmentwicklung, R. Oldenbourg Verlag, München, Wien, 1977.

[11-14] *Hommel, G. (Hrsg.):* Vergleich verschiedener Spezifikationsverfahren am Beispiel einer Paketverteilanlage, Teil 1 und 2, KfK-PDV 186, Kernforschungszentrum Karlsruhe, August 1980.

[11-15] *Epple, W. K.:* Rechnerunterstützte Spezifikation von Prozeßautomatisierungssystemen. Regelungstechnische Praxis 26 (1984) 3, 133–138 und 4, 175–182.

[11-16] *Budde, R., Nieters, H.:* Einführung in die Netztheorie (Theorie der Petrinetze). Regelungstechnik 32 (1984) 3, 76–80 und 4, 107–113.

[11-17] Gesellschaft für Prozeßsteuerungs- und Informationssysteme (Hrsg.); NET: Basissystem für Simulation, Werkzeug zur Systemanalyse. Firmendruckschriften (1984).

Sachwortverzeichnis

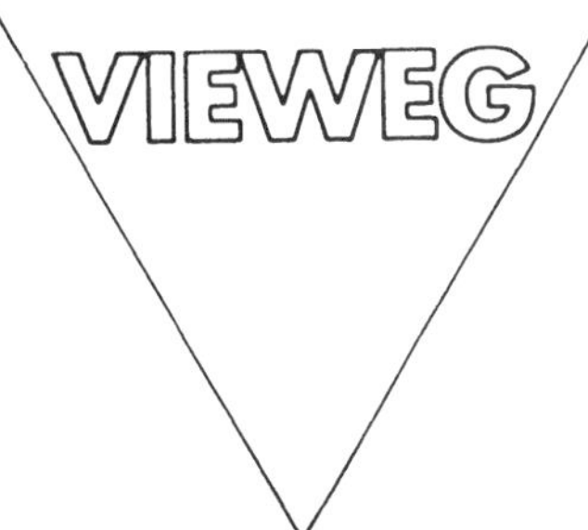
VIEWEG